동아시아의 문화와 문화적 정체성

홍석준·임춘성 지음

한울
아카데미

이 연구는 한국학술진흥재단의 2006년도 저술지원사업의 지원을 받아 수행되었습니다
(과제번호: KRF-2006-B00031).

이 도서의 국립중앙도서관 출판시도서목록(CIP)은 e-CIP홈페이지(http://www.nl.go.kr/ecip)
에서 이용하실 수 있습니다(CIP제어번호: CIP2009000124).

책을 펴내며

 오늘날 '동아시아'라는 개념과 관련된 논의 또는 (담)론은 이미 인문·사회 과학에서 주된 관심사다. 흔히 개발도상국이 주를 이루는 곳으로 알려진 동아시아에서 문화는 특히 다양한 민족 간의 이해가 충돌하고 갈등하는 경합의 장을 제공한다. 한편으로 그것은 민족문화 간의 차이를 만들어 내는 문화적 자원이 되기도 한다.
 동아시아, 특히 식민지 경험에서 자유롭지 못한 동아시아의 문화와 문학을 좀 더 심도 있게 이해하기 위해서는 이를 전 지구적 맥락(global context)에 위치시킬 필요가 있다. 동아시아 담론 역시 전 지구적(global) 차원에서 논의되어야 한다. 이는 이주 노동의 문제, 디아스포라(diaspora), 가족문화, 대중문화, 문화적 정체성, 재현의 문제 등을 세계문화의 흐름 속에서 고찰해야 한다는 과제를 안겨준다. 전 지구적 과정에서 이질적인 문화 간의 문화접촉(culture contact) 속에서 동아시아의 문화 간 충돌과 갈등 현상에 주목할 필요가 있는 것이다.
 주지하는 바와 같이 동양에 대한 서양의 침략은 결국 서양인의 눈에 비친 동양의 이미지, 즉 '오리엔탈리즘(Orientalism)'을 만들어냈다. 동양은 서양인의 인식 대상인 동시에 인식의 주변이었던 반면, 서양은 인식의 주체이자 중심이었다. 동아시아 역시 예외가 아니었다.

이와 같이 동아시아의 근대는 대체로 서양인에게 '창조되고' '날조된' 역사 과정이며, 그러한 역사적 배경을 지닌 일종의 문화적 산물이라고 할 수 있다(홉스봄, 2000). 식민지적 근대성을 바탕으로 한 문화 창출이라는 특성은 동아시아, 특히 식민지 경험이 있는 한국과 중국, 동남아시아 지역의 문화 형성에 심대한 영향을 미쳤다.[1] 이처럼 식민지적 피지배의 다중적 경험을 공유하고 있는 '동아시아'의 근대는 특수한 문화 구도(cultural matrix)에서 조망되어야 한다고 본다.

이 책에서는 동아시아의 문화와 문화적 정체성을 문화와 문학이라는 양대 구조 속에서 파악하고자 한다. 서양의 문화와 근대성 개념에 대한 비판적 성찰을 바탕으로 동아시아의 문화와 문화적 정체성을 동아시아의 시각에서 이해하고자 하는 이번 시도는 특히 동아시아라는 개념에 동북아시아와 동남아시아를 포함시켰다는 점에서 일차적 의의를 찾을 수 있을 것이다. 따라서 이러한 시도는 동아시아를 좀 더 포괄적으로 이해하기 위한 것이다.

기존의 동아시아론에서는 크게 두 가지 약점을 찾을 수 있다. '동아시아=동북아시아'라는 잘못된 등식으로 동남아 지역을 소외시킨 것이 첫 번째 약점이다. 그리고 동(북)아시아의 정체성을 받아들일 수 없는 중화주의에 의해 동아시아론이 거부될 가능성을 지적했는데, 이것이 두 번째 약점이다(김명섭, 2000 참조). 그러나 '방법 또는 프로젝트로서의 동아시아' 개념은, 이에 대해 충분히 공감하고 잘 활용한다면, '동아시아' 문화 또는 '동아시아' 문학을 조감하는 데 단순한 비교의 차원을 넘어 그 이상의 역할을 할 수 있을 것으로 기대된다. 그러나 '동아시아'라는 개념이 동아시아 지역에서 공감대를 형성하기 위해서는 개념의 보편성과 객관성이 강화되어야 한다. 특히 중국 대륙의 입장에서는 동쪽의 한국, 일본과 함께 '동북아시아', 남쪽의 베트남, 태국, 미얀마, 말레이시아, 싱가포르, 인도네시아 등 동남아시아국가연합(ASEAN)에 속한 국가들과 함께 '동남아시아', 북쪽의 우즈베키스탄, 타지키스탄 등과 함께 '중앙아시아', 서쪽의 인도·네팔 등과 함께 '남아시아'라는 권역을 구성할 수 있기 때문에 어느 한 권역에 얽매이고 싶지 않을 것이다. 그러므로 동아시아 문화와 문학 구상이 한국과 일본, 중국의 전유물이 되는 것을 막기 위해서는 동아시아 문화와 문화적 정체성에 대한 적절한 논리 또는 합리적인 기준이 마련되어 이를 논리적으로 뒷받침할 수 있어야 한다. 이는 특히 중국과 관련된 논의에서 중요한 의미를 지닌다. 이에 대해서는 본문에서 좀 더 상세하게 다룰 것이다.

이 책은 이러한 문제의식을 바탕으로 '동아시아'의 문화와 문화적 정체성을 문화인류학과 문학의 측면에서 다룬다. '동아시아'라는 개념적 범주는 한편으로는 광범위하지만 다른 한편으로는 모호한 측면이 있다. 따라서 이에 대한 이론적·방법론적 논의는 학술적 측면이나 실천적 차원에서 지속적으로 다루어야 할 중요 과제 중 하나로 자리 잡을 것이 분명하다. 이 책을 집필하는 데도 이에 대한 지속적인 관심을 촉구하기 위한 의도가 있었음을 이 자리를 통해 밝혀둔다.

이 책은 동북아시아와 동남아시아를 포함하는 '동아시아'의 개념적 범주를 통해 동아시아 문화와 문화적 정체성에 대해서 좀 더 광범위하게 이해하기 위한 학술적 시도의 일환으로 저술된 것이다. 이 저서의 연구 주제 자체가 독창적이고 창의적일 뿐 아니라 기존 분과 학문의 경계를 가로질러 학문적 상호 침투를 시도하고 있다는 점에서, 이 시도는 개별화되어 있는 분과 학문 사이의 학술적 의사소통체계를 구축하는 일을 가능하게 할 것이며, 그것은 결국 하나의 학술 공동체를 구축하는 작업이 될 것이다. 이런 점에서 이 작업은 동아시아 공동체의 가능성을 학술적·실천적으로 조망하는 일이 될 것이며, 비교론적 방법을 통해 동아시아의 문화적 특수성과 보편성을 전 세계적 문화 흐름의 구도 속에서 종합적으로 고찰함으로써 동아시아의 실체와 운동성을 드러내는 작업이 될 것으로 확신한다.

　이 책은 동아시아의 문화와 문화적 정체성과 관련된 그간의 연구 성과를 점검해 좀 더 체계화하려는 학술적 시도로 동아시아 문화 연구의 발전에 크게 기여할 것으로 기대한다. 우리는 특정한 도시에서 일상생활을 영위하고 있는 사람들의 다양한 움직임을 통해, 기존의 고정되고 확정된 경계를 벗어나 작동되고 있는 다층적인 문화접변 현상과 문화적 요소의 생산·유통·이용·소비 상황에 대한 체계적인 이해가 필요한 시점에 와 있다. 이에 대한 이론적·방법론적 검토와 비판적 성찰이 중요한 쟁점이 된 상황이 전개되고 있는 것이다. 이런 점에서 역사적·문화적 구성물로서의 동아시아는 문화적으로 중요한 상징이라고 할 수 있다. 동아시아 문화와 문학에 대한 비교문화론적 연구에는 문화와 문화적 정체성의 상호작용과의 관계를 통시적·공시적 관점에서 종합적으로 조망할 수 있다는 장점이 있다. 이 작업은 동아시아에 대한 비판적 성찰을 통해 역설적으로 동아시아의 가능성을 모색한다는 점에서 다른 인문·사회 과학자들에게 공동 연구 또는 학제 간 연구의 가능성을 제시할 수 있을 것으로 기대된다. 중국과 동남아시아, 한국의 사례를 중심으로 이를 문학, 영화, 대중문화, 생활양식, 정체성, 세계관, 역사성 등 여러 차원에서 접근해보려는 이 작업은 국내뿐 아니라 세계 학계에서도 유례를 찾아보기 어려운 '동아시아' 문화 구축의 작업이기 때문에, 이를 바탕으로 다양한 시도가 이루어질 것으로 기대된다. 더불어 이 책은 '동아시아의 과거와 현재', '동아시아 문학과 문화', '동아시아의 역사와 문화', '세계 속의 동아시아', '동아시아의 디아스포라 사회' 등의 강의를 위한 교재 또는 참고 자료로 유용하게 쓰일 수 있을 것이다. 그리고 동아시아의 문화와 문학적 특성이 현대사회에서 어떻게 유지·변형되는지를 심층적으로 조망하는 데도 유익한 자료가 될 것이다. 또 이 책은 동아시아라는 개념적 범주를 학술적으로 규명함으로써 근대의 국가 모델인 국민국가의 틀을 넘어선 개념적 범주로서 동아시아라는 영역 또는 분야를 새롭게 창출할 수 있는 계기가 될 것이다. 이를 통해 동아시아 관련 교과목을 개발해 활용하는 데 유용한 이론적 토대를 제공할 수 있을 것으로 기대된다.

한편 최근 한국과 중국, 동남아시아를 포괄하는 동아시아 사회는 다문화주의로 인한 문화적 혼성성 경험을 경험하고 있다는 공통점이 발견되는 문화 현장을 제공한다. 그러한 문화적 혼성성은 국가 간 경계를 초월해 진행되고 있다. 현재 사회 속에서 문화의 퓨전화(fusionization)를 관찰하는 것은 그리 어려운 일이 아니다. 서유럽화로 대표되는 문화 현상으로 인해 젊은이들이 주체가 되어 만들어지고 있으며, 이들은 문화의 생산자이자 소비자로서 사회 현실을 구성하는 주요한 문화적 담지자의 역할을 담당하고 있다. 산업사회의 개념에서 벗어나 대량 소비가 일상화된 오늘날의 후기산업사회에서 이들은 자기만의 고유한 문화를 추구하기 위해 다양한 활동을 전개하기 시작했다. 이런 점에서 이 책의 출판은 동아시아 문화에 대한 총체적 이해는 물론, 동남아시아를 포함한 동아시아 문화의 이해라는 측면에서 볼 때, 기존의 동아시아 연구서와는 구별된다고 할 수 있다. 앞으로 동아시아 세계에 대한 이해를 도와줄 책의 출간이 더욱 활발해지기를 기대하면서 이에 대한 지원을 건의한다. 한편 최근 동아시아에 관심이 집중되면서 기존 국민국가의 틀을 뛰어넘어 발생하고 있는 다양한 문화 현상(예컨대 트랜스내셔널리즘이나 조기 유학을 위한 가족 변화, 기러기 아빠와 엄마 발생, 국제 이민, 이주자들의 현지 생활 적응과 난민 문제, 빈곤에 대한 국제적 해결, 국제법 등)에 대한 이론적·방법론적 접근을 가능하게 하는 개념적 범주로서 동아시아라는 영역 또는 분야를 설정할 수 있을 것이다. 동아시아 공동체 구축에 대한 논의를 기존의 정치·경제학적 틀에만 국한시키지 않고 문화적·인문학적 영역으로 확대하기 위해서는 이러한 '동아시아'와 관련된 다양한 논의에 대한 관심과 지원이 절실히 필요하다. 이에 대해 좀 더 적극적인 관심을 촉구하면서, 학술적 기반을 확충하기 위한 다양한 경로의 지원 방안이 마련되었으면 한다.

이 책이 세상의 빛을 보게 된 것은 한국학술진흥재단의 인문저술 지원 사업 프로그램 덕분이다. 원고 집필과 출간에 일정한 시간을 투여할 수 있게 해준 한국학술진흥재단에 감사를 표한다. 동북아시아와 동남아시아의 만남이라는 익숙하지 않은 기획을 신중하게 검토해 출간을 허락해준 한울아카데미의 김종수 사장님과 최규선 씨를 비롯한 출판사 식구들에게도 깊은 감사를 드린다. 미흡한 점이 많은 이 책이 한국 사회의 동아시아 담론 지형에서 동북아시아뿐 아니라 동남아시아를 함께 아우를 수 있기를 기대하며 감사의 마음을 대신하고자 한다.

2009년 1월
홍석준, 임춘성

차례

책을 펴내며 3
머리말_'동아시아'에 대한 관심과 그 의미 11

제1부
동아시아문화론과 문화적 정체성

제1장 ┃ '동아시아 정체성' 담론에 대한 비판적 검토 ┃ 27
   1. '동아시아 정체성' 담론 형성의 역사적 배경과 실체_27
   2. 동아시아 문화의 다양성과 이질성: 담론의 현실과 실천 대상으로서의 현실_32
   3. 맺는 글_38

제2장 ┃ 동아시아의 외래문화와 문화변용: 말레이시아 말라카(Malacca)의 사례 ┃ 41
   1. 들어가는 글_41
   2. 인도양, 말라카 해협, 그리고 말라카: 말라카의 역사적 배경_43
   3. 다문화 사회로서의 항구도시, 말라카_49
   4. 관광을 통한 역사와 문화 판매: 외래문화의 수용과 토착화 과정_55
   5. 맺는 글_56

제3장 ┃ 동아시아의 해양 세계와 해양 네트워크 ┃ 65
   1. 들어가는 글_65
   2. 동아시아의 바닷길과 항구도시를 통한 해양 네트워크의 형성과 변화_69
   3. 열린 공간으로서의 동아시아 해양과 항구도시_73
   4. 동아시아 항구도시의 역사와 문화: 이슬람과의 관계를 중심으로_79
   5. 동남아시아에서 바다의 의미와 우리의 과제_87

제2부
동아시아의 문화와 문학

제4장 ∥ '서유럽 모던'과 '동아시아 근현대' ∥ 95
1. 들어가는 글_95
2. 기표와 기의_97
3. 서유럽과 '비유럽'_103
4. 포스트모던과 포스트근현대_108
5. 내면화 또는 셀프오리엔탈리즘화_110
6. 맺는 글_114

제5장 ∥ 동아시아 문학의 가능성: 1920~1930년대 프로문학운동을 중심으로 ∥ 115
1. 들어가는 글_115
2. 1920~1930년대 국제 프로문학운동의 보편적 흐름_117
3. 각국의 상호 영향 관계_122
4. 동아시아 프로문학운동의 특수성과 보편성_123
5. 맺는 글_129

제6장 ∥ 동아시아문학론의 비판적 검토 ∥ 131
1. 동아시아(담)론과 동아시아 문학_131
2. 동아시아 문학 개념의 제기_133
3. 동아시아문학론의 몇 가지 양상_137
4. 맺는 글_146

제7장 ∥ 동아시아 대중문화의 초국가적 교류 ∥ 149
1. '초국가적' 문화 흐름과 아시아 문화 교류_149
2. 중국 대중문화에 대한 기억 또는 노스탤지어_155
3. 홍콩·타이완 대중문화의 수용_158
4. 대륙 대중문화의 수용과 혼종화 현상_173
5. 맺는 글_178

맺음말 183
주 191
참고자료 227
찾아보기 242

머리말
_ '동아시아'에 대한 관심과 그 의미

1990년대 이후 '동아시아' 또는 '동아시아 정체성'을 둘러싼 담론이 학계뿐만 아니라 사회 전반에 걸쳐 크게 유행했고, 이러한 현상은 지금도 지속되고 있다. 이는 특히 한국 학계에서 촉발되어 일본과 중국, 동남아시아 등으로 점차 확산되는 양상을 보인다. 여기서는 한국 사회에 널리 퍼진 '동아시아' 담론을 중심으로, 이를 주목할 만한 하나의 사회문화적 현상으로 보고 접근하고자 한다. 한국에서의 이른바 '동아시아' 담론은 크게 다음과 같은 세 가지 차원으로 구분해 요약·정리해볼 수 있다.[2]

첫째로, 동아시아의 지리적 개념에 기초해 정치와 경제 차원에서 사회과학적 접근을 통해 '동아시아 공동체' 또는 동아시아에 대한 지역적 실체를 구성해야 한다는 역사적 필연성과 당위성을 강조하는 입장을 들 수 있다. 여기서는 중국, 한국, 일본 3국이 세계사 흐름의 주축이며, 그러한 역할을 담당해야 한다고 주장한다. 이 국가 또는 지역 들 간에는 문화적 동질성이 존재하므로 문화 동질성 확립과 확산을 통해 동아시아 지역 구도 내의 다자간 협력 관계 구축이나 경제 블록(economic block)과 같은 정치·경제적 공동체 형성의 가능성이 있다는 점을 대대적으로 강조하는 경향이 강하게 나타난다(그 대표적인 것으로 Ooi and Ding, 2007 참조). 동아시아를 주축으로 미래 사회의 변화를 공동으로 예측하고 도모하자는 모임을 제창하는 것도 이러한 맥락에서 이루어진다.

둘째로, 동아시아의 문학, 철학, 예술, 역사 해석을 중심으로 한 인문학적 논의로서, 이것은 서유럽 발명의 지식과 논리의 틀, 문학과 언어 및 사상의 정당성에 대한 근본적인 질문 제기에서 논의를 시작한다.[3] 여기서는 동아시아의 문화적 전통을 상정하고 그것이 우리의 일상생활 속에 깊이 스며들어 있다는 것이 강조된다. 더욱이 동아시아의 전통을 망각하고서는 세계적 경쟁에서 밀려나며, 서양철학의 번역만으로는 위대한 철학이 나올 수 없다고 주장한다. 예컨대 하이데거가 독일어로 철학을 했어도 라틴어를 버린 것이 아닌 것처럼 우리 식으로 철학을 하기 위해서는 한자어에 대한 이해의 폭과 깊이를 더해야 한다고 주장하기도 한다. 이러한 태도와 자세는 '동아시아 정체성' 담론 중에서도 가장 활발한 움직임을 보이는 담론의 형성과 유포에 인식론적 배경이 되고 있다. 서양학 일변도의 학문 독점과 문화 편향을 경고하는 한편, 학문과 예술의 다양한 영역에서 새로운 가능성을 모색하는 움직임이 여기에 포함된다. 나아가 동아시아라는 공통분모를 미리 설정한 상태에서, 여기에서 살아가는 사람들의 삶 속에 보이는 생활양식이나 태도를 모델로 이를 체계화해야 한다는 주장으로 이어진다. 이러한 과정에서 서양과 구분되는 이른바 '우리말 또는 우리 식으로 학문하기'가 가능해질 것이라고 생각한다.[4]

물론 동아시아를 포함한 동양을 학문적으로 탐구하고 새롭게 이해하려는 노력은 꽤 오래전부터 시도되어왔다. 그리고 그런 시도가 획일적인 관점에서 진행되어온 것도 아니다. 어떤 이는 복고적인 또는 보수의 관점에서 동양을 이해하려 했으며, 어떤 이는 서양문화의 한계를 극복하기 위한 새로운 대안으로 동양을 들여다보려고 했다. 동아시아에 접근하는 연구자의 견해에 따라, 그리고 자신이 탐구해온 학문 영역에 따라 동아시아를 다르게 정의하기도 했으며, 그러한 개념 규정에 따라 달리 이해하기도 했다. 수행을 중시하는 사람들은 동아시아를 이국적인 신비와 비밀로 뒤덮인 불가해한 세계로 간주하기도 했다. 지식을 통해 동아시아를 이해하려는 사람들은 그것을 논리적 역설과 문화적 개방성으로 포장해 동아시아의 실체를 규정된 지식으로써 규명할 수 있으리라 기대하기도 했다.

이와 같이 동아시아에 접근하는 다양한 관점, 즉 "동아시아란 무엇인가" 또는 "동아시아의 정체성은 무엇이며, 과연 존재하기는 한 것인가" 등과 같은 질문을 둘러싼 여러 견해에는 서로 양립하거나 화해하기 어려울 정도의 큰 격차가 존재하는 것이 사실이지만(Miller, 2008: xi~xiv), 이러한 시도의 기본 입장은 "동아시아는 근대사에서 서양의 제국주의적 침략, 식민 지배, 그것에 대한 사회주의적 저항이 응집되어 있는 곳으로서, 앞으로 세계 역사에서 매우 중요한 역할을 할 곳이지만, 지금까지 역사의 변방으로만 취급되어왔다"라든지, "동아시아는 인구 규모나 영향력 면에서 다른 지역 또는 문화권을 압도하는데도 그간 역사와 문화의 주변부로 인식되어온 것이 엄연한 사실이다" 등의 표현으로 집약될 수 있을 것이다. 이것은 서유럽 사회 대부분이 포기·망각·상실했던 동양의 것을 다시 찾는 길을 모색하는 것으로, 서유럽식 근현대화 및 발전주의 모델에 대한 학구적 반성일 뿐만 아니라 서유럽의 자성 또는 자기 성찰에 대한 동아시아 세계의 반응이라고 볼 수 있다.

결국 이러한 입장은 서양에 대한 대항적 담론을 추구하는 과정에서

"동아시아 특유의 문화를 전제로 하고 이를 재발견하고 재규정하자"라는 입장으로 종합·정리될 수 있다. 서양이 규정한 사고, 즉 서양 중심의 근대적 지식체계에 대한 비판을 주요 이슈로 부각함으로써, 동양에 대한 서구의 몰이해나 왜곡을 시정하고자 하는 윤리적 책임감과 진리에 대한 사명감을 바탕으로, 서양과 동양을 새로운 차원에서 창조적으로 인식하려는 작업이라는 점에서, 이러한 입장은 우선 긍정적으로 평가될 만하다.

셋째로, 동아시아를 둘러싸고 여러 각도에서 진행되어온 이 지역 문화에 대한 담론을 들 수 있다.5) 문화에 대한 개념 규정을 통해 동아시아의 실체에 접근하려는 이러한 시도에는 동아시아의 문화적 실체와 본질의 규명이 이론 및 지적 활동의 핵심으로 등장한다. 이는 사회과학적 관심과 인문학적 추구가 문화적 동질성 또는 문화적 장치를 통해 연결되고 가능해진다는 생각으로 지탱되며, 이러한 시도는 서양에 대한 자아확립일 뿐만 아니라 그러한 공동체 실현을 위한 방법으로서 문화의 동질성과 공통성의 개발을 추구하는 것이다. 따라서 동아시아 담론의 핵심은 문화 또는 문화와 관련된 가족과 친족, 사회조직의 원리, 민족성 등의 문화적 논의에 초점을 맞춰 분석하는 것이 요긴할 것으로 보인다.

이 책은 모두 2부 7장으로 구성되어 있다. 먼저 제1부에서는 동아시아문화론과 문화적 정체성의 문제를 다룬다. 그리고 제2부에서는 동아시아문학론과 문화라는 주제로 동아시아 문학과 문화를 상호 연계해 양자 간의 교섭 가능성을 학술적 측면에서 검토할 것이다. 각 장의 내용을 요약·정리하면 다음과 같다.

제1장에서는 오늘날의 '동아시아 정체성'에 대한 담론의 내용을 비판적

으로 고찰함으로써 역설적으로 문화 공동체로서의 동아시아 실체를 규명하는 단서를 모색한다. 특히 문화의 개념을 어떻게 규정하느냐에 따라 동아시아 실체는 사실상 존재하지 않는 것인데도 정치적·경제적·사회적 목적을 위해 다양한 담론이 조작·변형되는 과정에 주목함으로써 최근에 널리 유행하고 있는 '동아시아 정체성'에 대한 다양한 담론들이 사실은 한국, 중국, 일본을 비롯한 여러 국가의 정치적·경제적 이득을 극대화하는 방향으로 진행되고 있음을 드러내고자 한다.

이를 위해 이 장에서는 '동아시아 정체성'과 관련된 기존의 다양한 담론들은 어떠한 역사적 배경하에서 형성·변화되어왔으며, 그것이 갖는 문화적 의미는 과연 무엇인가를 현재적 맥락에서 고찰하는 것이 무엇보다도 긴요하고도 시급한 일이라는 전제하에 논의를 전개할 것이다.

제2장에서는 기존의 '동아시아' 관련 논의를 동남아시아 지역으로 확대해, 동남아시아 중에서 말레이시아를 대상으로 '동아시아'라는 개념적 범주의 역사적 기원을 탐색한다. 이 장에서는 말레이시아의 역사성 있는 항구도시 말라카(Malacca)를 대상으로 말라카 도시의 성격을 다문화 사회로 규정하고, 이러한 문화적 특성이 형성되고 변모하게 된 배경을 살펴본 다음, 이를 외래문화의 충돌, 즉 수용과 통합이라는 원리 또는 메커니즘을 통해 고찰한다. 다문화 사회의 특성은 이질적인 문화가 외부에서 유입되어 기존의 토착문화와 대립·충돌하는 과정에서 형성되며, 이는 독특한 역사적 경험과 특수한 문화적 상황 속에서 끊임없이 변화하는 성격을 지니게 마련이다.

이 점에 착안해 이 장에서는 말라카 도시문화의 형성과 변화의 특성을 항구도시의 다문화적 성격의 변화 과정에서 살펴본다. 항구도시 말라카는 해상 네트워크를 통해서 다른 항구도시와 상호유기적인 관계를 맺고 있었으며, 인근의 내륙 왕국과의 육상 네트워크에 둘러싸인 거점이기도 했다. 말레이 반도 내의 육상 네트워크와 말라카 해협을 중심으로 이루어졌던 해상 네트워크의 접점이자 육상과 해상 양자를 연계하는 기능을 수행했던 말라카는 사람과 물건, 정보가 집결되는 거점으로서 '만남과 교류의 기능'을 수행했다. 말라카는 내륙 왕국들의 직접적인 영향하에 있으면서 동시에 거대한 해상 네트워크를 확보하고 있었기 때문에 내륙의 도시와는 구별되는 역사와 문화를 지닌 '해역 세계'에 속한 곳이라고 할 수 있다.

제3장에서는 동아시아의 바다를 대상으로 동아시아의 해양 세계가 어떻게 형성되었으며, 동아시아의 바다와 육지를 연계하는 중계 지점으로서 항구도시의 역사와 문화가 어떠한 의미를 지니는지를 역사적·문화적 관점에서 접근한다. 이를 위해서 동남아시아의 해상 네트워크의 형성과 변화 과정에 대한 역사적 고찰을 통해 동아시아 해양 세계와 항구도시문화의 성격과 의미를 살펴볼 것이다. 이러한 시도는 바다를 통해 동남아시아의 역사와 문화를 바라볼 수 있는 계기를 제공하기 위한 것이다.

동아시아 항구도시의 특성은 동아시아 바다의 주연으로서, 도서 지역에서 다양한 사람들이 모여 물적·인적 교류가 이루어지고, 이에 따라 경제적 부가 축적되었으며, 이슬람교를 중심으로 각종 종교가 전해졌다는 것이다. 다양한 문화와 정보의 교류가 활발하게 이루어지는 코스모폴리터니즘(cosmopolitanism)의 거점이기도 한 동아시아의 항구도시들은 다양하고 복합적인 해상 활동을 통해 다른 항구도시와 상호유기적인 관계를 맺고 있으면서, 동시에 영역 국가의 육상 네트워크를 서로 연계하는 해양 네트워크와 이것으로 형성된 해상 세계의 거점이기도 하다.

　동아시아의 항구도시를 포함한 모든 항구도시는 이러한 바다와 육지 네트워크의 접점이나 그 사이에 위치했는데, 여기는 사람과 물건, 정보가 모이는 곳으로서 '만남의 기능'을 수행했다. 이처럼 항구도시는 육지 영역 국가의 직접적인 영향을 받는 경우도 있지만, 육지의 도시와는 다른 역사, 문화의 공간, 즉 '해양 세계'에 속한다고 할 수 있다. 동아시아의 해양 세계와 항구도시에는 다양하면서도 체계적으로 통합된 개방적 다문화 영역이 형성되어 있었던 것이다. 즉, 동아시아의 해양 세계는 사람과 상품의 이동이 상대적으로 자유로운 교역 지역이었으며, 동서의 상품 교역뿐만 아니라 무역을 통한 동서 간의 문화적·종교적 교류를 가능하게 한 중요한 문화적 거점 역할을 담당했다.

　제4장은 '동아시아' 개념을 시작으로 동아시아 문학에 관해 다룬다. '동아시아'의 시공간적 개념에 대해서는 이론(異論)이 분분하다. 서유럽의 '모던'은 한국에서는 '근대'라는 기표로, 중국에서는 '셴다이(現代)'라는 기표로 표기되고 있다. 그러나 '근대'와 '셴다이'는 자국의 맥락을 벗어나 상대국의 맥락으로 들어가면 단순한 시간 개념으로 변질되고 만다. 그러므로 '근대'와 '셴다이'를 아우르는, 나아가 일본의 기표까지 포괄하는 동아시아의 기표를 설정해야 할 필요성이 대두된다.

　이 장에서 잠정적으로 제기하는 '동아시아 근현대'라는 기표는 통합을 겨냥하는 것이 아니라 소통을 기대하는 것이다. 근현대 동아시아 지식인들은 동아시아가 서유럽의 현대화 과정을 바탕으로 그것에 약간의 특수성을 가미해 근현대 과정을 겪은 것으로 이해해왔다.

　그러나 서유럽의 모던은 유럽 내부에서 순수하게 형성·발전된 것이 아니라, 서유럽과 서유럽 외부의 관계를 통해 이루어진 것이다. 우리의 과제는 서유럽의 모던 과정을 여러 가지 모던 과정의 하나로 설정하고 다양한 모던 과정의 하나로서 '동아시아 근현대'를 고찰하는 일이다. 여기에 딜릭(Arif Dirlik)의 '역사들'과 홀(Stuart Hall)의 '다인과론적 접근'은 유용한 개념이다.

포스트식민적 접근에 따르면 서유럽이라는 개념은 단순한 지리적 개념이 아니라 역사적으로 구성된 것이다. 그것은 동아시아 등 '그 외의 사회'를 타자화하는 과정에서 발명되었고, '그 외의 사회'에 강요되었으며, '그 외의 사회 사람들'은 그것을 내면화했고 열심히 추종해왔던 것이다. '포스트모던'은 중국에서는 '허우셴다이(後現代)'로, 한국에서는 '탈근대'로 번역되었다. 지속(after)과 변화(de-)의 이중적 의미가 결합된 'post-'를 하나의 단어로 번역하는 것이 쉽지 않기에 중국은 '後'의 측면을, 한국은 '脫'의 측면을 강조하고 있는 셈이다. 이는 역으로 중국에서는 '脫'의 측면이, 한국에서는 '後'의 측면이 간과되고 있음을 보여주는 것이라 할 수 있다.

이처럼 동아시아가 서로 공동의 '기표'를 만들려는 노력을 경주하지 않는다면 상호 의사소통이 점점 더 어려워질 것이다. 이 장의 맥락에서 말하자면, 한국의 '탈근대'와 중국의 '허우셴다이'는 동아시아의 '포스트근현대'로, 한국의 '탈식민'과 중국의 '허우즈민(後植民)'은 동아시아의 '포스트식민'으로 표기하자는 것이다.

'내재적 유배' 또는 '셀프오리엔탈리즘화'는 서유럽의 모더니티를 내면화한 결과다. 동아시아의 근현대 과정에서 '서유럽지향적 소외'는 명시적이었고, 따라서 쉽게 투쟁의 대상으로 삼을 수 있었다. 반면, 근본주의적 또는 전통지향적 소외는 서유럽을 부정하면서 자국의 전통에 집착하게

하기 때문에 토착적 주체의 형성과 혼동되기 쉽고 따라서 서유럽지향적 소외의 극복으로 착각되곤 한다. 이 두 가지 소외는 함께 극복되어야 한다.

이처럼 '서유럽 모던'과 '동아시아 근현대'의 관계는 단순한 번역의 문제에 그치지 않고, 타자화와 내면화의 문제, 서유럽지향적 소외와 전통지향적 소외의 동시 극복 문제 등과 연계된 중요한 과제라고 할 수 있다.

제5장에서는 1917년에 일어난 10월혁명을 계기로 형성된 세계문학의 흐름을 분석한다. 근현대사에서 1917년의 10월혁명은 경제·정치 분야뿐만 아니라 세계문학의 발전에 새로운 계기가 마련된 사건이었다. 10월혁명은 인류에게 새로운 사회구성체로의 이행을 경험하게 했고, 따라서 세계 자본주의체제 내에는 위기감이 고조되어갔다.

자본주의국가에서는 프롤레타리아 계급이 뚜렷한 세력을 형성해 계급대립이 첨예화되면서 프롤레타리아 운동이 질적으로 고양되었고, 식민지·반식민지 국가에서는 민족해방투쟁이 들불처럼 타올랐다. 10월혁명 이후 국제 프롤레타리아 혁명운동은 그 누구도 막을 수 없는 역사적 조류로 형성되었으며, 식민지·반식민지 국가에서의 민족해방투쟁은 제국주의의 식민지체제의 기초를 뒤흔들었다. 10월혁명 이후 1920~1930년대에 세계는 새로운 사회구성체로 진입한 소련, 독점자본주의로 발전한 서유럽 국가·아메리카·일본, 그리고 (반)식민지로 전락한 아시아·아프리카·라틴아메리카의 수많은 국가로 삼분할 수 있다. 이후 세계 자본주의체제는 점차 퇴조해 일부 자본주의국가는 사회주의국가로 이행했고, 일부는 프롤레타리아 혁명운동과 민족해방투쟁을 강력하게 탄압하면서 파시즘 국가로 변모해갔다.

이러한 세계사의 흐름을 따라 국제 프롤레타리아 혁명문학운동(이하

프로문학운동)은 소련을 중심으로 고유의 '톱니바퀴와 나사'의 역할을 자임하며 발전해갔다. 그러나 10월혁명 이후 소련의 프로문학운동은 전인미답의 길을 개척하는 데 뒤따르는 시행착오와 올바른 이론적 지도의 결여로 각 발전 단계마다 몇 가지 편향을 노정했고, 그러한 편향은 자연히 다른 나라의 문학운동에도 영향을 주었다.

이러한 편향은 문학을 어느 사회 계급이나 집단의 심리 이데올로기의 표현이라고 보는 '(속류) 사회학주의적 문예학'의 결과인데, 이는 1920년대 말~1930년대 초 마르크스-레닌주의 미학의 정립으로 극복된다. 한편 그러한 편향을 극복하기 위한 조직적 차원의 노력도 나타난다. 새로운 사회구성체에 진입한 소련의 경험을 이행기의 국가에서 무비판적으로 도입할 때, 부정적인 측면은 말할 것도 없고 긍정적인 측면까지도 올바르게 전승되기는 어려운 일이었다. 다시 말해 소련에서의 문학운동 경험은 당시 새로운 사회구성체로의 이행이 완료되지 않았으며 고도로 발전된 자본주의국가였던 독일과 일본, 그리고 정상적인 자본주의적 발전 단계를 거치지 않은 조선과 중국 등에서 일어난 문학운동과는 어느 정도 차별성을 지닐 수밖에 없었다. 그러므로 1920~1930년대 국제 프로문학운동을 총체적으로 이해하기 위해서는 소련에서의 문학운동 및 소련이 주도한 국제혁명작가연맹의 활동과 독일, 일본 및 조선, 중국 등에서 발생한 문학운동, 그리고 그 상호 관계를 종합적으로 분석하는 것이 매우 중요하다.

제6장에서는 '동아시아=동북아시아는 잘못된 등식'이라는 견해에 동의하면서 동아시아를 동남아시아를 포함하는 포괄적 개념으로 설정해 동아시아문학론의 몇 가지 양상을 비판적으로 검토한다. 그리고 한층 더 나아가 동아시아학의 가능성도 탐색해보려 한다. 이 장에서 다루는 '동아

시아' 개념은 한국·중국·일본의 세 나라로 잠정하되, 궁극적으로는 동남아시아 각국을 포섭해내야 명실상부한 동아시아가 될 수 있다고 본다. 이처럼 통념(通念)에는 강한 현실 규정력이 있는 것이다.

이 장에서 주요하게 논구하려는 동아시아문학론은 동아시아(담)론의 인문학적 논의다. 여기에서는 동아시아(담)론의 사회과학적 맥락과 문화론적 맥락을 염두에 두고 동아시아문학론의 제기와 몇 가지 양상을 비판적으로 검토하고 그 가능성을 시탐한다.

끝으로 제7장에서는 근현대 우리의 중국관을 전통 중국에 대한 관습적 존중과 근현대 중국에 대한 근거 없는 우월감으로 요약할 수 있는데, 특히 후자의 인식은 홍콩·타이완의 대중문화에 대한 편견과 매카시즘에 근거한 것으로, 우리에게는 이를 극복해야 할 필요성이 있다는 점을 지적할 것이다. 이 장에서는 '전 지구적'이고 '초국가적'인 문화 흐름에 기초해 동아시아 문화 교류의 시좌(視座)와 포스트한류의 문제의식을 수용하되, 한 걸음 나아가 한류에 각인된 중국 대중문화의 흔적에 초점을 맞추려고 한다. 1980년대 이전의 홍콩·타이완 대중문화의 수용과 1990년대 이후 중국 대중문화 수용을 '대중문화의 초국가적 왕래'라는 각도에서 고찰하면서 양국 간의 새로운 관계를 전망하는 시좌를 확보해보려는 것이다.

우리 생활 곳곳에는 중국 대중문화가 은연중에 자리 잡고 있다. 여기서 중국은 홍콩과 타이완을 포함하는 넓은 의미의 중국이다. 왜냐하면 해방 이후 중국 대륙은 대중문화 방면에서는 불모지였기 때문이다. 대륙의 사회주의 정권은 대중문화에 적대적이었다. 그러므로 이 시기 중국의 대중문화는 주로 홍콩과 타이완을 중심으로 발전했다.

'자본주의 세계화'라는 현재적 시점에서 돌아볼 때 중국의 '사회주의 30년' 시기는 제3세계의 혁명론이었던 '반제반봉건 민족해방 민중민주혁명'의 실천이 아니라, 자본주의화 과정의 특이한 시공간이 된다. 특히 '개혁·개방 30년'을 맞이하는 시점에서 그 특이성은 더욱 두드러진다. 대중문화의 관점에서 말하자면 '사회주의 30년'은 불모지였고, 1978년 개혁·개방이 시작되면서 대중문화는 과도기를 거쳐 국내외에 부활을 알린다. 1978년 '베이징 필름 아카데미(Beijing Film Academy, 北京電影學院)'에 입학해 1980년대 중반 활동을 시작해서 국내외에 자신의 존재를 알린 5세대 감독들은 이 시기 대륙의 대중문화를 대표한다.

요컨대 중국이 자본주의 시장경제와 밀접한 관계를 맺는 것은 개혁·개방 이후고, 그 이전 한국 사회에 수용된 중국 대중문화는 홍콩과 타이완의 그것이었던 셈이다. 따라서 이 장에서는 중국 대중문화의 수용을 두 단계로 나누어 고찰한다. 즉, 1980년대까지는 홍콩과 타이완의 대중문화, 특히 영화와 무협소설에 초점을 맞추고, 1990년대 이후에는 중국 대륙을 중심으로 홍콩, 타이완 세 지역의 영화를 대상으로 삼아 구체적인 수용 양상을 개인의 기억이라는 미시 서사를 통해 고찰한다.

이러한 내용을 바탕으로 필자들은 이 저술 작업의 체계적 실행을 위해 우선 오늘날의 동아시아론의 문제를 종합적이고 체계적으로 검토한다.

필자는 각각 문화인류학과 중국문학 전공자로서, 문화인류학과 문학의 만남을 시도하기 위해 공동으로 작업했다. 우리는 기본적으로 학제적 연구를 지향해야 한다는 점에 의견이 일치했다. 이는 문화 내부의 보편적인 것과 개별적인 것을 분류해내고, 이를 통해 텍스트와 콘텍스트의 상호작용 속에서 실제 살아가는 인간의 삶과 사상, 행위 양식, 가치관 등에 대해 비교론적 이해가 이루어져야 가능한 일이라 자평한다.

현재 동아시아의 다양한 문화적 특징과 의미를 올바로 조망하고, 미래에 대한 전망을 제대로 해독해내기 위해서는 다문화적 횡단(multicultural border-crossing)의 개념을 적용해 이러한 '접촉 지대(contact zone)'에 관한 연구를 시도해야 한다. 이를 위해서는 국가를 초월해 전개되고 있는 '이동의 시대' 또는 '유목의 시대'에 대해 다양한 문화 연구 방법을 적용하는 것이 필수적이다. 이 밖에도 세계화에 대한 기존의 다양한 논의나 이론에 대해 비판적 검토가 병행되어야 할 것이다.

이를 위한 학술적 작업에서 우리는 동아시아와 관련된 기존 분과 학문의 전통적 연구 방법에 대한 회의와 성찰을 바탕으로 '동아시아' 문화에 대해 접근해봄으로써 '동아시아 문화 연구'의 가능성을 타진하고자 한다. 이는 아직 국내 학계에서 동아시아의 다문화주의(multiculturalism)나 내부의 문화적 혼종성(cultural hybridity)에 대한 논의를 체계적으로 전개하기 위한 준비가 제대로 되어 있지 않다고 판단하기 때문이다. 그것은 문학과 문화 인류학, 문화 연구 등 문화 현상에 대한 다양한 입장을 인정하면서, 생산적이고 건설적인 논의를 이끌어갈 수 있게 이론적으로나 방법론적으로 도움을 줄 수 있는, 이른바 메타담론적(meta-discoursive)이며 하이퍼텍스트적인(hyper-textual) 영역을 확보하기 위한 시도이기도 하다.

따라서 이 저술 작업은 기존의 개념적·범주적 경계를 넘어서는 다문화 현상(multicultural phenomena), 예컨대 세대 간, 성별 간, 계급 간, 민족 간 경계라는 기존의 '장르가 희미해지는(blurred genre)', 다양하고 복합적이며 부정형인 것처럼 보이는 문화 현상을 바라보는 일종의 '시선(gaze)'에 대한 연구로 방향을 선회할 계획이다. 이는 현재 동아시아에 일고 있는 문화적 요소의 경계 가로지르기(border-crossing)나 문화 해체 현상에 대한 질문거리를 제공하기 위한 것이다.

'동아시아 정체성' 담론에 대한 비판적 검토
동아시아의 외래문화와 문화변용
동아시아의 해양 세계와 해양 네트워크

제1부
동아시아문화론과 문화적 정체성

제1장
'동아시아 정체성' 담론에 대한
비판적 검토[6]

1. '동아시아 정체성' 담론 형성의 역사적 배경과 실체

한국 학계에서 '동아시아 담론'이 형성된 역사적 배경은 크게 다음의 세 가지로 요약될 수 있다.

첫째로, 그것은 '동아시아란 무엇인가' 또는 '동아시아란 과연 존재하는가', 더 나아가 '그것이 존재한다면 그 실체는 무엇이며, 그것은 오늘날 우리에게 어떠한 의미가 있는가'와 같은 동아시아 정체성 추구의 욕구에서 비롯된다. 이는 곧 문화 찾기의 한 행위로서 동양에 대한 재고는 서양식 담론에 바탕을 둔 근대화 또는 서양식 발전주의 모델에 대한 비판적 성찰의 한 반작용으로 등장한 것이라고 볼 수 있다. 즉, 서양에 대해 가져왔던 환상이나 서양에 부여했던 이성의 절대성에 관한 신화에서 스스로 벗어나려는 자구적 노력의 일환인 것이다. 동양은 서양을 위해 비로소 존재하는 것이었으며, 서양에 순종하고 서양을 뒷받침하며 서양에 일시적으로나마

자극과 경고를 주는 또 하나의 거울로서 존재하는 것으로 인식되었다.[7] 그런데 이제 서구적 근대의 해체에 대한 해결책을 동양에서 찾도록 역사적 필연성이 부여되고 있는 것이다. 예컨대 최근 미국에서 발생한 9·11사건은 미국의 패권주의적 야망을 되짚어보는 기회를 제공했을 뿐만 아니라, 미지의 세계로 인식되어왔던 이슬람에 대한 이해와 관심을 불러일으키는 기회를 제공함으로써, 서양이 아닌 비서양 사회에 대한 지적·실천적 관심을 촉구하기도 했다.

둘째로, 이 지역의 정치적·경제적 성취의 현실에 대한 설명을 찾는 작업을 들 수 있다. 한·중·일 세 나라가 서양 문명권이 아닌데도 급격하고도 경이로운 경제성장을 이루었다는 것은 서양적인 것 이외에서는 발전이나 성장이라는 어휘의 실현이 불가능한 것으로 믿어왔던 사람들에게는 신선한 충격이었다. 1960년대 한국을 방문한 뒤 "한국에서 민주주의가 형성되거나 발전할 수 있기를 기대하는 것은 쓰레기통 속에서 장미꽃이 피기를 기대하는 것과 같다"라고 한 어떤 철학자의 말을 기억하고 있는 사람들에게 한국의 경제 발전은 민주주의처럼 거의 실현 불가능한 목표 같은 것이었다. 하지만 한국 사회는 1970년대 이후 세계 각국의 의심과는 달리 경제 발전에 성공한 것으로 평가되기도 했다. 그래서 한국은 이른바 '아시아의 네 마리 용' 중 대표적인 사례로 지목되기도 했다. 이제 경제 발전은 오로지 서양의 몫이 아니라 동아시아 지역에서도 이룩될 수 있는 문화적인 자원이 된 것이다. 이를 통해 서양만이 근대화에 성공할 수 있을 것이라는 서양 신화의 믿음체계는 크게 손상되었다. 서양이 아닌 사회에서도 경제 발전, 민주주의 또는 근대화의 성취는 가능한 것이 된 것이다. 이처럼 근대화의 한계와 오류, 서양 자본주의체제와 사회주의체제의 한계 및 허구를 경험하면서 서양인들은 '동양의 기적'을 낳은 어떤 신비한 힘의 정체를 규명하려는 지적 움직임을 주도하기 시작했다. 그것은 동양의 문화와 문명에 대해 새로운 각도에서 전면적으로 재검토해보겠다는 의미라고 풀이될 수 있다.

셋째로, 동양적인 것의 정체를 밝히고 재조명한다는 것은 서양중심적 세계체제의 확산에 맞서 자위적 공동체를 형성하려는 동양 사회의 욕구와 자신감이 빚어낸 담론이기도 하다. 사실 15세기 이후 서양과 동양이 만났을 때 서양은 단순히 동양을 무력으로 지배한 것이 아니라 새로운 동양을 창조해냈다. 4~5세기에 걸친 제국주의의 역사에서 서양은 줄곧 인식의 주체였고, 동양은 인식의 대상이었다. 문명과 근대화는 서양이 판권을 거머쥔 특허와 같은 것이었고, 동양은 그것을 빌리거나 훔쳐 쓰는, 또는 그래야만 하는 하위 주체로 존재해온 것이 사실이다. 동양의 근대사는 곧 서양의 언어로 자신의 정체성을 세워보려고 한 강박적 모방의 역사 과정이었다고 할 수 있다.

이러한 역사적 경험을 딛고 최근 서구에 대한 대안으로서 동아시아적 모델을 모색한다는 것은 일단 긍정적으로 받아들일 일이라고 본다. 냉전체제가 붕괴되어 이념적 긴장과 강제성이 해체되면서 탈이념적 지역공동체에 대한 정치·경제적 필요성의 자각은 동아시아론 또는 동아시아에 대한 다양한 담론을 촉구했다. 동북아 지역의 협력체제 확립은 이 지역 국가 간 내적 협력의 필요성뿐만 아니라 서양에 대한 대안적 협력체 설립의 욕구와 기대로 생겨난 것이다. 그것은 곧 서유럽을 중심으로 하는 문화권이나 미국 위주의 세계체제 확립에 대항하는 아시아 시대의 준비라는 의미로 해석될 수 있다.

요컨대 '동아시아' 담론의 요체는 한국, 중국, 일본의 문화적 동질성과 역사적 필연성, 공동체 형성의 당위성에 대한 담론으로 수렴된다. 그러나 그 내용은 아직 체계화되지 않은 상태다. 대개 유교 전통, 커뮤니케이션 수단으로서의 한자, 자연과 인간의 일체화를 추구하는 자연관, 세계에 대한 유기체론적 시각, 개인주의에 우선되는 공동체 윤리, 선형적 사고방식을 대신하는 나선형 또는 순환식 사고방식, 모순과 상극의 짝으로부터 상생을 실천하는 원리 등이 동아시아 문화의 특징으로 거론된다. 이것은 흔히 서구 문화체계라고 하는 것과 정면으로 대립되는 요소로 간주된다. 하지만 동아시아 문화의 특징이 어떠하다는 언명이 그대로 동아시아 국가나 민족 사이에 그것이 공유되고 있다는 사실을 보장하는 것은 아니다. 따라서 말해지는 것과 실천되는 것이 구별되지 않고 엄밀하게 논증되지 않은 채 주관적인 예상에 의한 암묵적 전제에만 바탕을 둔 논의는 동아시아문화론 자체를 허구적인 것으로 만들어버릴 수 있는 것이다.

그리고 문화에 대한 논의 자체가 매우 다양하며, 문화는 고정된 실체가 아니라 다양한 문화적 맥락에서 복잡한 사건과 계기, 상황에 따라 항상 변화하는 속성이 있기 때문에 신중히 다루어야 한다는 사실을 인식해야 한다.[8] 여기에 규범적이고 윤리적인 메시지와 실천 차원에서의 전략적 언술 사이에는 질적인 차이가 존재한다. 따라서 문화를 하나의 고정된 실체로 보거나 자기 문화를 중심에 놓고 다른 문화를 주변으로 떠밀어놓는 식의 중심-주변의 이분법적 구도로 상정해 '중심에서 주변으로 문화가 이동한다'는 식으로 단순화하는 것은 문화 간 충돌과 긴장, 이 때문에 발생하는 갈등과 같은 문화의 역동적인 상호작용을 간과할 위험이 크다. 그것의 구체적인 예를 우리는 중국과 일본, 한국의 현재 사회적 상황에서도 발견할 수 있다. 예컨대 중국에서는 경제 발전 위주의 근대화를 추구하면서도 문화적 통합에서는 중무장된 화이구도(華夷構圖)를 내세운다. 더 나아가 은연중에 각종 중국 영화들은 서양에게 빼앗긴 중화 정체성 또는 중국 및 중국문화의 자부심을 고양하려는 의도로 제작·배포되고 있다.[9] 일본 역시 탈아입구(脫亞入歐)의 근대화 전략과 이상을 기반으로 그 범주 안에서만 아시아 지역의 국가와 상호 협력체계를 구축하는 데 동의하는 식의 소극적인 태도로 일관하고 있음을 알 수 있다. 특히 최근 일본이 동아시아 국가 간 경제협력체제 구축에 미온적인 태도를 보이는 것은 결국 협력체제의 구축이라는 문제를 자기 국익과의 관련성 속에서만 고려하고 있을 뿐 다른 아시아 국가와 대등한 협력 관계를 바탕으로 하고 있지 않다는 점에서 매우 일방적이면서도 배타적인 성격을 지니고 있음을 짐작할 수 있다. 한국 역시 강력한 민족주의적 성향을 바탕으로 한 국가적 발전을 위해 이질적인 문화 상호 간 혼종성(cultural hybridity)이 아닌 상호 간 배타적 경쟁심을 강조한다. 한국의 경우 다른 나라와 협력 관계를 구축하는 과정에서 유독 국익의 문제를 가장 우선시하는 나라로 알려져 있는 것이 사실이다.[10]

이러한 관점에서 그간 '동아시아'라는 지역적·문화적 범주를 설정할 때 주요 국가로 거명되어온 한국과 중국, 일본은 그동안 서로를 배우고 존중하는 훈련을 쌓기 위한 방문보다는 자국에만 충실했으며 서로를 이해하는 데에도 매우 소극적이었다. 더불어 발전을 위한 경험을 서양의 선진국에서 수입하는 데 치중해왔다고 말할 수 있다. 각자의 벽을 굳건히 쌓고 수성에 충실한 것이 세 나라가 주축이 된 동아시아의 문화적 현실인 것이다. 바로 이 점을 직시하는 데서 비로소 문화 인식을 위한 구체적 분석틀 형성의 단초가 마련될 수 있다는 것이 이 글을 쓰게 된 가장 중요한 이유라고 할 수 있다.

2. 동아시아 문화의 다양성과 이질성: 담론의 현실과 실천 대상으로서의 현실

'동아시아 정체성' 담론을 둘러싼 기존의 인식과 논의는 특정 문화의 특수한 역사적 경험과 문화적 환경에 대한 내부인의 시각에 대한 심층적 성찰 없이 서양의 유럽중심주의(eurocentrism)와 별반 다를 바 없는 자민족중심적인(ethnocentric) 언어적 독단으로 행해지는 경우가 허다했다.[11] 첫째로, 그것은 이 세계를 동아시아와 서양으로 나누고 모든 문화적 요소를 기계적으로 대립 이항을 만들어 동아시아 문화의 내적 다양성과 그 자체의 융통성 및 가변성을 무시함으로써 문화 자체를 화석화하는 경향이 있다. 둘째로, 동양의 문화적 원리에 대해 경험적으로 충분히 검증을 거치지 않은 채 주관적인 해석과 기대, 그리고 구체적인 내용을 결여한 비과학적이고 비논리적인 방식으로 긍정 일변도의 해석이 이루어지는 경우가 많다. 가족주의, 혈연 및 지연의 강조, 음양의 조화, 관용, 인간주의 등 동아시아의 문화적 특징이라고 거론되는 항목들은 정도의 차이는 있을지 모르나 서양뿐만 아니라 지구상의 다른 어느 지역과 민족 집단(ethnic group)에서도 발견되는 것이다.[12] 따라서 세계를 서양 세계와 비서양 세계라는 이분법적 구도로 나누는 단순 논리는 매우 위험하다. 지구상의 많은 사회에서 서로 비슷하거나 다른 모습의 문화가 다양하게 실천되고 있다. 인간에 대한 예의, 가족의 중시, 명예 존중, 정상과 비정상의 혼합, 인간다움에 대한 정의와 기준, 세계의 질서와 우주의 운행, 인간의 운명과 존재론적 사고 등에 대한 관념과 실천 양식은 지구상의 모든 민족과 사회가 어느 정도 공유하고 있는 특질이기도 하다. 중요한 것은 이러한 관념과 실천 양식이 특정한 사회문화적 맥락에서 어떻게 인식되고 실천되는지에 대해 구체적인 양상과 의미를 포착하는 것이다.

결국 동아시아문화론에 구체성이 결여된 주된 이유는 동아시아의 실체가 모호하기 때문이다. 동아시아란 지리적 개념을 담은 공간적 실체라기보다는 그 속에서 살아가는 사람들의 삶에 대한 구체적 인식과 실천이 담긴 문화적 실체다. 단순히 지도 위에 그림을 그린다거나 지리적으로 어디서부터 어디까지가 동아시아라고 규정한다고 해서 동아시아가 만들어지거나 창조되는 것은 아니다. 문화적 실체로서 동아시아를 구성하는 각 민족과 문화에 대한 깊은 성찰 없이 공간개념에 몇 가지 단순한 문화적 용어를 입힌다고 해서 동아시아라는 실체가 성립되는 것은 아니라는 사실을 직시할 필요가 있다.

그간 한국에서 있었던 동아시아 정체성을 둘러싼 담론과 이와 관련된 논의에서는 한국, 중국, 일본 세 나라의 문화적 이질성이 간과되거나 과소평가될 뿐만 아니라 세 나라의 공통성이 지나치게 쉽게 확대 포장되는 경향이 있었다. 일반적으로 중국, 한국, 일본을 포함하는 동아시아 지역은 역사적으로 오랜 시기를 거쳐 서로 접촉을 유지해온 지역이고, 특히 문화적으로는 주요한 통합을 이루어 중국문화권, 한자문화권, 또는 유교문화권으로도 구분되던 지역이다. 이 지역이 지녀온 통합성은 다른 지역과 비교해 볼 때 그 문화권으로서의 장구성과 계속성에서 역사적으로 다른 어느 지역보다도 두드러졌다고 이해되어왔다. 그러나 이러한 지역적 통합이 오래 지속되어왔다는 사실로 말미암아 우리가 지금까지 어떤 착각이나 허상에 사로잡혀 있었던 것은 아닌지 의문을 제기할 필요가 있다.13) 즉, 동아시아의 세 나라가 근대에 이르기까지 계속해서 긴밀한 관계를 유지하고 문화적으로 밀접한 교류를 지속해왔다는 식으로 너무 쉽게 치부해버리는 경향이 있던 것은 아니었는지 자문해봐야 하는 것이다.14)

동아시아라는 하나의 범주로 이 나라들 또는 민족들을 묶는 것은 장기간에 걸쳐 상호 간에 이루어진 문화 교류의 역사에 근거한다. 그러나 그러한 문화 교류의 과정 역시 각국 또는 각 민족이 겪어온 역사적 경험에서의 차이가 있어 동일시될 수는 없으며, 각각의 문화적 측면에서도 서로 매우 다른 사회적 과정을 경험해왔다는 사실을 정확히 인식할 필요가 있다. 각국의 고유한 역사적 경험과 문화적 환경의 차이라는 것은 그들의 체제와 제도뿐만 아니라 관습과 세계관, 국가관, 민족관이 다르다는 것을 의미한다. 이러한 문제를 과학적으로 입증할 만한 구체적 증거를 갖춘 상태에서 논의를 진전시키거나 축적하지 못한 채 관념과 감정 위주의 동양 내지 동아시아의 개념 규정 또는 명명법에만 급급해하는 인식의 태도나 논의는 경계해야 할 것이다.

나아가 동아시아 문화가 지닌 특성이라고 흔히 지적되어온 동아시아의 문화적 가치라는 것은 과연 존재하는가. 아니 과연 '동아시아 문화'라는 개념 설정은 가능한 것인가. 중국 기원의 한자 문화와 한문으로 지탱되었던, 유교로 대표되는 한나라 문화야말로 동아시아 문화의 공통 기반이라는 주장이 제기되기도 한다. 그러나 그것의 토착화된 정도는 과거(科擧)를 거쳐 관리가 등용되던 중국, 한국, 베트남의 경우와 그렇지 않던 일본의 경우와는 근본적으로 달랐다고 할 수 있다. 동아시아 국가는 기본적으로 농촌 사회를 기반으로 삼고 있었기 때문에 연장자의 경험과 지혜를 존중했다. '효'의 개념이 비교적 강하고, 개인 본위보다는 가족 본위의 전통적 제도를 중시해온 사회이기도 했다. 그러나 근대에 접어들면서 이러한 가족 중심의 이데올로기가 개인을 억압하는 제도로 이해되는 경우도 종종 나타났다.[15]

더 나아가 기존의 동아시아의 담론 또는 담론 만들기에는 아직 정제되지 않은 문화결정론이 강하게 작용하고 있음에 주목할 필요가 있다. 동아시아 나라들에는 문화적 동질성이 있고, 이를 잘 이용하며, 이 나라가 하나의 통합된 주체로서 미래 세계의 주축이 될 것이라는 신념이 표출되고 있는 것이다. 다시 말하면 유교 전통, 상호 조화의 원리, 한자를 통한 의사소통의 실현 등은 정치와 경제 발전의 원동력이며 공동체로서의 동아시아를 실현하는 힘이라는 낙관적인 신념이다. 그러나 정치나 경제 발전이 문화로 결정된다는 것은 단순할 뿐만 아니라 명백한 오류다.[16]

따라서 우리는 동아시아의 문화적 특성이 과연 긍정적이기만 한 것인지, 또는 우리 스스로 또 하나의 동양 만들기에 탐닉하고 있는 것은 아닌지에 대해서 숙고해봐야 한다. 즉, 오리엔탈리즘의 폐해를 지적하고 비판적으로 극복하는 문제와 아울러 우리 스스로 '옥시덴탈리즘(occidentalism)'의 또 다른 굴레에 빠지고 있는 것은 아닌지 깊이 성찰해야 한다는 것이다. 동양이라는 신비는 서양중심주의자들이 서양의 우월함을 말하기 위해, 또는 동양에 대한 낭만적인 신비화 작업으로써 빚어낸 허구이지만, 지금은 동양인 스스로가 자신의 신비화를 시도하고 있다. 오늘날의 신비화는 근대와 대립되는 원시성의 부각이 아니라, 서양적 담론으로는 이해하지 못하는 선진과 우월성으로 장식되는 신비성이다. 이 담론들은 문화적 동질성에 대한 신념을 갖고 각각 다른 전략에서의 세계관을 은폐하고 있다는 공통점이 있다.

나아가 국가 단위와 민족 단위의 차이를 고려할 필요가 있다. 국가와 민족을 동일한 범주로 인식하는 문화가 있을 수 있고, 반면 이 양자가 엄격히 구분되는 범주라고 인식하는 문화가 있을 수 있다. 국가는 서구에서 근대 이후에 형성된 정치체로 인식되는 반면, 민족은 어떤 의미에서는 공통의 언어, 관습, 종교 등과 마찬가지로 공통의 원초적 요소의 집합체라는 의식에 의해 '상상의 공동체(imagined community)'[17]로 받아들여지기도 한다. 한국은 단일민족 국가라는 이미지가 강하게 작용하고 있는 나라라는 점에서 국가와 민족을 엄격하게 구분하지 않으며, 실제로 양자가 구분되지 않는 것을 당연하게 여기거나 자연스럽게 생각하는 경향이 강하다. 그러나 중국의 경우는 어떠한가? 우리가 일상적으로 떠올리는 중국의 이미지 속에는 '중국=한족'이라는 이미지가 숨어 있다. 즉, 한족을 중국인이라는 범주와 일치시켜 인식하는 것이 관습화 내지 습관화되어 있다는 것이다. 하지만 중국은 한족과 55개의 서로 다른 민족으로 이루어진 다민족 사회다. 역사적으로도, 적어도 지배계급을 보면, 한족 이외의 다른 민족이 중국을 대표한 적이 많았는데도 우리는 은연중에 이들의 실체를 사상시켜버리고 만다. 현재의 중국을 구성하는 수많은 소수민족을 사상한 채 한족만을 대상으로 하는 중국문화 또는 중국인의 문화에 대한 논의는 오류일 뿐만 아니라 세계와 역사를 왜곡하는 행위다.

그리고 우리는 때때로 인식의 문제 또는 관념으로서의 문화와 문화 전체를 혼동하는 경향이 있다. 인식의 차원과 문화의 차원을 동일시하는 이론과 방법론이 문화 연구에서 중요한 비중을 차지한 것은 사실이나, 관념 자체가 문화라는 식의 단순화는 곤란하다고 본다. 의식 또는 관념의 체계는 문화체계의 중요한 구성요소 중 하나이지만 그것이 문화의 결정적인 요소는 아니라는 점을 염두에 두어야 한다. 그러므로 동일성의 인식이나 공동체 추구의 의식은 원초적 감정이나 원초적 충성심을 통해 즉각 허구적인 담론이라는 것이 드러나게 된다. 결국 유교 전통이나 상호 친밀성의 인식을 나타내는 의식조사가 과연 보편성을 보장하며 국가의 경계를 넘어 시민사회의 무한한 확장을 보장하는 것인지에 대해서는 의문이 제기되는 것이다. 더 나아가 동아시아가 하나의 실체를 구성하는 문화라고 할 때 '문화'의 실체란 과연 무엇인가라는 근본적인 질문을 제기해야 한다. 문화란 논자에 따라 실로 다양하게 정의된다. 어떤 이는 예술과 교양이라고 하는 부문을 말하고, 어떤 이는 종교와 언어, 사상체계를 말하며, 풍습과 관습적 제도와 규범체계를 말하기도 한다. 이것이 과연 하나의 공동체를 형성하기 위해 작용할 수 있는가 하는 질문을 제기해야 한다.[18]

  이런 측면에서 볼 때 담론을 만들어내고 있는 주체와 그 배후의 힘을 밝히는 것이 중요한 과제가 될 수 있다. '동아시아 정체성' 담론이라고 하는 것의 실체는 하나의 시대적 유행에 부응한 발명품에 불과하다. 1980년대 들어 미국에서 21세기에는 아시아-태평양 시대가 온다는 말들이 등장하면서 동아시아 담론이 시작된 것이다. 그것은 미국인들이 유럽 콤플렉스를 벗어나기 위해 만들어낸 것이었다. 미국의 포스트모더니즘에 의해 태평양 쪽은 소비력이 놀라울 정도로 신장되는 무한한 시장으로 인식되었고, 이를 바탕으로 서양에서는 동양이 서양에 다시 협력자로서 순종해야 한다는 논리를 폈다. 결국 동양은 이러한 논리의 희생양이 된 것이다. 결국 이 모든 것은 서양 중심의 정치·경제적 세계체제의 맥락에서 이해되어야 할 이데올로기적 현상인 것이다.

'동아시아 정체성'과 관련된 다양한 담론이란 과연 누구를 위한, 누가 내세운 담론인가? 동아시아 그리고 한국의 지리적 위치나 문화적 지위를 강조하는 것은 소외에 대한 공포와 자부심의 이중적인 표현이다. 민주주의, 정치적 행위, 인권, 경제행위와 사회윤리 등에 대한 아시아적 설명과 변명, 항의는 동양 사회를 신비화함으로써 적어도 서양 기준의 평가에서 벗어날 여지를 확보하기 위한 것이기도 하다. 이를 위해서는 동아시아를 구성한 각 민족 집단의 특수한 역사적 과정과 경험에 대한 인식과 설명을 간과해서는 안 될 것이다. 이런 점에서 우리는 '과연 동아시아의 정체성이란 무엇인가'라는 최초의 질문으로 되돌아간다.

3. 맺는 글

이상을 종합해 볼 때, '동아시아 정체성'과 관련된 담론의 관념적 유희를 경계하고, '동아시아 정체성'의 실체에 대한 구체적 논의를 전개하기 위해서는 최근 아시아의 각 지역에서 광범위하게 확산되고 있는 소규모 공동체운동이나 풀뿌리운동(grass-root movement)과 같은 비정부기구(non-governmental organization: NGO)를 통한 시민운동의 다양한 목소리에 귀 기울일 필요가 있다는 제안을 곰곰이 따져볼 일이다.[19] 이것은 운동이나 실천적 움직임을 통한 목소리가 특정 사회에서 어떠한 역할을 수행하며, 그 배경은 무엇이고, 그것의 사회문화적 함의는 무엇인지에 대해 깊은 성찰을 요구한다. 이것은 기본적으로 지리적으로나 문화적으로 모호한 '동아시아'라는 개념보다는 유럽문화와 대비되는 타문화(other culture)로서의 '아시아'의 다양성에 주목하는 것으로서, 아시아 내의 다양한 소수민족의 권리를 회복하고자 하는 신사회운동(new social movement)의 성격을 지닌다. 범세계적으로 세계 각지의 부족 간에 네트워크를 이용해 신부족주의(neotribalism)를 고취하고 있는 이 운동은 세계 각지의 소수민족 간 연대라는 점에서 민족주의의 재현이라고 말할 수 있을 것이다. 이러한 소규모 운동은 중심의 논리를 강조하는 세계화의 논리와 전략에 배치된다는 점에서, 그리고 세계화에 대한 대안으로 일어나고 있다는 점에서 주목된다. 이는 세계화와 지역화의 갈등일 뿐만 아니라 주변으로부터 중심을 포용하는 변화를 가져다줄 수 있는 가능성으로서 하나의 중요한 문화적 주제로 자리 잡아가고 있다.

그리고 문화를 단순히 개념화하는 것을 경계하고 담론의 신비와 허구를 극복할 수 있는 구체적 방안을 모색하기 위해서는 문화적 동질성 추구에 집착하는 자세에서 벗어나 문화적 다양성에 대한 인식으로 눈을 돌려야 한다. 따라서 한국과 중국, 일본의 문화적 이질성에 대한 확인과 인정의 자세 그리고 능력이 무엇보다도 동질성에 대한 믿음을 기반으로 하는 통합의 요구나 기대가 지니는 제한적이고 허구적인 논의를 넘어서야 한다. 이런 점에서 기존의 '동아시아 정체성'에 관한 논의가 이러한 정체성의 '원형(prototype)' 또는 '원형 찾기'에 지나치게 몰두해온 것은 아닌지 비판적으로 성찰해보아야 한다.[20] 이때 그 대상의 고립화가 전제된다. 정체성이라는 독특한 역사적 경험과 고유한 문화적 배경에 따라 달리 정의되고 규정될 수 있는 유동적인 성격을 지닌다. 그러나 원형에 대한 지나친 집착은 정체성을 고립되고 정적인 실체로 간주하는 경향을 당연시 하게 하며, 더 나아가 그 주체의 실천적 측면을 간과하게 하는 위험을 내포한다. 문화적 공통점만을 강조하는 것은 의미가 없다. 우리가 진정 관심을 기울여야 하는 것은 문화 간 차이점이 아닐까. 문화 간 차이점에 주목할 때 비로소 문화의 역동적·실천적 변화의 측면이 부각되며, 단순히 문화구조 또는 문화체계가 아닌 그것을 움직이고 자신의 목적에 따라 조작·변형하는 주체들의 실질적인 움직임이 포착될 수 있다. 이것이 '동아시아' 또는 '동아시아 정체성'을 역동적인 관점에서 바라볼 수 있는 시각을 제공한다.

제2장
동아시아의 외래문화와 문화변용
말레이시아 말라카(Malacca)[21]의 사례

1. 들어가는 글

　바다라는 공간은 다문화·다민족·다권력의 상호 관계를 형성시켰으며, 대량의 물자나 인원 수송을 가능하게 한다. 또 해양 자원은 배후지나 내륙과 교역이 가능해지면서 연안에 인구가 집중되고 도시가 형성되는 데 큰 영향을 미친다. 섬들은 영역으로서 스스로를 표현하기보다는 해역의 다른 섬들과 네트워크를 형성함으로써 스스로를 유지시켜왔다. 하지만 국가라는 상위 개념이 설정되면서 섬도 국가체제를 정비하게 되었고, 바다의 시점에서가 아니라 육지의 연장으로서 해역이 분할되고 권위와 권력이 섬을 장악하게 되었다.
　항구도시는 육지와 섬을 해상 네트워크로 연결하는 국가 형성의 거점으로 활용된다. 역사적으로 동남아시아의 항구는 섬과 섬, 항구와 항구, 항구의 해안과 강을 통해 내륙을 연결하는 활력 넘치는 해상 세계의 네트워크였다. 그리고 네트워크는 이동을 가능하게 하는 인간관계로 이루어져 있었다. 그것은 내륙이나 섬 세계와 같은 다른 세계와 분리된 불변의 고정적인 관계가 아니라 여타 세계와 상호 긴밀한 관계를 맺으면서 매우 가변적이며 역동적인 네트워크를 형성하는 유동적인 관계였다. 여기에는 바다와 섬, 그리고 육지를 모두 포괄해 생활의 세계를 형성하는 매우 역동적인 삶의 현장이 존재했다. 그리고 이러한 네트워크는 이동을 원활하게 해주는 지역적인 인간관계뿐 아니라 국경을 넘어 이동하는 사람들의 행렬을 통해 다양한 정보와 커뮤니케이션의 경로가 만들어지는, 일종의 시장(market)이었다. 물자와 서비스 및 정보의 교환이 이루어졌으며, 이를 통해 사람들은 외부 세계와 네트워크를 구축할 수 있었다.

항구는 바다와 섬, 그리고 육지를 연계함으로써 섬과 바다를 통해 육지로 사람과 물자, 정보를 교류하는 것을 가능케 하는 교통의 요지이면서 정보의 집결지다. 더욱이 항구 사이에는 이른바 '교통 네트워크'가 형성되어 하나로 연결된다. 최근에 항구라는 도시가 지니는 구조적인 성격과 국제적인 분기점으로서의 기능, 육지 영역 국가와의 관계 등을 문제로 삼은, 이른바 항구도시론이 주목을 끌고 있는 배경에는 항구의 이러한 기능과 의미에 대한 이론적·실천적 관심과 연구가 깔려 있다. 이 중에는 아시아 항구도시들의 유적을 발굴함으로써 새로 발견된 역사 자료를 통해 항구도시의 변천 과정과 구조, 물질문화 등을 종합적으로 분석한 연구가 등장하기도 했다. 이러한 연구는 항구도시가 지니는 다양하고 다채로운 문화적 특징과 항구라는 창을 통해 바라본 넓은 외부 세계, 그리고 항구와 이러한 외부 세계와의 관계 등을 이해하는 데 큰 도움을 준다(야지마, 2003: 12). 동남아시아에서 이러한 역할을 수행했던 대표적인 항구도시가 바로

'말라카'[22]다.

이 글은 말레이시아의 역사적인 항구도시 말라카를 대상으로 말라카 도시의 성격을 다문화 사회로 규정하고, 이러한 문화적 특성이 형성되고 변모하게 된 배경을 살펴본 다음, 이를 외래문화의 충돌, 즉 수용과 통합이라는 원리 또는 메커니즘 속에서 고찰하고자 한다. 다문화 사회의 특성은 이질적인 문화가 외부에서 유입되어 기존의 토착문화와 대립·충돌하는 과정에서 형성되며, 이는 독특한 역사적 경험과 특수한 문화적 상황 속에서 끊임없이 변화하는 성격을 지니게 마련이다. 따라서 이 글에서는 말라카 도시문화의 형성과 변화의 특성을 항구도시의 다문화적 성격의 변화과정에 조응해 살펴본다.

2. 인도양, 말라카 해협, 그리고 말라카: 말라카의 역사적 배경

역사적인 측면에서 볼 때, 바다를 매개체로 말레이 반도의 말라카 해협 내에서 물자 교류가 이루어지면서 서로 다른 문명이 만나 경제적·문화적 측면에서도 교류가 이루어져 복합적인 교류권을 형성한 것은 부인할 수 없는 사실이다. 일명 '몬순(monsoon)'[23]이라 불리는 말라카 해협의 계절풍은 아시아와 아프리카, 아랍 세계와 동남아시아, 인도와 동남아시아를 잇는 단순한 바닷길이 아니라 대륙과 바다라는 두 개의 다른 세계를 연결해주는 매개체로 작용했다. 이 때문에 '몬순 문화권'이라는 독자적인 인도양 해역 세계가 형성되었으며, 대륙과 바다가 동시에 발전할 수 있는 관계가 만들어졌던 것이다(Reid, 1988, 1992; 야지마, 2003 참조).

말라카 해협은 인도양을 배경으로 장구한 역사를 통해 자신만의 독특한 해양문화를 형성해왔다. 그것은 각 항구가 그물처럼 촘촘하게 이어져 있으며, 거대한 권력을 형성하기보다는 해상 네트워크로 이어진 말라카와 수마트라, 보르네오 왕국을 형성했다. 말라카 해협을 중심으로 형성된 도서부 동남아시아 해역 또는 말레이 세계는 섬과 섬, 항구와 항구, 또는 항구의 해안과 강을 통해 내륙의 육지와 연결되는 네트워크형 해역의 세계였다는 주장(무라이, 2003: 7)이 터무니없이 과장된 말은 아닐 듯싶다.

동남아시아의 바다는 한편으로는 상인들의 바다, 전쟁의 바다, 노예무역의 바다이기도 했지만, 다른 한편으로는 생활의 바다이기도 했다(다카야, 2003). 말라카 해협을 경계로 형성된 해변 마을의 단명성과 높은 이동성, 즉 그곳에서 살아가는 사람들의 변화무쌍한 전직을 고려할 때, 동남아시아, 특히 도서부 동남아시아 주민의 생활에서 바다가 차지하는 비중은 결코 과소평가될 수 없다. 말라카 해협에 거주하며 해상 교역에 종사했던 사람들이 새우잡이 어부로 전업하기도 했고, 오스트레일리아로 이주해서는 진주조개를 잡고, 다시 귀환해 어패류를 판매하거나 숨바와 섬(Sumbawa: 인도네시아 소순다 열도에 딸린 섬)에 거대한 어장을 열기도 했다. 그 후 말라카 해협으로 돌아가 야자로 알려진 코코넛〔말레이시아어로는 크라폭(kerapok)〕을 재배하기도 했다. 다시 말해 어부나 교역자가 해적이 되기도 했고, 때로는 야자와 감자류, 사고(sago)를 재배했으며, 산에 들어가 등나무나 벌꿀 또는 향목을 채취하기도 했던 것이다. 이와 같이 말라카 해협을 중심으로 다양한 지역을 이동하며 전업하는 사람들이 많았기 때문에 이들에게 '고향'이라는 개념이 확실하게 자리 잡지 못했다고 볼 수 있다(무라이, 2003: 8).

인류의 역사를 총체적으로 고찰해보면, 인간은 한곳에 정착하거나 조직과 집단을 형성해 한 장소에 거주하기보다는 두 발로 직립보행을 하는 동물에게만 있는 호모 모빌더스(homo mobildus), 즉 한 장소에 오래 머물지 않는 본성에 따라 이동을 하는 경향을 강하게 지닌다. 이동과 교류가 갖는 동과 정이라는 서로 다른 성질이 공존과 교류의 역동성을 낳았으며, 이동과 교류의 상호작용 속에서 문화와 문명이 탄생하고 발전을 거듭했던 것이다. 이와 같이 말라카 해협을 포함한 인도양 해역에서는 옛날부터 사람들이 이동하고 교류하면서 교통, 물자, 화폐, 문화가 하나가 된 네트워크, 이른바 넓은 의미의 '교통 네트워크'가 형성되었다고 볼 수 있다(야지마, 2003: 16~17).

인도 항로는 이미 16세기 이전부터 인도양 해역에 거주하는 사람들이 왕래했던 교역권의 일부로 자리 잡기 시작했던 것으로 전해진다. 유럽의 열강들이 이 지역에 처음으로 진출했던 15~16세기에 아시아의 바다는 동쪽으로는 동중국해와 남중국해, 서쪽으로는 아라비아해와 인도양 서쪽 바다로 물자와 정보가 서로 만나는 하나의 바다 세계였다. 당시 아시아의 바다는 '타 지역 사람'이 들어오는 것을 무력으로 막아 자신의 영역을 독점하고 지배하는 바다가 아니라, 가치 있는 상품으로 대등한 거래를 하고자 하는 사람이라면 누구라도 적극 수용했으며, 이질적인 요소를 받아들일 줄 아는 매우 유연한 세계였다. 소규모 선박들이 활발하게 오가던 항구도시는 번영을 구가하고 있었다. 그중 하나인 말라카도 중요한 항구도시였다. 말라카에서는 무명, 비단, 커피, 열대 지방의 향신료, 약재료 등이 유통되었으며, 전체적으로 소비문화가 널리 퍼져 있었다. 말라카를 포함해 말라카 해협을 중심으로 다양하고 이질적인 문화적 요소를 지니고 있던 여러 왕국들이 서로 교류하고 공존하는 관계를 형성했으며, 그 과정에서 자신의 문화적 정체성을 유지·확립해 나갔다. 이러한 상황에서 유럽인들은 말라카 해협을 중심으로 형성된 항구도시의 문화와, 대륙과 바다의 교류 네트워크를 교묘하게 이용할 목적으로 아시아에서의 무역 활동에 적극 참가해 식민지 정책을 실시하는 등 이 지역에 적극적으로 개입했다.

말라카의 초기 역사는 말라카 도시문화의 형성과 변화의 측면에서 매우 중요한 의미가 있다. 말라카는 수세기가 넘는 역사를 지닌 여러 고건물의 외관 뒤에 숨어 있는 영광스러운 과거와 역사를 지닌 도시다. 이곳을 찾는 사람들이 좁게 펼쳐진 길을 따라 걷는 동안 그들의 발자국에는 발견되기를 기다리는 역사적 보물의 일부가 깔려 있으며, 누군가가 한 번쯤 이야기해줄 것을 기다리는 흥미로운 이야기들이 간직되어 있다. 말레이시아에서 두 번째로 작은 주이지만 말라카가 역사, 문화, 음식 면에서 가장 풍요로운 곳이라는 것은 주지의 사실이다. 말라카가 역사적인 유물과 건축물들을 보유하고 있다는 사실은 사람들이 말라카의 역사와 문화에 대해 배우고 흠뻑 빠져보는 것을 더 쉽고 흥미롭게 해준다. 말라카. 이곳은 말 그대로 그 모든 것이 시작되는 곳이다. 기억을 더듬어 슬슬 산보하듯 그곳의 역사와 문화로 여행을 떠나보자.

말라카라는 이름은 나무 이름에서 명칭을 따오는 제국의 명명법으로 지어졌다. 이는 1396년 인도네시아 수마트라를 탈출한 파라메스와라(Parameswara)라는 왕자가 명명한 것으로 알려진다.

말라카는 17세기 네덜란드에게 점령당해 그곳에 동인도회사가 설립되었다. 네덜란드는 이를 이용해 말라카를 중심으로 말레이 반도에서의 무역 활동을 전개했다. 네덜란드는 배타적인 성향을 띠며 단독으로 말라카를 지배하려 했지만, 동인도회사를 경영하며 이윤을 추구하면서도 200년이라는 긴 세월 동안 말레이 반도와 긴밀한 관계를 맺을 수밖에 없었다. 그리고 네덜란드는 말레이 반도에서 주도권을 장악하려는 의도로 말레이 반도 내의 다양한 민족 집단(ethnic group)에 관해 상당한 수준의 정보를 얻어내는 데 성공했다.[24)]

영국이 18세기 말 말레이 반도에 진출했을 때 아랍인들은 비록 그 수는 적었지만 이미 말레이 반도의 정치, 행정, 종교 등에 큰 영향력을 행사하고 있었다. 이 때문에 영국은 상업적으로는 아랍과 협조하는 자세를 취하면서도 자신을 위협할 가능성이 있는 존재로서 아랍을 늘 경계했다. 영국이 페낭(Penang) 섬을 취득할 때 중심적인 역할을 했던 프란시스 라이트(Francis Light)는 아랍을 '좋은 친구이자 위험한 적'으로 여겼고, 싱가포르 총독을 역임했던 래플스(Thomas Stamford Raffles)도 말레이인에 대한 아랍의 영향력에 혐오감을 드러내고 있었다. 한편 네덜란드는 19세기 말부터 자국의 식민지를 경제적으로 개방하고, 중국인과 아랍인을 유럽인과 원주민 사이의 중개인으로 받아들였다. 하지만 영국은 아랍인을 당시 네덜란드령에서 종종 일어났던 무슬림(Muslim)의 저항운동에 기름을 부을지도 모를 존재로 간주해 대량의 아랍계 이민을 받아들이는 것에 경계심을 늦추지 않았다. 네덜란드 식민지 내에 거주하고 있던 아랍인들도 식민지 내의 이동이나 거주 지역을 엄격하게 제한받았다. 이들의 대응은 정주지 주민에 대한 아랍인 이민의 영향력을 고려한 것이었다(아라이, 2003: 308~309 참조).

원래 말레이 반도의 작은 어촌이었던 말라카는 독특한 역사적 경험과 고유한 문화적 상황의 영향으로 급속한 변화를 겪게 된다. 말레이 반도를 중심으로 수마트라, 자바, 보르네오로 이어지는 바닷길의 네트워크는 말라카의 새로운 문화 변동을 예고하는 것이었다. 항구도시로서 말라카는 말라카 해협을 왕래하던 아랍인, 인도인 상인들과의 교역을 통해 새로운 문물을 받아들여 이를 자신의 문화적 환경에 맞게 변조하면서 자생적인 문화를 창출했다. 이동과 교류가 지닌 동과 정의 서로 다른 성질이 공존과 교류의 역동성을 낳았으며, 이동과 교류의 상호작용 속에서 문화와 문명이 탄생하고 발전과 변모를 거듭하는 결과를 나타냈다.[25] 말라카 해협은 예전부터 사람들이 바닷길을 이용해 이동하고 교류하면서 교통, 물자, 화폐, 종교 등이 하나가 된 해상 네트워크, 즉 넓은 의미의 '교통 네트워크'를 형성했던 것이다(야지마, 2003: 17 참조).

말라카가 항구도시로서의 기능을 상실하고 역사를 대표적인 상징으로 하는 관광지로 변모한 것에는 특별한 의미가 있다. 말라카 동북부 지역의 부킷치나(bukit cina)라 불리는 곳에는 중국 동남부 지역에서 장기간에 걸쳐 이주해온 중국인들의 공동묘지가 넓게 분포해 있다. 서북부 지역에는 인도인 이주자들이 인도문화의 전통을 유지하면서도 말레이문화와의 혼합으로 고유한 인도계문화가 말레이문화와 적절하게 혼합되어 독특한 말라카 힌두문화의 일종인 치티(chitty)문화가 형성되었다. 한편 남부 지역의 해안가를 따라 포르투갈과 네덜란드를 비롯한 유럽문화의 영향을 엿볼 수 있는 성채와 건축양식도 쉽게 발견할 수 있다.

이와 같이 말라카는 다양한 문화가 서로 연결되는 중개 지역으로 널리 알려져왔다. 화인의 문화, 말레이문화, 인도계문화, 포르투갈과 네덜란드의 문화적 영향을 엿볼 수 있는 말라카는 말레이시아 최대의 역사·문화적 보고이기도 하다. 또 말라카는 동남아 최대의 국제 교역항으로 기능하기도 했다(양승윤 2003).

3. 다문화 사회로서의 항구도시, 말라카

1) **다종교성(多宗敎性)의 형성과 변화:** 이슬람교와 불교, 도교, 힌두교, 기독교의 유입으로 모자이크 문화 형성

말라카는 1511년 포르투갈의 침략으로 식민지가 된 후 네덜란드, 영국까지 약 300년간 서양 열강의 식민 지배를 경험했다. 따라서 이러한 서양의 식민지 정책은 말라카가 다민족 사회가 되는 데 큰 영향을 끼쳤다. 한편 중국 남부 지역에서 말레이 반도로 이주한 중국인의 상당수가 말라카에 정착했다. 인도 남부의 타밀나두(Tamil Nadu) 지역에서 이곳으로 이주해온 타밀인(the Tamil)들 역시 이곳에 들어와 현지 문화에 적응하면서도 자신만의 독특한 문화적 전통을 계승·발전시켜갔다. 이들은 말레이시아 원주민의 정체성을 획득한 상태에서 말라카의 주요 민족 집단으로 자리 잡았다.

말라카는 말레이인들의 이슬람, 중국인들의 불교·도교·기독교, 따밀인들의 힌두교 등 다양한 종교의 총집합지다. 이들이 서로 충돌하면서 조화 또는 대립되는 과정에서 독특한 말라카문화가 형성되었다.

다양한 출신 배경을 지닌 사람들이 집결하는 항구도시에서 항구도시를 지배하는 사람들은 이를 통합하는 질서를 구축하기 위해 자신의 정치적 권력과 경제적 부를 동원하려고 하는 경향이 있다. 말라카와 말라카 해협을 중심으로 형성·발전된 동남아시아의 해역 세계에서 이슬람의 융성은 그 전형적인 예에 속한다고 할 수 있다. 무슬림 상인은 7세기 말 무렵부터 동남아시아를 왕래했던 것으로 생각되지만, 현지 지배자의 개종은 인도양 교역이 무슬림 상인의 주도로 이루어지기 시작한 13세기 이후부터라고

할 수 있다. 인도양을 거쳐 말라카 해협을 왕래하던 무슬림 상인을 통한 현지 지배자의 이슬람 수용은 13세기 말부터였다는 기록이 남아 있다(프랑크, 2003). 아랍과 인도의 항구도시로부터 말라카 해협에 이르는 항로에서 이루어진 원격지 교역에 종사했던 상인들 간에 이슬람법에 의거한 상업 활동의 인증과 상업 관련 계약 문서의 관습이 공유된 것은 상업 활동의 발전에 크게 기여했다.

말레이인의 고대 기록이자 말라카 왕국의 연대기라고 할 수 있는 『스자라 믈라유』(sejarah Melayu, Malay annals: 말레이인의 역사)는 이슬람의 예언자 모하메드(Mohammad)와 꿈속에서 교신했던 현지 왕(Raja)의 개종에 관한 기록이 적혀 있다. 현지 왕의 이슬람 개종이 말라카를 왕래하던 아랍인 사이드 압둘 아지즈를 통해 이루어졌다는 것이다(Ismail, 1998a: 121~128; Brown: 1970: 43~49). 여기서 중요한 것은 현지 왕의 개종이 모하메드와의 교신과 아랍 출신 울라마(ulama: 이슬람 종교학자)를 통해 주도되었다는 점이다. 이는 15세기 전반에 이미 많은 수의 아랍 출신 무슬림 상인들이 말라카에 정착했다는 것을 입증한다. 당시 무슬림 상인들 사이에서는 이슬람 지식이 출중하고 뛰어난 사람에게 붙이는 아랍어 존칭이 사용되었다. 이와 같이 말라카에서는 다양한 출신지의 사람들을 통합하는 과정에 아랍 출신의 이슬람 전문가들이 중용되었던 것이다.

중국 남부 푸젠성(福建省) 출신 이주자들이 말레이시아에 가장 먼저 정착해 공동체를 이루었다. 그들은 말레이시아에서 가장 오래된 중국인 사회를 형성했다. 푸젠성 출신 이주자들이 말레이시아에서 처음으로 자신의 사회를 형성한 곳은 말라카였으며, 그 시기는 15세기로 거슬러 올라간다. 말라카는 당시 말라카 해협을 중심으로 국제적인 해상무역을 전담했던 최대의 항구도시였다. 복건성 출신 무역 상인들은 16세기와 17세기 초반 말라카에 작은 중국인 사회를 위한 근본 토대를 구축하는 데 성공했다(de Eredia, 1930: 19; Yen, 1993: 681).

말라카 최초의 중국인 사회는 말라카의 동북부 지역에 자리 잡고 있다. 이곳에서는 말레이시아에서 가장 오래된 중국인의 유물 일부를 찾아볼 수 있다. 외관이 매우 인상적인 쳉훈텡(靑雲亭)은 말레이시아에서 가장 오래된 중국 사원이다. 말라카의 동북부 지역에 있는 중국인들의 전통적 공동묘지인 부킷차이나가 최근에는 더 이상 묘지로서 기능할 수 없게 되어 말라카주 인근의 첼라콩(Celakong) 지역으로 공동묘지를 옮겼다. 이 점은 말라카 중국인 사회의 장례 풍습과 죽음의 의미에 변화가 일고 있음을 인식하게 하는 중요하면서도 의미 있는 사실이다.

일명 차이나타운이라 불리는 중국인 거주지의 중심에는 '조화의 거리(harmony street)'가 있다. 여기에는 이슬람 사원과 힌두 사원, 불교 사원이 한곳에 자리 잡고 있다. 각 민족 집단 간 조화와 균형을 고려해 말라카 도시가 형성되었음을 보여주는 사례로서, 이 거리는 이질적인 문화적 요소들이 민족 집단 간 상호작용을 통해 어떻게 자신의 정체성을 변화시키는지 알 수 있는 문화적 상징이라고 할 수 있다. 그중 말라카 화인들의 대표적 사원인 쳉훈텡이 있다. 이 사원의 처마에는 중국 신화에 나오는 다양한 형상들이 조각되어 있다. 사원 중앙에서 참배객들은 지폐와 향을 태운다. 사원 중심부에는 대웅전이 작은 규모로 설치되어 있으며, 부처를 비롯해 관우, 보살 등 민간신앙의 특성을 나타내는 다양한 신들이 혼재해 있다. 이는 불교와 도교의 혼합을 엿보게 해주며, 중국인 사회의 종교적 특성이 다양한 종교의 혼합주의를 특징으로 한다는 사실을 알려주는 중요한 증거를 제시해준다.

인근에 있는 또 다른 예배장소는 캄풍 클링 사원(Masjid Kampung Kling)으로 말라카에서 가장 오래된 이슬람 사원이다. '캄풍'은 말레이어로 마을을 뜻하며, '클링'은 원래 말레이시아에 이주해온 인도계 무슬림을 칭하는 말이었는데 나중에 초기 이슬람 신자를 통칭하는 용어로 바뀌었다. 이것은 말라카에서 이슬람의 전래와 포교, 그리고 말레이인들의 종교 생활과 관습을 엿볼 수 있는 중요한 역사·문화적 자료이기도 하다.

사원의 중앙에는 신도들이 예배 전 손과 발, 몸의 일부를 씻는 분수대가 놓여 있다. 정화 의례의 장소인 것이다. 첨탑은 알라에게 자신의 소원이 좀 더 잘 전달될 수 있게 하기 위한 무슬림들의 소망을 상징하듯 하늘을 향해 높게 치솟아 있다. 세속적으로는 이슬람의 권위를 상징하며, 종교적으로는 알라에 대한 무슬림의 믿음을 반영한다.

그리고 캄풍 클링 사원의 바로 왼편에는 힌두 사원이 자리 잡고 있다. 이 힌두 사원은 초기에 말라카로 이주해온 인도인들이 자신의 종교적 의례와 관행을 보전하기 위해 건축된 것인데, 참배객들은 거의 매일 이곳에서 향을 피우고 시바신을 비롯한 힌두교의 여러 신에게 자신의 소망을 빈다.

'조화의 거리'에는 이와 같이 불교와 이슬람교, 힌두교의 사원이 공존한다. 다양한 민족 정체성을 지닌 말라카의 민족 구성과 문화적 특성을 엿볼 수 있다. 말라카는 초기부터 이주민들의 다양한 문화가 수용·통합되는 역사적 경험을 통해 다양한 문화가 혼성을 이루는 다채로운 문화적 특성을 지니게 되었다. 말라카는 바바논야(Baba Nyonya)로 대표되는 중국인의 문화적 전통 외에도 이곳에 정착한 인도인들을 통칭하는 치티(chitty)문화,

이슬람으로 대표되는 말레이문화, 유럽의 식민지 경험에서 배태된 유럽의 문화적 전통이 한데 어우러져 문화적 혼합을 이루고 있는 말레이시아의 대표적인 역사·문화 도시다. 이는 말라카가 말라카 해협을 중심으로 인도와 중국, 유럽에서 문화와 문물을 수입할 수 있는 항구도시였기 때문에 가능한 일이었다. 항구도시는 이주와 정착의 역동성을 통해 이질적인 문화를 나름대로의 논리와 원칙으로 수용해 변화시킬 수 있는 힘을 지닌 독특한 문화접변의 현장이다. 이질적인 문화의 수용을 통해 조화를 이루는 다양성의 문화가 형성되는 곳이 바로 항구도시인 것이다. 말라카는 오랜 역사적 경험을 통해 말레이시아에서 가장 성공적으로 문화적 조화와 통합을 이루어낸 도시라고 할 수 있다.

2) **문화의 혼종화**(hybridization): 말레이인과 바바논야, 그리고 치티

말레이시아에서 문화적 혼종성을 가장 잘 보여주는 예가 바로 말라카의 민족 구성과 이를 바탕으로 한 문화 형성이다(King and Wilder, 2003 참조). 해협식민지였던 말라카에는 잘 알려진 바와 같이 오래전부터 이곳에 정착해 살아온 뻐라나깐(Peranakan) 또는 바바 화인이라 불리는 독특한 민족 집단이 있다. 이들은 중국인과 말레이인의 문화적 요소들이 적절하게 결합되어 형성된 문화를 지니고 있다. 그리고 주로 포르투갈인과 말레이 혈통이 상호 혼합된 유럽인들이 존재하며, 인도네시아 출신 말레이인과 말레이 반도 출신 말레이인이 통혼을 통해 만들어낸 자위 뻐라나깐문화, 그리고 인도인과 말레이인 출신 조상들이 통혼을 통해 이룩한 인도 무슬림의 문화가 존재한다. 또 인도인 바바 또는 말라카 치티라고 불리는 민족 집단을 들 수 있는데, 그들은 힌두교 전통을 지닌 인도인 혈통을

지니고 있으면서도 토착 말레이문화에 상당 분분 흡수·통합된 독특한 문화를 형성하고 있다(Clammer, 1980, 1986; Nagata, 1979: 25~49).

말라카의 말레이문화는 전통적으로 현대 말레이문화의 근본 토대를 제공하고 있는 것으로 알려져 있다(Kessler, 1992: 146). 이는 통치자와 피통치자 사이의 관계에 기초하고 있으며, 말라카 술탄의 전통적이고 역사적인 모델에서 파생된 것이다. 말라카 술탄제의 헌장은 말라카의 중요한 역사적 시기와 당시의 독특한 역사적 경험이 어떻게 전승되었는지를 알려주는 중요한 자료다. 하지만 역사적 관점에서 볼 때, 말라카의 전통적인 술탄제라는 정치체에서 영향을 받은 말레이문화 또는 말레이 정체성은 고정되거나 동질적인 성격을 지닌 것이라기보다는 교섭 가능하고 개방적인 성격을 지닌 것으로, 현재까지도 지속적인 변화 과정에 있다고 할 수 있다. 특히 최근에 말레이시아 연방정부와 말라카 주정부의 관광정책은 말라카의 말레이문화를 비롯한 여러 민족 집단의 문화에 직·간접적으로 영향을 미치고 있으며, 이는 그들의 민족 정체성이 변화된 문화적 환경 속에서 적절하게 적응 또는 통합의 과정을 거치면서 새로이 구성되고 있음을 보여주는 하나의 문화적 조건이 되고 있다. 이러한 문화적 조건은 말라카의 문화적 혼종성을 보여주는 또 하나의 요소로 작용하고 있음에도 주목할 필요가 있다. 다음 절에서는 국가와 주 정부 차원에서의 관광정책의 내용을 살펴보고, 그것이 말라카 민족 집단의 정체성과 문화에 어떠한 영향을 미치는지를 고찰하고자 한다.

4. 관광을 통한 역사와 문화 판매: 외래문화의 수용과 토착화 과정

1403년에 구축된 말라카 왕조는 오늘날 말레이 세계의 원형을 형성하는 데 큰 역할을 담당했다. 이슬람교가 유입되어 술탄제가 확립된 말라카 왕국은 외래문화가 수용·통합되는 과정에서 혼합문화가 일찍부터 발달되어왔다. 말라카 해협을 통해 항구로 밀려들어온 다채로운 외래문화는 토착문화와 접촉·변용되어 말라카 항구도시의 문화를 형성하는 데 큰 영향을 미쳤다. 말라카는 동서 문명의 교차로에서 중계무역항으로 성장하면서 독자적이면서도 고유한 문화적 환경을 만들어냈다. 몬순이라 불리는 계절풍을 이용해 동서로 무역선이 왕래해왔다. 말라카는 천혜의 자연을 활용한 문화 중개자의 역할을 담당해왔고, 바다의 실크로드에 필적하는 해상 교역로를 통해 동서 문명이 다양하고 복합적으로 교차한 곳이다.

최근 말라카는 관광을 통해 자신의 '역사와 문화를 판매하는 행위'에 적극적으로 나서고 있다. 다민족으로 구성된 말라카의 인구구성은 외국인 관광객의 눈길을 끄는 관광자원이 되었으며, 말라카의 역사적 유적과 유물, 건축물 등은 이국적인 풍광을 선사해준다. 말라카 마코타 퍼레이드라는 아케이드 안의 푸드코트(food court)는 전 세계의 모든 음식이 생산·소비되고 있다고 할 수 있을 정도로 다채로운 풍경을 보여준다. 다양한 민족집단이 광장처럼 넓은 공간에서 다양한 방식으로 식사하는 모습은 다민족사회의 문화적 특징과 의미를 드러내준다. 이질적인 외래문화의 토착화 과정을 여실히 보여주는 하나의 문화적 장면을 연출해내는 것이다.

말라카에서는 이러한 현장에 관광객을 태운 트라이쇼(trishaw)가 행진하는 모습을 쉽게 발견할 수 있다. 트라이쇼라 불리는 삼륜자전거는 말라카의 주요 교통수단 중 하나다. 말레이시아의 역사 도시라는 이름에 걸맞게 말라카가 역사 관광지로 널리 알려지면서 트라이쇼는 이곳의 명물이 되었다. 호텔이나 배낭여행객을 위한 숙소인 유스호스텔이나 관광 명소 주변에는 트라이쇼가 항상 대기하고 관광객을 맞이한다. 일반적으로 한 대의 트라이쇼에는 한 명의 승객이 타는데, 때로 2인이 타는 경우도 있다. 승객 수에 따라 요금을 받는 것이 아니라 거리에 따라 요금을 받는 것이 특징이다. 요금이 정해져 있지 않고 승객과 흥정을 통해 요금을 정하는 것도 눈에 띈다. 가깝게는 3링깃에서 20링깃에 이르기까지 이동하는 거리에 따라 요금이 달라지는데, 이곳 지리에 익숙하지 않은 관광객뿐만 아니라 현지인들도 걷기에는 멀고 차를 타기에는 가까운 거리를 이동할 때에는 트라이쇼를 이용한다. 현지의 주요 교통수단이자 관광자원으로 트라이쇼는 말라카문화의 일부를 보여준다.

5. 맺는 글

말라카는 원래 말레이 반도의 작은 어촌에 불과했지만, 역사적으로 동서양의 중계무역을 담당하는 기능을 수행하게 되면서부터 항구도시로서의 특성이 가미되어 세계에서 무역이 가장 활발하게 전개된 도시로 성장·발전했다. 16세기 초 말라카에서 무역을 하던 사람들과 그들의 출신지에 관해 언급한 어느 저서에 따르면 "그 항구에서는 84개의 언어가 제각기 구사되는 모습을 볼 수 있다"고 전해진다.[26] 당시 말라카에서는 이집트인, 아라비아인, 에티오피아인, 페르시아인 등 62개국의 상인들을 볼 수 있었다고 한다. 이들을 출신 지역별로 보면 인도의 구자라트(Gujarat) 출신의 상인들이 가장 많았을 것으로 추정된다. 그들은 동남아시아, 남아시아나 아라비아와 페르시아를 포함하는 서아시아, 또 유럽의 각지에서 말라카에 들어와 거의 상주하다시피하면서 무역 활동을 전개하거나 계절에 맞춰 교역을 하기도 했다. "말라카의 항구도시 지배자는 베네치아의 숨통을 틀어쥐고 있다"(Pires, 1942~1944)는 말이 나돌 정도로 당시 해상무역에서 말라카의 영향력과 권한은 막강했던 것으로 보인다. 이처럼 말라카는 인도양과 말라카 해협, 남중국해의 도서 지역 등 다양한 지역 출신 상인들이 모여 교역 거래가 이루어지고 부가 축적되었으며, 이슬람, 힌두교, 불교, 도교, 유교 등의 각종 종교가 전래되었다. 그리고 다양한 문화와 정보의 교류가 활발하게 이루어지는 코스모폴리터니즘의 거점뿐만 아니라 해외 상인과 무역 디아스포라의 거점 역할을 수행했던 것이다.

1992년 말레이시아 정부는 말라카를 말레이시아의 공식적인 역사도시로 명명했다. 말라카는 다른 말레이시아 지역과 마찬가지로 다민족 사회의 특성이 잘 보전되어 있는 곳이기도 하다. 말라카 도시문화를 형성하는 데 큰 영향을 미친 다민족의 특성은 말레이인, 중국인, 인도인, 토착 원주민, 세계 각지에서 이주해 정착한 외국인들(주로 포르투갈, 네덜란드, 영국 등 유럽 출신이 많다)의 문화적 영향으로 형성되었다. 말레이인이 신봉하는 이슬람의 영향이 강한 것은 사실이지만, 말라카의 종교적 색채는 다종교성을 바탕으로 이루어진 것이다. 말라카의 이슬람 사원 중에는 과거 외부와의 교역이 활발히 진행되었던 시기에 만들어진 것이 많다. 중국에서 비단, 도자기, 금과 더불어 불교, 도교, 유교가 유입되었고, 태국에서는 상아와 상좌 불교가 전래되었다. 인도에서는 구자라트 지방을 거점으로 말라카 해협을 통해 말레이 반도와 교역을 하던 바닷길로 힌두교가 유입되었다. 이와 같이 중국, 태국, 인도의 영향이 이슬람 세계 속에서 이전과는 다른 새로운 형태로 통합되어 새로운 문화를 창출해낸 것이다.

말라카의 인구구성은 매우 다양했다. 인도양을 무대로 활동하는 대부분의 해상 공동체뿐 아니라 아라비아와 유럽 지역에서도 상인들이 말라카로 진출해 상업 활동을 전개했다. 중국 남부에서 이주해온 중국인들과 해외 무역을 위해 말라카로 유입된 유럽인들은 말라카의 도시 풍경을 매우 다채롭게 만든 주인공이었다. 말라카는 환승 기지의 기능도 수행했다. 배후에 생산 거점이 취약했던 말라카는 중계항의 기능뿐만 아니라 외지에서 들어온 물자를 활발하게 유통시키는 수출항의 기능도 담당했다. 그리고 말라까는 정치적으로도 하나의 독립도시라고 불릴 정도로 상당한 수준의 자치권을 보장받은 항구도시였다.

한때 인구가 10만을 넘은 적도 있었던 말라카는 1511년 포르투갈의 식민지가 되면서 인구 3만의 도시가 되었지만, 국제 무역에서 차지한 비중과 영향력은 지대한 것이었다. 말라카는 지리적 조건으로 인해 이주와 문화 교류뿐 아니라 세계무역의 자연발생적인 교차점과 합류점으로 자리 잡았다. 북으로는 인도차이나반도, 서쪽으로는 말라카 해협을 중심으로 인도양으로 이어지는 해양 너머의 남아시아, 남쪽으로는 수마트라와 자바, 싱가포르의 인도양, 동쪽으로는 남중국해를 거쳐 동중국해를 지나 조선과 일본으로 연결되는 해상 네트워크를 구축하고 있기 때문이다. 당시 시암(Siam: 현재의 태국)의 크라 협곡은 벵골만과 남중국해를 연결하는 육상 운송로로 이용된 반면, 말라카는 말레이 반도 남단과 수마트라를 연계하는 말라카 해협을 중심으로 싱가포르와 자바 위를 지나는 해상로의 중심이자 거점으로서, 또 '해상 네트워크'의 교차점이자 합류점으로 인식되었던 것이다.

해안 지대에 위치한 항구도시 말라카는 하천 유역의 취락과 배후지의 농업 및 고무 농장과 긴밀히 연계되어 있었다. 이러한 관계의 향방과 해상 무역로의 성쇠는 말라카와 말레이 반도 내륙의 정세에 직접적인 영향을 미쳤다.

항구도시 말라카는 해상 네트워크를 통해 다른 항구도시와 서로 유기적인 관계를 맺고 있었으며, 인근의 내륙 왕국과의 육상 네트워크에 둘러싸인 거점이기도 했다. 말레이 반도 내의 육상 네트워크와 말라카 해협을 중심으로 이루어졌던 해상 네트워크의 접점이자 양자 사이에서 이를 연계하는 기능을 수행했던 말라카는 사람과 물건, 정보가 집결되는 거점으로서 '만남과 교류의 기능'을 수행했던 것이다. 말라카는 내륙 왕국들의 직접적인 영향하에 있으면서도 거대한 해상 네트워크를 확보하고 있었기 때문에 내륙의 도시와는 구별되는 역사와 문화를 지닌 '해역 세계'에 속한 곳이라고 할 수 있다(Hamashita, 1994).

말라카는 중국, 일본, 유라시아의 각 지역, 아메리카, 유럽을 연결하는 중계무역항으로 부상했다. 항구도시로서 말라카의 비중은 중국과 일본이 국제무역에 나선 이후로 약화되기는 했지만 소멸되지는 않았다. 이러한 상황에서도 말라카는 마카오와 중국 남부의 광저우는 물론, 일본뿐 아니라 필리핀의 마닐라를 비롯한 동남아시아 열도의 여러 항구를 연결하는 방대한 무역로의 중계항이었다.

항구도시 말라카는 1403년에 건설되었다. 그해는 중국 명나라의 제해권이 확대되고, 정화(鄭和)가 300척, 2만 7,000명의 대함대를 이끌고 인도와 아라비아, 동아프리카까지 7번의 항해를 시작할 무렵이었다. 하지만 대부분의 중국 선박은 말라카를 반환점으로 삼았고 그 너머까지 진출하지는 않았다. 북방의 위협에 직면한 명나라 조정이 내부로 관심을 돌린 1433년에는 말라카로 오는 중국 선박의 수와 횟수, 규모 등이 현격히 줄어들었다.

하지만 말라카는 나날이 번창했다. 특히 인도의 구자라트 출신 상인이 많이 진출해 1,000여 명이 말라카에 터를 잡았고, 해마다 수천 명이 인도에서 말라카로 출장을 다녀갔다. 투르크, 아르메니아, 아랍, 페르시아, 아프리카, 유럽의 상인들이 빈번히 드나들면서 말라카를 동남아시아, 동북아시아 무역의 거점으로 활용하기에 이르렀다.

한편 말라카는 세계 최대의 후추 시장으로도 발돋움했다. 후추의 대부분은 중국으로 운송되었다. 그리고 말라카는 인도산 섬유제품의 동남아시아 보급기지로도 활용되었다. 인도산 섬유제품은 말라카와 마닐라를 거쳐 아메리카 대륙까지 운송되었다. 말라카의 식량 공급원은 자바와 인도였다(프랑크, 2003: 190).

이러한 역사적·문화적 배경을 지닌 말라카의 현대 도시문화적 특성은 무엇보다도 다문화 간의 조화에서 찾아볼 수 있다. 말라카는 서쪽으로 인도양과 동쪽으로 남중국해를 연결하는 중계무역항으로서, 바다의 실크로드를 왕래하던 상인 집단의 이주와 정착을 통해 독특하면서도 고유한 도시문화를 형성했다. 또한 말라카는 서양의 식민 지배를 거치면서 다양한 문화적 색채가 서로 혼합되어 나름대로 '말라카다움' 또는 '말라카 스타일(cara Melaka)'을 만들어낸 항구도시로 알려졌다. 일찍이 작은 어촌에서 바다의 실크로드의 중심지를 거쳐 해협식민지에 이르기까지 다양하고 복합적인 역사적 경험과 문화적 환경 속에서 독자적인 정체성을 형성해온 말라카는 현재 살아 있는 역사 도시(historic city)로서의 정체성을 시험하고 있는 중이다. '역사와 문화의 고도(古都)'와 관광을 위한 항구도시는 말라카의 상징이다.

한동안 말라카는 인도의 동쪽에서 해양무역의 최대 중심지였으며, 인도양과 남중국해를 연결하는 말라카 해협을 통해 인도와 중국, 동인도에서 주요 문물이 수입되었다. 각지의 산물이 교류되면서 말라카는 서서히 중계무역항으로 발전하기 시작했다. 중국, 일본, 유라시아 각 지역, 아메리카, 유럽을 연결하는 중계무역항 말라카는 특히 영국 식민지 시기, 싱가포르에 종전의 기능과 역할을 빼앗기기는 했어도 한동안 동서의 문물이 교환되는 중계무역항으로서 지위를 유지했다. 하지만 싱가포르와 수마트라의 아체(Aceh)가 점차 중요한 중계지로 부상하면서 말라카의 위상은 서서히 약화되었다. 아체가 16세기에 인도의 구자라트와 벵골 무역의 거점으로 부상하면서 말라카는 위축되기 시작한 것이다. 1641년 네덜란드는 말라카의 숙적이었던 조호르(Johor)의 도움으로 말라카를 포르투갈에게서 빼앗는 데 성공해 식민지로 삼았다. 그 후 말라카는 영국의 식민지가 되어 해협식민지의 일부가 되었다.

말라카는 인도에서 은을 받아 중국에 재수출하는 역할을 담당했을 뿐 아니라 정향, 육두구, 두구화, 단향, 차조기, 견직물, 진주모, 사향, 도자기, 말라카산 쌀, 밀, 인디고, 버터, 기름, 각종 직물을 교역하는 중계무역항으로서의 기능을 수행했다. 이러한 교역을 위한 거래는 인도 구자라트와 말라카 사이에 독점적으로 이루어졌다. 이를 통해 포르투갈이 확보한 경제적 이익은 실로 엄청난 것이었다. 포르투갈은 아시아 지방무역에 참여해 얻은 수익을 통해서 전체 지방무역 이익의 80%를 조달할 수 있었고,

나머지 20%는 자신들이 개척한 희망봉 항로에서 얻었다. 고아 - 말라카 - 마카오 - 일본 나가사키 항로는 포르투갈에 엄청난 수익을 가져다주었다. 이는 당시 유럽 국가의 경제에 아시아 지방무역이 얼마나 큰 비중을 차지하고 있었는지를 알려준다.

18세기 후반 말라카에 도착한 외국 선박의 수는 1761년 188척에서 1785년 539척으로 늘어났는데, 선장을 출신 국가별로 보면 말레이인이 각각 54명과 242명, 중국인이 55명과 170명, 영국인이 17명과 37명이었다. 그리고 늘어난 선박은 거의 전부가 동남아시아의 시아크에서 온 배였다. 중국에서 온 배는 겨우 20척, 인도에서 온 배는 40척에 그쳤다(Reid, 1997). 동남아시아의 설탕 수출은 1760년 절정에 이른 반면, 네덜란드 동인도회사의 동남아시아 도서 지역에 대한 섬유 수출은 27만 2,000필에서 10만 2,000필로 감소했다. 이 자료는 바로 이 시기에 섬유의 수입과 수출이 다시 상승세로 돌아섰음을 알려준다(Reid, 1997). 이러한 설탕과 섬유 수출에서 말라카가 주도적 위치를 차지하고 있었다는 것은 당시 항구도시로서 말라카의 위상을 고려해볼 때 너무나 자명한 것이었다. 말라카의 인도 교역망은 구자라트 지역을 중심으로 전개되었는데, 이러한 광활한 대양의 네트워크는 인도는 물론 동남아시아 무역의 핵심 거점으로서 기능하게 했다. 결국 동남아시아 교역을 활성화하는 데 주요한 역할을 했던 것이다.

아시아, 아프리카, 유럽, 아메리카에서 이루어진 자본의 원시적 축적·생산·분배, 그리고 그것들의 제도적 형식은 이 지역들의 공통된 상호 의존성에 적응한 결과이며, 당연히 이러한 상호 의존성을 반영하는 것이었다. 분명한 것은 말라카와 같이 화물 집산지의 역할을 담당했던 항구도시와 해상 및 육상 교역의 중계지 역할을 했던 도시의 제도적 형태와 생명력은 그 지역이 세계경제에 얼마나 깊숙이 참여하고 있었느냐에 따라 달라졌다는 사실이다(프랑크, 2003: 501).

말라카에는 시청과 시계탑, 기독교 교회가 있는 전형적인 네덜란드 광장이 있는데, 이것은 말라카가 약 300년에 걸쳐 겪은 식민 통치 경험을 보여주는 것이라 할 수 있다. 이 커다란 항구는 1511년 처음으로 포르투갈에 함락되었고 이어 네덜란드와 영국의 식민 지배를 경험했다. 레지던트 힐에서 말라카 해협을 굽어보고 있는 성 바울 교회는 또 다른 역사의 자취인 포르투갈 식민 지배 시대의 흔적을 엿볼 수 있는 유물로, 이곳은 현재 벽만이 존재하지만 역사와 문화에 관심이 있는 관광객의 발길을 머물게 하는 관광 명소가 되었다. 중앙에는 동전을 던져 넣으면 말라카를 다시 찾게 될 뿐 아니라 복을 받는다는 속설이 전해지는 우물 형태의 웅덩이가 존재한다. 현재 물이 없어 내부를 다 들여다볼 수 있게 되어 있는데, 관광객들이 던져 넣은 동전이 수북하게 쌓여 있다. 초기 기독교 역사를 가늠할 수 있는 역사적 유물이 역사 관광을 위한 장소로 변화되고 있는 현장이기도 하다. 말레이시아의 역사 도시 말라카의 위상은 관광의 확대로 최근 더욱 높아지고 있다. 관광을 통해 말라카의 역사가 재구성되고 있는 것이다.

제3장
동아시아의 해양 세계와 해양 네트워크

1. 들어가는 글

지구는 크게 육지와 바다로 이루어져 있지만, 지구에서 바다가 차지하는 면적은 육지의 두 배 이상으로 훨씬 넓다. 그런데도 지구라는 단어를 생각하면 바다보다 육지가 먼저 떠오르는 것이 일반적이다. 아마 지구라는 단어 그 자체에 육지 또는 땅이라는 개념이 포함되어 있으며, 그래서 지구라고 하면 바다보다는 육지나 땅이 먼저 연상되기 때문일 것이다. 하지만 앞서 간략하게 언급한 바와 같이 바다가 지구 표면적의 약 72%를 차지하고 있다는 사실을 안다면, 우리가 살아가는 이 세계를 좀 더 적절히 표현하기 위해서는 '지구(地球)'보다 오히려 '해구(海球)' 또는 '수구(水球)'라는 용어가 더 잘 어울리지 않을까 생각해보기도 한다. 지리(地理)라는 개념이 육지나 땅의 이치를 파악하기 위한 개념이듯이 바다의 이치를 파악하고자 하는 개념이 있다면 그것은 '해리(海理)'라는 개념으로 표현될 수 있을 것이다(오모토, 2003a; 하마시타, 2005 참조). 바다와 육지는 이렇듯 '지구'상에서 상호 관계를 맺으면서 수많은 해역과 지역 모델을 만들어 왔다.

최근 전 지구적 차원에서 '바다'와 '섬'의 중요성을 인식하고, '지구환경의 보전과 활용'이라는 총체적이고 미래지향적이며 좀 더 창조적인 과제에 대해 더 많은 관심을 기울여야 한다는 주장이 세계 곳곳에서 제기되고 있다(Dodds and Royle, 2003). 바다와 섬이라는 주제에 주목하는 일, 즉 바다와 섬을 통해 바닷사람들과 섬사람들의 삶, 나아가 인류 전체의 삶과 생활을 재조명하는 일은 역사적으로나 문화적으로 매우 중대한 의미가 있다.[27]

인간의 삶과 죽음의 문제와 관련해서 볼 때 바다는 인간의 오랜 동경과 비원을 담고 있다. 한편으로는 모험과 정복의 대상이기도 했고, 다른 한편으로는 두려움과 경계의 대상이 되기도 했다. 바다는 삶이기도 하지만 죽음이기도 하고, 삶과 죽음을 연결해주는 고리이기도 하다.

바다를 생활의 터전으로 삼고 살아가는 사람들에게 바다의 문화는 삶의 터전이고 생계의 수단이며 인적 네트워크의 현장이기도 하다. 그들은 바다를 기반으로 하여 고유하면서도 독특한 문화적 행위와 관념을 형성하고 전파하며 소비한다.[28] 이처럼 사람들은 바다와 긴밀한 관계를 유지하며 바다를 생활의 터전으로 삼고 살아왔다. 바다라는 생활 터전을 중심으로 바다가 지닌 고유한 자연적 특성과 해양으로서의 풍요로움은 '인류와 바다'의 관계를 포용하는, 자연이 인류에게 제공하는 독특하면서도 고유한 일종의 '선물'이라고 말할 수 있다.[29]

지금으로부터 수만 년 전부터 사람들은 바다를 건넜다. 대륙에서 바다를 거쳐 섬으로, 섬에서 바다를 거쳐 다른 섬으로 끊임없이 이동해왔다. 바다에서 불어오는 바람에는 바닷사람들과 섬사람들의 삶과 애환이 담겨 있다. 바다를 바라보는 것만으로도 부지불식중에 바닷사람들의 삶과 죽음, 이동과 정착에 관련된 다양하면서도 복잡다단한 문제들이 느껴진다.

한편, 절해고도(絶海孤島)라는 표현에서도 알 수 있듯이 섬은 고립의 개념과 밀접한 관련이 있으며, 그런 이유로 유배 또는 기성 질서나 가치에서의 일탈이나 배제를 상징한다. 고립이나 유배, 그리고 일탈의 의미 속에는 고정관념에 대한 반란 또는 저항이나 자유로움에 대한 간절한 희구가 담겨 있다. 여기서 일반적으로 수용되는 기존 가치와 사회질서에 반하는 반란이 도모될 수 있으며, 이러한 저항을 통해 기성의 것과는 확연히 구분되는 새로운 질서가 만들어질 수 있는 여지가 생겨난다.

이런 의미에서 섬은 고립과 유배의 땅일 뿐 아니라 저항과 반란을 통해 이루어지는 새로운 질서 창조의 장소라고 말할 수 있다. 섬의 상징성에는 고립으로 인한 고독과 유배뿐만 아니라, 기성 가치와는 차별화된 새로운 가치의 창출, 즉 육지와의 상호작용을 통해 다양하고 이질적인 문물을 수용해 통합함으로써 이전과는 다른 새로운 가치의 창출이라는 복합적이고 다중적인 의미가 내포되어 있다(나승만 외, 2003; 조경만, 1997; 한상복·전경수, 1992; Acheson, 1981; Dodds and Royle, 2003; Forsberg, 1970; Forsberg et al., 1970; Vayda and Rappaport, 1970 참조). 특히 섬의 상징성이 갖는 후자의 의미를 강조하면, 섬은 고유의 문화를 유지하는 방식으로서 자신의 내적 힘과 에너지를 소비하지 않은 채, 외적으로는 각종 외래문화의 수용과 자기화 과정을 실용적으로 관리하고 창조할 수 있는 능력을 보유하고 있다는 논리도 성립될 수 있을 것이다.

바로 이런 점에서 섬은 육지와 대비된다. 육지는 섬의 정치적·문화적 성격을 규정하는 데 큰 영향을 미친다. 육지가 외래 문물 도입에 대해 자신의 문화적 정체성을 작위적으로 유지하려고 애쓰는 데 반해, 섬은 바다라는 자연의 경계를 바탕으로 자신의 정체성을 탄력적으로 활용하는 경향이 강한 편이다. 섬의 문화는 곧 섬을 구성하는 섬사람들의 문화다 (Dodds and Royle, 2003: 488).

섬 또는 도서란 수역에 둘러싸여 여타 육지와 격리되어 있는, 대륙의 크기에 미치지 못하는 육지를 말한다. 그 크기는 그린란드(Greenland)나 마다가스카르(Madagascar), 보르네오(Borneo)처럼 거대한 것에서부터 작은 바윗덩어리에 불과한 소규모의 땅에 이르기까지 매우 다양하다. 섬 지역에서는 도서성(insularity)이라는 자연환경상의 특수성이 섬사람들의 고유하면서도 독특한 역사적 경험과 특수한 문화적 상황에 크게 영향을 미치게 마련이다. 해양생태계에 기반을 둔 도서생태계의 특징은 상대적 고립, 크기 또는 공간 자원의 제한성, 그 안에 존재하는 자원의 제한성 및 몇몇 자원의 미비 내지 결여 등으로 요약된다(Forsberg, 1970). 이러한 상대적 고립, 공간의 제한성, 자원의 부족 등은 도서성, 즉 도서라는 지리적 공간의 특수성을 이루는 기본 속성이다. 상대적 고립은 섬 안의 생물과 무생물들을 외부 경쟁 요인으로부터 보호하는 데 기여하며, 따라서 상대적으로 고립된 상태에서도 특수하면서도 고유한 문화적 유형이 보전되는 경향이 있다.[30]

이 글에서는 동아시아의 바다를 대상으로 동아시아의 해양 세계가 어떻게 형성되었으며, 동아시아의 바다와 육지를 연계하는 중계 지점으로서 항구도시의 역사와 문화가 어떠한 의미를 지니는지를 역사적·문화적 관점에서 접근하고자 한다. 이를 위해 동남아시아 해상 네트워크의 형성과 변화 과정에 대한 역사적 고찰을 통해 동아시아 해양 세계와 항구도시의 문화 성격과 의미를 살펴보고자 한다. 이 글은 바다를 통해 동남아시아의 역사와 문화를 바라볼 수 있는 계기를 제공하고자 시도된 것이다.

2. 동아시아의 바닷길과 항구도시를 통한 해양 네트워크의 형성과 변화

16세기 초 말라카를 방문했던 한 여행가의 기록을 보면, "말라카에서는 84개의 언어가 구사되는 모습을 볼 수 있다"고 한다. 말라카와 같은 항구도시의 공통된 성격은 동아시아 바다의 주연이면서, 도서 지역에서 다양한 사람들이 모여 교역을 통한 거래와 인적 교류가 이루어지고, 이를 통해 경제적 부가 축적되었으며, 이슬람교를 중심으로 각종 종교가 전해졌다는 것이다.[31] 말라카와 같이 다양한 문화와 정보의 교류가 활발하게 이루어지는 코스모폴리터니즘(Ribeiro, 2001)의 거점이기도 한 동남아시아의 항구도시들은 다양하고 복합적인 해상 활동을 통해 다른 항구도시와 상호유기적인 관계를 맺고 있으면서 동시에 영역 국가의 육상 네트워크를 서로 연계하는 해양 네트워크와 이로써 형성된 해상 세계의 거점이기도 하다.

동아시아의 항구도시를 포함한 모든 항구도시는 이러한 바다와 육지 네트워크의 접점 또는 사이에 위치했는데, 여기는 사람과 물건, 정보가 모이는 곳으로, 일종의 '만남의 기능'을 수행했다. 이처럼 항구도시는 육지 영역 국가의 직접적인 영향을 받는 경우도 있지만, 육지의 도시와는 다른 역사·문화의 공간, 즉 '해양 세계'에 속한다고 할 수 있다.

동북아시아와 동남아시아를 포함해 동아시아라고 불리는 지역을 동중국해와 남중국해로 형성된 '해양 세계'라고 규정한다면, 이 지역의 지정학적인 해역 시스템을 좀 더 잘 이해할 수 있다. 여기서 말하는 해양 세계란 단순히 바닷물이 차 있는 넓은 공간을 의미하는 것이 아니다. 그것은 동북아시아를 한국, 중국, 일본의 권력 구성으로 나누어 생각하고, 동남아시아를 대륙부와 도서부로 나누는 지형적 구성과는 달리 광역 지역의 내부 상호 관련성과 총체적인 연결 방법에 주목하고자 하는 시각을 말한다.[32]

동아시아의 해양지리적 조건을 살펴보면, 유라시아 대륙의 동해안을 따라 여러 해양들이 북쪽에서 남쪽으로 계속 이어지는 S자 곡선을 형성하고 있음을 알게 된다. 이러한 해양들로 형성된 사슬 형태의 반도와 부속 도서들은 동아시아의 지리적·정치적·경제적·문화적 공간을 제공한다. 해양 세계는 내륙보다는 만이나 내해와 더욱 밀접하게 연결되어 있다. '해양의 교차'라는 관점에서 볼 때 오늘날 무역 연계망도 한반도의 목포, 부산, 일본 열도의 나가사키, 히라도, 하카다, 고베, 요코하마, 중국의 칭다오(青島)와 상하이(上海), 그리고 홍콩, 말레이 반도의 말라카, 싱가포르, 인도네시아의 자카르타와 아체, 필리핀의 마닐라와 베트남의 호이안(會安)[33] 등과 같은 무역항을 중심으로 연결될 수 있을 것이다.

역사적으로 한반도와 일본 열도를 연계하는 중국의 동부 해안은 동남아 지역의 말라카 해협과 긴밀히 연결되어 있었으며, 이는 인도양으로 통하는 출입의 통로가 되었다. 이처럼 역사적으로 형성된 해안 영역, 해안 주변, 이와 연계된 바다라는 세 가지 요소로 구성된 동아시아의 해양 세계는 대륙과는 달리 다양하면서도 체계적으로 통합된 개방적 다문화 영역을 형성하고 있었던 것이다.

동아시아 해양 지역에는 화상들과 일본, 한국, 동남아 각지의 토착인, 인도와 아랍 지역의 무슬림, 유럽 출신의 상인들까지 교역에 참여했다. 이는 동아시아 해양 지역을 중심으로 한 경제적 연계가 이미 오래전부터 형성되어왔음을 의미하는 것이다. 즉, 과거 동아시아 해양 지역은 사람과 상품의 이동이 상대적으로 자유로운 교역 지역이었던 것이다.

동아시아의 바닷길은 한반도의 서남해안 지역과 일본 열도, 중국, 동남아를 서로 연결해주었다. 몬순 또는 계절풍이라 불리며 12월부터 3월까지 약 4개월 동안 인도네시아 자바해에 머물면서 바닷길을 열어주었던 해풍은 이때가 되면 대만 북동쪽에서 서남쪽으로 불어오다가 말라카 해협을 통해 벵골만을 거쳐 인도 쪽으로 불어오는 남동 방향의 해풍과 조우했다. 이 때문에 16세기를 전후해서 말라카 해협과 자바해는 중국과 인도 대륙을 잇는 장대한 해상무역의 연결고리 역할을 하게 되었다. 낙타 등짐으로 교역품을 실어 나르던 대상(隊商)이 담당해온 이래 10세기 이상 지속된 동서 교역은 '바다의 실크로드'에서도 이루어졌다(양승윤 외, 2003). 물동량의 규모나 다양성, 교역의 정례화, 교역국 수 등 여러 면에서 '바다의 실크로드'의 발견은 가히 혁명적인 것이었다.

말라카와 자바해를 거쳐 인도와 중국을 잇는 바닷길은 아랍의 무슬림에 의해 유럽의 베네치아까지 연결되었다. 인도의 구자라트와 이탈리아의 베네치아가 중계무역항으로 부각된 것은 해양 실크로드가 이미 동아시아에서부터 유럽 시장으로 연결되었음을 의미했다. 장대한 해양 실크로드는 동서의 상품교역뿐 아니라 무역을 통한 동서 간의 문화적·종교적 교류를 가능하게 했다.

중국의 실크와 도자기, 금은 세공품, 태국의 상아와 함께 말라카에 집산된 인도네시아 군도의 향료가 해양 실크로드를 통해 유럽 시장으로 수출되었다. 그중에서도 말루쿠(Maluku) 군도의 진귀한 향료는 삶은 양고기와 찐 감자 등 맛없는 음식에 실증이 난 유럽인의 입맛을 근본적으로 바꾸어놓기에 충분했다. 이 때문에 포르투갈을 선두로 유럽 열강들이 '향료 군도'를 찾아 해양 실크로드를 역추적하게 되었다. 서양 열강의 식민 통치 시대의 개막은 해양 실크로드가 동서의 바닷길을 열어놓았기 때문에 가능했던 것이다(양승윤, 2003; 양승윤 외, 2003).

그렇다면 해양 실크로드의 주요 루트를 형성했던 베트남, 캄보디아, 태국, 말레이시아, 인도네시아를 연결하는 남중국해의 역사적·지리적·문화적 의미는 과연 무엇인가. 그 속에서 살아가는 해양 민족 또는 바닷사람들을 어떻게 볼 것인가. 이들은 옥상가옥에서 일상적인 삶을 꾸려가고 있는 소수민족이다. 이들에게 동남아시아의 바다는 무엇인가.[34]

항구도시와 항구도시 사이에 생성되는 교역 관계를 해양 네트워크[35]라고 규정할 때, 인도양 해역에서는 오래전부터 서로 필요한 물자를 구하기 위해 항구도시 간 해양 네트워크가 이루어졌다고 볼 수 있다. 인도양 해양 세계 간에 네트워크가 성립된 요인은 필요로 하는 교역 물자가 서로 달랐기 때문이다. 이러한 측면에서 문화의 차이가 극명하게 나타났다(Tagliacozzo, 2004: 23~25). 예를 들어, 말레이인들은 열대 지역에서 생산되는 야자나무, 티크, 나왕, 망고, 대나무 등과 같은 목재를 사용해 통나무배를 비롯한 각종 선박을 만들어냈다. 그리고 일 년 동안 주기적이고 일정한 방향으로 부는 계절풍의 흐름과 별에 대한 지식을 숙지해서 신속하고 정확하게 대륙과 도서 간을 횡단하는 항해술을 익혔다. 지역 간의 이동이 확산되면서 각지에서 많은 상인들과 이주자들이 항구도시 말라카로 몰려

들었으며, 말라카는 인도양과 남중국해를 중심으로 형성된 네트워크를 통해 이동과 정착의 거점이 되었다(Hamza et al., 1997; Sarnia, 1997). 항구도시의 배후에는 인구가 희박한 정글의 내륙도 존재했는데, 식민 지배 시기인 18세기 말 이후에는 배후지의 아열대 삼각주나 삼림지대가 급속히 개발되어 항구와 내륙 사이의 인구 분포가 변화하기도 했다.

네트워크의 거점인 항구도시를 제외한 대부분의 동남아시아 지역은 자연 경제를 기반으로 한 부족사회와 폐쇄적인 문화가 지배적이었다. 항구도시가 부와 권력, 문화, 정보가 모인 곳이라면, 그 뒤로 펼쳐진 도서·해안 지역과 내륙 지역은 바다와 산의 자원을 제공하는 원료 공급지라고 할 수 있다. 항구도시는 내륙 지역의 원료를 공급받아 이를 가공·생산을 한 뒤 중개했으며, 교역을 통해 서로의 차이점을 상호보완적 관계로 발전시킴으로써 중개 거점으로서의 기능을 수행했다.

항구도시는 육지와 바다 사이에서 사람, 물자, 정보의 흐름을 관장했으며, 해역과 해역 사이의 네트워크를 활성화시켰다. 이를 통해 육지와 바다 사이에 경제적·문화적 상호 보완 관계가 맺어질 수 있었고, 시대의 변화에 맞춰 해양 네트워크의 교역 경로와 거점, 범위, 중심인물, 취급 상품의 종류 등에도 큰 변화가 생겨났던 것이다.

3. 열린 공간으로서의 동아시아 해양과 항구도시

동아시아에서 문화는 바다를 통해 교류되었다. 즉, 바다를 통해 "문화가 흐른다"(피터 N. 스턴스, 2000)라는 말이 성립한다. 예로부터 동아시아의 바다는 계절풍의 바다였다. 계절풍 아래에서 해양문화가 만들어졌다는 점에서 동아시아는 계절풍이라는 '바람 아래의 땅(the Lands below the Winds)'이었다(Reid, 1988). 여름의 남서풍, 겨울의 북동풍은 동아시아의 해양 세계를 서로 연결해주는 역할을 했다. 남서풍이 북서풍보다 이용하기가 더 쉬웠기 때문에 동남아시아에서 동북아시아로 이동하는 것이 더 빨랐을 것이다.36)

동아시아의 바다는 동중국해를 둘러싸고 조공 무역이라는 다각적인 네트워크를 형성하고 있었다. 동중국해 주변의 항구와 교역도시는 적극적인 환해 교역을 실시하고 있었다. 이 항구도시 중에는 '빛의 도시'(단코나, 2000)라 불리던 곳도 있었다. 서양인의 눈에 동아시아의 항구도시는 그야말로 각종 향료와 도자기가 풍부한 '빛의 도시'로 비쳐졌다.

동중국해와 남중국해를 연결하는 중계 센터의 역할을 담당했던 곳은 한반도의 서남해안 지역이었다. 후추와 소목은 한반도, 중국, 일본을 포함하는 동북아시아와 다양하고 복합적인 민족, 문화로 구성된 여러 군도를 포함하는 동남아시아를 연결하는 대표적인 매개품이었다. 후추는 예전에 시암이라 불렸던 태국에서 몰루카 제도까지에 걸쳐 생산되는 특산품이었다. 후추를 둘러싸고 유럽 제국의 동인도회사가 경쟁적으로 아시아에 선대를 파견했던 일은 널리 알려진 사실이다. 하지만 실제로는 이보다 훨씬 전에 좀 더 조직적으로 동남아시아에서 동북아시아로 후추가 유통되었으며 후추 생산을 목적으로 한 노동력의 이동이 있었다.

후추를 통한 동북아시아와 동남아시아의 해상 교역 관계는 한반도 서남해 지역에서 크게 활성화되었다. 이미 13세기에 조선은 후추를 이용한 명나라와의 교역 관계를 형성하고 있었다. 이는 바다를 이용한 조공의 네트워크로 활성화되었다. 당시 조선의 서남해는 조공이라는 광역 지역의 통치 원리를 통해, 또는 시장 원리와 이민, 노동력 이동을 통해 동북아시아와 동남아시아를 연결하는 동아시아의 바다 세계를 가능하게 한 인적 네트워크의 세계였던 것이다.

이와 같이 당시의 어민이나 해상(海商)들은 동아시아의 바다에서 각자 독자적으로 바다를 통한 네트워크를 형성·변화시켜왔다. 그들은 해신과 수신을 모시고 자연과 깊은 관계를 맺어왔으며, 자연의 주기에 맞춘 생활을 했다. 그러나 바다에 정치적 권위와 권력을 부여하면서 주권이나 종주권과 관련된 문제가 발생하고, 제국과 식민지 등 통치 형태가 복잡하게 되었으며, 도서 귀속 문제나 영해 문제 등이 끊임없이 나타나게 되었다.

남중국해에서는 중국과 인도, 이슬람, 유럽 문화권이 서로 뒤섞여 지방 정권에 영향을 주거나 직접 정권을 만드는 경우도 있었다. 지방 정권은 중국의 정치적 영향하에 들어가는 형태로 자신의 권력을 표현했으며, 중국과 조공 관계를 맺고 그 관계에 따라 주변 지역과 관계를 형성했다(강진아, 2005; 정용화, 2005). 의례와 종교, 권위와 위계를 중심으로 한 종주국 - 번속의 관계에서 바다는 그 지역 간의 관계 형성에 큰 역할을 담당했다. 즉, 조공 관계는 바다가 만들어낸 지역과 해역 간의 교섭 관계라고 할 수 있다.

바다라는 공간은 광역 지역을 구성하는 다문화, 다민족의 상호 관계를 형성시켰으며, 대량의 물자나 인원 수송을 가능하게 했다는 것이다. 해양 자원은 배후지나 내륙과 교역이 이루어지면서 연안에 인구가 집중되고 도시가 형성되는 데 큰 영향을 주었다. 토지에 대한 지배를 권력의 원천으로 함으로써 성립된 내륙의 국가, 즉 '육지 국가'와는 달리 바다 및 섬의 역사와 문화를 근간으로 형성된 해양 세계는 지역적 경계가 명확하게 구분되지 않는 열린 공간이었다. '육지 국가'의 입장에서 볼 때, 바다는 새로운 문물과 문화 정보가 유입되는 곳으로서, 낯설고 이색적이며, 권력 관계의 측면에서는 불균형과 부조화의 존재로 간주되었다. 따라서 바다를 나누고 바다를 국경으로 만들어냄으로써 명확한 국가 이념이나 국가 통치의 틀을 만들어가는 일은 육지 국가의 중요한 임무가 되었다. 그러나 바다에 사는 어민이나 뱃사람 또는 섬사람, 바다를 이동하는 상인들에게 바다는 최적의 세계였다. 그들은 국가와 국가 사이의 '불분명한 경계', 즉 정치 지배가 미약한 '틈새'를 주요 무대로 자유롭고 활발한 활동을 전개해왔다고 할 수 있다.

내륙과 반도, 섬으로 이루어진 동아시아는 여러 국가로 나뉘어 있으며 동시에 많은 민족과 다양한 문화를 포함하고 있다. 이것은 바다를 중요한 주체로 인식했던 동아시아가 다민족, 다문화, 다지역으로 이루어진 하나의 정치 공동체였을 가능성을 보여준다. 이 지역이 지닌 다원성은 여러 지역과 함께 어우러져 해양 세계의 역동성을 창출해왔다.

섬들은 영역적 관념으로 스스로를 표현하기보다는 해역의 다른 섬들과 네트워크를 형성함으로써 스스로를 유지해왔다. 하지만 국가라는 상위 개념이 설정되면서 섬 자체도 국가 체제를 정비하게 되었으며, 바다의 시점에서가 아니라 육지의 연장으로서 해역을 분할했고, 권위와 권력이 섬을 장악하게 되었다. 그러나 바다가 역사 속에서 인간 사회와 다양한 관계로 복잡하게 얽혀 있으며 네트워크로서 기능해왔다는 사실을 염두에 두고, 바다의 시점에서 보면 섬은 항만이며 이동과 집산이 활발한 네트워크 센터였음을 알 수 있다. 섬 세계의 관점에서 보면 섬은 안팎이 엄격히 구분

될 정도로 독자성과 고유성을 지닌 문화를 보유하고 있다고 할 수 있다.

해역 주변을 따라 형성된 무역도시와 이민도시를 중심으로 해역이 형성되었는데, 이를 통해 해안도시 간 네트워크가 형성되었고 교역과 이민도 더욱 활성화되었다. 동중국해를 배후로 하여 형성된 해역 관계는 동쪽으로는 태평양 제도, 북쪽으로는 한반도 남쪽과 큐슈로 이어지고, 서쪽은 푸젠성의 푸저우(福州)를 중심으로 하는 화난(華南) 연해 일대, 남쪽으로는 타이완 동부에서 필리핀에 이르는 경로의 동쪽 선, 또는 타이완 해협을 지나 동남아시아에 이르는 경로의 서쪽 선으로 하여 광범위한 네트워크 세계를 구축하는 동인으로 작용했다.[37]

섬과 해역에서는 지역 간의 관계를 넓혀가는 데 있어 더욱 넓게 포섭하고 관계를 맺으려는 네트워크가 형성되어 있었는데, 무역 관계나 이민에서 이러한 장거리 네트워크 모델을 찾아볼 수 있다. 이러한 네트워크를 이용해 여러 왕권이 무역과 이민에 개입했으며, 무역항과 이민도시를 건설해 지역 통치의 거점으로 삼았던 것이다. 특히 바다를 둘러싼 교역과 이민 네트워크는 통치에서도 토지를 근거로 한 배타적인 권력이 아니라 개방되어 있는 지역 간의 질서를 넓히려는 특징을 나타냈다.

이와 같이 해역을 이용한 교역 네트워크는 연해 또는 해양 교역로를 이용하거나 조공 무역의 면세 특혜를 활용함으로써 주요 교역항을 다각적으로 연결시켰다. 이는 관 주도의 무역으로 이루어졌다. 이러한 관 주도의 무역에서는 민간 해역체계를 이용하는 동시에 해역에 대한 영향력을 확대하는 정책을 취했다.[38] 여기에는 표류로 특징지어지는 바다와의 관계가 있다. 어민이 일상적으로 삶을 유지하는 바다와 육지와의 교섭 과정이 존재하는 것이다.

민간의 해역 구조와는 달리 관 주도의 해역 통치는 조공 질서를 정점으로 하고 있으며, 그 아래 베이징의 회동관 교역 단계가 있으며, 다음으로 해역 교역을 관리하는 단계가 있다(Hamashita, 1994). 그 아래에는 민간의 표류와 표현은 같지만, 관이 인정하는 조공체계 아래에서 '표류 무역'이라고도 불리는 교역 활동과 표류민 송환 규정이 자리하고 있다. 이것은 '자연적인 표류'가 관의 조공체계 저변에 그대로 적용되어 해역으로서의 영향력이 유지되고 있는 것으로 볼 수 있다(정용화, 2005). 또 민간 해역 구조의 대표적 해신(海神)이라고 할 수 있는 마쭈(馬祖)에게 '천후(天后)'와 천상성모(天上聖母)라는 칭호를 부여해 해역으로의 정치적 영향력을 확대했다. 이와 같이 해역 통치와 해역 구조를 살펴보면 해역은 평면적인 물의 세계가 아니라 일상적으로 민과 관, 육지와 바다가 정치, 교역, 문화의 영역에서 서로 얽히면서 교섭하는 장임을 알 수 있다.

연해 해역, 환해 해역, 해역 연쇄라는 세 가지 구성 요인으로 성립된 다섯 층의 단계를 지닌 해양 세계는 어떠한 이념으로 조직되었고 어떻게 경영되어 온 것일까? 이 질문에 답하기 위해서는 우선 중국을 중심으로 당대 이후부터 청대에 이르기까지 작용했던 화이사상과 조공 관계를 살펴볼 필요가 있다. 이것은 중화중심주의라기보다는 지리적으로 주변에 있는 조선, 일본, 베트남 등도 소중화(小中華)를 주장하며 덕치의 위계질서로 성립된 중화 세계였다고 볼 수 있기 때문이다. 중국을 중심으로 그 주변에는 조공-책봉 관계가 형성되어 조공국은 정기적으로 공사를 베이징으로 파견했고, 중국 황제는 조공국의 국왕이 바뀌면 책봉사를 파견해 새 국왕을 인정하는 형식을 취했다. 이 조공 관계는 정치 관계인 동시에 경제 관계이자 교역 관계였던 것이다. 조공 사절은 가지고 간 공물을 비단 등

황제에게서 받은 회사품과 교환하는 일 이외에도, 특히 상인들을 동행시켜 베이징 회동관에서 거래를 했다. 또한 이들의 수십 배나 되는 상인 단체가 국경 또는 항구에서 교역 활동을 했던 것이다(강진아, 2005). 이를 해역의 관점에서 보면 왕조의 조공사절단의 항로는 방향과 표적이 확정되어 있어, 해역 안에서의 위치를 확인할 수 있게 설정되어 있음을 알 수 있다. 조공 무역의 해역은 계절풍에 기초해 항해도와 천문 계측을 통해서 일종의 정기 항로가 만들어져 있었다고 할 수 있다. 이 조공 무역에는 동아시아의 화상(華商)뿐 아니라 인도 상인, 무슬림 상인, 유럽 상인들도 참가했으며, 이는 조공 무역을 위해 해역이 하나로 연결되어 있었다는 것을 말해준다. 이처럼 해역은 조공권이자 교역권이었으며, 일반적으로는 사람이 이동하는 이민권이기도 했다.

4. 동아시아 항구도시의 역사와 문화: 이슬람과의 관계를 중심으로

역사문화적인 관점에서 볼 때 동아시아는 문화적·종교적·상업적 만남의 장이었다(하마시타, 2005; Kuhn, 2006). 동아시아 지역사회를 좀 더 넓은 외부 세계로 연결하는 중계지로서 창구 역할을 한 것이 바로 동아시아의 항구도시였다. 역사적으로 해양의 항구도시는 지역사회를 더욱 넓은 외부 세계와 이어주는 창문이나 베란다의 구실을 해왔다(Driessen, 2005: 130~132). 다른 지역과 마찬가지로 항구도시를 통해 동아시아는 외부 세계와 연결될 수 있었으며, 그것은 주로 무역과 상업, 종교를 통한 교류 활동을 통해 이루어졌다.

외국에서 유입된 종교 문화와 이를 수용 또는 배척하려는 토착 종교의 전통과 문화는 동아시아 지역에 활발한 코스모폴리턴의 문화를 만들어냈다. 국제적인 상업 역시 동아시아의 코스모폴리터니즘의 형성에 크게 기여했다. 동아시아 왕국의 지배자들은 해상 교역과 상업의 수익 중 대부분을 차지하는 지위를 누리고 있었다. 그들은 동아시아의 바다를 끼고 형성된 항구도시에서 이루어지는 무역에서 지배적인 주도권을 행사했으며, 이에 대한 세금 부과로 막대한 이득을 챙기기도 했다.

이는 결과적으로 외국 상인을 토착 상인보다 우대하는 결과를 초래했다. 그것은 왕국의 지배자들이 부유한 토착 엘리트 계층의 도전을 두려워했기 때문이라는 것이 한 이유이지만, 다른 한편으로는 외국 상인들에게 그들 나라와 유리한 교역 관계를 유지하는 데 필요한 문화적·상업적 연대가 있었으므로, 그들과의 교역 활동을 통한 경제적 부의 축적이 당시 지배자들의 현실적 이해관계와 부합되었기 때문이기도 했다. 관세의 형태로 세금을 징수하고 항구도시의 사회질서를 유지하기 위해 임명된 외국 출신 관리들은 그 항구도시를 드나드는 주요 무역 대상 국가 출신들로 구성된 경우가 대부분이었다(핀투, 2004, 2005 참조). 그러나 외국무역과 관련된 수지맞는 행정 직위를 차지한 것은 동아시아 항구도시를 드나드는 국제적 상인 집단의 최상층부에 국한되었다. 17세기 이후 중국 상인들이 이 지역을 지배하기 시작했던 것은 이러한 종류의 업무를 담당하는 중간 계층의 역할 덕분이었다.

유럽의 식민주의자들은 동남아시아의 향료와 중국의 비단 및 도자기 무역에 대한 통제를 모색했다. 포르투갈 원정대는 1511년 말레이 반도의 말라카에 존재했던 술탄 왕국을 점령했을 때 일단의 중국 상인들이 이미 그곳에 살면서 무역 활동을 하고 있는 것을 발견했다. 포르투갈 원정대는 1517년부터 말라카에서 더 나아가 중국 남부 연안으로 진출했고, 1550년 경까지는 주강 삼각주 지역에 정착해 마카오 항을 건설했다. 이곳은 일본의 은을 수입하기 위한 무역 거래의 발판이 되었다. 16세기 중반 이래 일본은 중국에 대한 주된 은 공급국이었지만 1600년대 말에는 은의 수출을 제한하기 시작했다.

1517년 스페인인들이 마닐라에 요새화한 무역항을 건설했는데, 그곳에는 소수의 중국 무역업자들이 거주했다. 1500년대 말까지 마닐라는 신세계의 스페인 식민지에서 동아시아로 이어지는 해양 실크로드의 중심이었다. 푸젠성 샤먼(厦門) 지역의 중국 정크선들이 비단과 도자기를 싣고 마닐라에 와서 멕시코 은으로 교환했고, 이러한 물건들은 스페인의 갈레온선들에 실려 아카풀코와 유럽의 베네치아까지 운반되었다.39) 마닐라-아카풀코-베네치아의 해양 항로를 통해 동아시아의 은이 유럽시장으로 운송된 것이다. 중국의 정크선들은 멕시코 은화를 싣고 다시 고국으로 돌아가는 항로를 개발해 해양 무역에 이용했다. 네덜란드인과 포르투갈 선박들도 유럽, 일본, 인도에서 멕시코 은을 가져왔다. 1775년에는 중국으로 유입된 멕시코 은의 양이 일본 은을 능가했고, 멕시코 은은 중국을 신세계와 유럽인들이 건설한 동남아시아의 식민 항구도시를 경유해 유럽시장에 연결하는 역할을 수행했다. 은은 대부분 이 식민 항구도시들에서 중국 배를 통해 중국으로 다시 유입되었다.

동남아시아의 유럽 식민지로 향하는 중국 배들이 늘어나면서 그곳으로 향하는 중국인 이민도 증가했다. 중국이 중국 상품과 일본, 신세계의 은을 교환함으로써 세계시장과 연결됨에 따라 샤먼항에서 동남아시아의 무역로로 이어지는 상업에 더 많은 수의 중국 정크선이 투입되었다. 오랜 기간 동남아시아에 체류해왔던 중국 상인은 그 수가 늘어나고 체류 지역도 확대되었다. 이러한 경향은 특히 1567년 베이징 정부가 사적인 해상무역을 금지하는 법령을 해제한 이후 더욱 두드러졌다. 동남아시아와 중국을 잇는 상업이 확대됨에 따라 상인들의 정크선은 마닐라, 바타비아(Batavia: 지금의 자카르타)와 같은 식민 항구도시로 승객을 실어 나르기 시작했다. 이곳을 교두보로 삼아 다양한 계층의 중국 이주자들이 인구가 밀집된 고국을 벗어나 일자리와 경제적 기회를 찾을 수 있었다.

한편, 동남아시아의 이슬람은 12세기부터 15세기에 걸쳐 아랍 출신 상인들의 무역 활동을 통해 동남아시아 지역으로 전파되었다. 포르투갈이 국제적인 무역 활동을 시작한 것도 바로 이 시기이다. 14세기 이후 동남아시아 지역의 통치자들이 아랍 상인과의 정치적·경제적 교섭을 통해서 자신의 이익을 극대화하기 위해 이슬람교로 개종하기 시작하면서, 17세기에 이르기까지 많은 지역에서 이슬람교를 신봉하는 현상이 발생했다.[40] 15세기 중반에는 말레이 반도의 말라카가 이슬람의 중심지이자 무역의 중심지로 번성해 후에 거대한 왕국의 형태를 갖춘 국가로 발전했고, 말레이어가 말레이 반도와 수마트라 지역을 오가는 상인들의 중심 언어가 되면서 이 지역의 대표적인 언어로 자리 잡았다. 이처럼 말레이어를 중심 언어로 사용했던 무역 상인들에게 이슬람교는 급속히 퍼져나갔다. 이 지역의 이슬람은 신비주의와 추론적 사고를 강조했고, 특히 가족법과 민법에서는 현지의 관습을 수용하는 등의 특징적인 면모를 지녔다. 이러한 현지 관습은 아다트(adat)이라 불리는 현지 관습법을 비롯해 여러 관습의 모태가 되었다.

앞서 언급한 바와 같이 동아시아 해양 세계의 역사적·문화적 형성 과정에서 말라카가 차지하는 위치는 더 이상 언급할 필요가 없을 정도로 매우 컸다. 말라카를 중계 기지로 전개된 동서 무역에서 가장 중요한 상품 중 하나는 향신료였다. '지리상의 발견'이라는 세계 역사상 유례를 찾아보기 힘든 역사적 사건이 발생한 시기는 향신료를 구하려는 스페인과 포르투갈 양국의 원정 사업으로 전개되었다. 포르투갈은 희망봉을 돌아 서쪽에서, 스페인은 태평양을 가로질러 동쪽에서 동아시아로 들어왔다. 16세기 초부터 19세기 전반에 걸쳐 스페인과 포르투갈이 동아시아에서 추구한 것은 향신료의 독점적인 장악을 통해 이 지역의 경제적 부를 좀 더 안전하게 획득해 무역에서 더욱 큰 이윤을 확보하려는 것이었다. 이를 위해 이들은 기존 지배층의 권위를 이용해 지역주민들을 수탈했던 것이다. 이와 같이 이 시기의 식민 통치는 19세기 후반 이후의 그것과 본질적으로 달랐다. 물론 구체적인 통치 상황은 지역마다 차이가 있었다.

1511년 말라카 왕국의 수도인 말라카를 점령한 포르투갈은 향신료의 생산지였던 말루쿠를 비롯한 말레이-인도네시아 해양 세계(Nusantara)의 여러 섬으로 진출해 향료 무역을 독점하려 했으나, 말라카 왕국의 쇠퇴와 더불어 그 꿈을 실현하지 못했다. 그 후 말라카 왕국은 수도를 조호르 지역으로 옮겨 조호르 왕국을 창건했으나, 17세기 후반부터 세력이 급속히 약화되어, 18세기 후반에는 말레이 반도에서 말라카 왕국과 같은 술탄 왕국이 다수 소멸되는 것으로 귀결되었다(서병국, 2005: 270).

필리핀의 여러 섬은 1565년 스페인의 침략을 받았다. 스페인은 필리핀 군도의 북·중부 지역에 스페인식 식민 지배체제를 구축했다. 스페인이 당초 영토 정복에 관심이 있었던 것은 향료 무역의 독점이라는 경제적 목적 외에도 이 지역에 로마 가톨릭을 전파할 계획을 세우고 있었기 때문이었다. 이 때문에 필리핀 군도의 남부에 속한 민다나오 섬의 이슬람 지역에서는 스페인의 침략을 맞아 성전을 선포하고, 이에 맞서 19세기 후반까지 스페인의 침략을 막아냈다. 이로써 향료 무역을 독점하려던 스페인의 꿈은 실현되지 못했다. 여기서 스페인은 식민지에서 이윤을 확보하기 위해 마닐라를 중계무역항으로 삼아 아시아와 신대륙을 연결한 중계무역에 집중했다.

17세기 초반부터 인도네시아 해역에 나타난 네덜란드의 동인도회사(VOC)는 1619년 자바 섬의 바타비아를 중심으로 향료 무역에 대한 독점체제를 확립했고, 1641년 네덜란드 동인도회사는 말라카까지 장악했다. 또 네덜란드 동인도회사는 '향료 섬'의 주민들이 향료를 팔아넘기거나 재배하게 강제하는 등 주민들의 생활 전반에까지 막대한 영향을 끼쳤다. 네덜란드 동인도회사는 당초 자바의 영토를 지배하려는 계획은 없었으나 1670년대부터 마타람(Mataram), 반텐(Banten) 두 왕국의 내분을 틈타 지배 영역을 확장하기 시작하면서, 18세기 중반에 이르러서는 이 두 왕국을 지배하게 되었다. 17세기 말엽부터 향료 무역이 부진에 빠지자 네덜란드 동인도회사는 자바 섬의 주민들에게 커피와 같은 새로운 상품작물을 강제적으로 재배·공출하게 했다(서병국, 2004: 270~271).

한편 동아시아의 바다, 특히 인도양의 경우, 해양 세계를 특징짓는 중요한 두 가지 조건이 있다. 첫째로 서쪽에는 동아시아와 유럽 국가 간에 문명이 교차되는 서아시아와 지중해가 자리 잡고 있다는 것이고, 둘째로 인도양 해양 세계는 자연 생태, 문화, 문명의 차원에서 볼 때 서아시아나 지중해 지역과는 크게 다르다는 것이다. 인도양 해양 세계는 지중해를 포함한 이러한 서쪽 세계와 밀접한 관계를 맺으며 발전을 거듭해왔다. 지중해 세계를 정치적으로 통일한 로마제국은 막대한 부를 쌓고 뛰어난 도시 문명을 세우기 위해 인도양이라는 새로운 세계를 장악하기를 원했다 (Wink, 2003: 416~417). 인도양의 넓은 해상에 떠 있는 섬들은 고독을 상징하기도 하지만, 역사적으로 인도양 교통의 중요한 접점이자 동서의 여러 세력이 서로 만나는 긴장과 공존의 장이기도 했다. 항구 역시 섬과 마찬가지로 바다를 통해 사람과 물자, 정보를 교류하는 교통의 요지인 것이다.

인도양 해역의 특징 중 하나는 아시아 바다의 동쪽에 비해 섬의 수가 극히 적다는 것이다. 스리랑카와 마다가스카르는 큰 섬에 속하지만, 섬이라기보다 대륙의 일부로 보는 견해가 많다(Wink, 2002). 그 외에 모리셔스 섬, 차고스 섬, 코코스 섬이 있는데, 모두 대륙에서 멀리 떨어진 곳에 자리잡고 있다. 니코바르 제도와 래카다이브 제도, 몰디브 제도는 남북으로 700킬로미터 이상 나란히 줄지어 있는 환초 지역으로 인도양 도서 간의 교류에 중요한 역할을 담당하기도 했다.

이렇게 인도양을 중심으로 한 교역이 확대되고 많은 사람들이 이동하면서 새로운 통상로가 개척되었으며, 주변 도서 지역에 대한 음료수 보급, 화물의 재적, 산물의 집산과 거래 등의 중계 기능을 담당하는 항구도시가 잇따라 발달했다.[41]

15세기 말 포르투갈 함대가 인도양에 진출하기 전까지 해양 세계의 항구도시에는 해상 공격에 대비한 방어용 주벽이 존재하지 않았다. 내륙 유목민의 공격이나 영역 국가의 침략을 막기 위해 쌓은 주벽만 육지에 존재할 뿐이었다. 이는 이슬람 영향권에 있던 인도양 해역이 무슬림들이 독점한 이른바 '이슬람의 바다'가 아니라 여러 민족 집단이 공유한 '다민족의 바다'였다는 사실을 입증해준다.

그러나 포르투갈, 네덜란드, 영국과 같은 서유럽 열강은 인도양 해역을 군사력으로 지배하기 위해 해상 교통의 요지에 견고한 요새를 쌓고 대포를 설치했다. 또 전함을 배치해 바다 위를 순찰함으로써 바다를 육지와 같이 배타적이고 독점적인 곳으로 변화시켰다. 그 후 인도양의 해양 세계는 강력한 국가권력의 개입으로 크게 변모하기 시작했던 것이다.

『스자라 믈라유』는 말라카 왕국(kingdom of Melaka)을 통치했던 왕들의 역사를 그린 것으로, 왕의 이슬람교 개종과 술탄으로의 즉위에 대한 이야기를 담고 있다(Ismail, 1998b; Brown, 1970). 이 책을 편찬한 사람의 의도는 긴밀하게 교류했던 말라카와 수마트라 왕조의 관계를 이야기함으로써 말라카 왕국의 권위와 정통성을 보장받도록 하기 위한 것이었다고 추정된다. 말라카와 밀접한 관계가 있는 해양 네트워크는 바다를 통한 교류의 정신세계를 보여주는 것이며, 여러 지역과 바다를 서로 공유하고 있었다는 것을 알 수 있다. 이는 말라카의 항구도시로서의 성장과 맥을 같이한다. 『스자라 믈라유』의 이슬람과 관련된 전설과 이야기는 인도양 해양 세계에서 이슬람 네트워크가 확대된 과정을 여실히 보여준다.

인도양과 남중국해을 거쳐 동중국해에 이르는 해양 세계에는 고도로 발달한 교역 네트워크가 펼쳐져 있었다. 그곳에는 각지에서 모인 다양한 사람들이 살았으며, 다양한 언어와 종교가 공존하고 있었는데도 항구도시는 질서가 잘 유지되었다. 15세기에서 17세기 중반에 걸친 시대에는 류큐 왕국을 매개로 일본에서부터 한반도, 인도양에 이르기까지 광대한 해역이 하나가 되는 '대해양 세계'가 형성되었다. 한편 서유럽 열강 세력은 기존의 인도양 해양 세계를 둘러싼 교역 네트워크를 이용해 아시아로 진출했다.

특히 이슬람 세계와 해양 세계는 서로 공통된 네트워크 사회였다. 아랍과 인도의 이슬람 세계를 중심축으로 하여 동쪽으로 확대된 이슬람 네트워크는 인도양의 해양 네트워크와 연계됨으로써 지역 간의 긴밀한 유대 관계가 빠르게 이루어졌던 것이다.

네트워크를 규정하는 기본 원칙은 상대에 대한 독점적이고 배타적인 관계가 아니라 '관계'를 공유하고 상호 이용하는 것이다. 이와 동시에 자신의 입장을 확고히 하고 상대방을 인정하는 신뢰 관계를 바탕으로 해야 하는 것이다. 즉, 서로가 대등한 관계로 맺어져 상호 공존과 상호 보완을 중시하는 '계약관계'여야 한다. 이와 같이 인도양 해양 세계는 형성과 전개 과정에서 아시아의 환경, 생태, 자연과 인간, 문화 사이의 '차이'를 연결해 주는 관계로 발전했던 것이다.

21세기에 국민국가라는 종래의 틀이 완전히 소멸되거나 붕괴된다고 예측하기는 아직 섣부른 감이 있지만, 역사적으로 만들어진 여러 해역권, 이동 생활권, 언어권 등이 기존의 국민국가의 틀이 아니라, '지역 경제권'이나 '상호 협력체제'와 같은 새로운 형태로 재부상할 가능성은 매우 높다. 나아가 항구도시 네트워크와 같이 국가의 틀을 넘어 거점도시를 연결하는 정보 네트워크형 사회로 전화될 것이라는 진단과 예측 역시 매우 신빙성이 높다.

5. 동남아시아에서 바다의 의미와 우리의 과제

역사적으로 17세기 말경 동남아시아는 '상업의 시대'를 구가하고 있었다(Reid, 1988, 1993). 특히 이 시기에 동남아시아에는 항구도시 국가가 크게 번성했다.[42] 유럽이나 명나라가 교역을 주도하면서 당시 동남아시아에서는 미얀마의 페구(Pegu), 태국의 아유타야(Ayuttaya), 인도네시아 수마트라의 아체, 말레이시아의 말라카, 인도네시아 자바의 바타비아(Batavia), 보르네오 섬의 브루나이(Brunei). 인도양의 마카사르(Makasar), 필리핀의 마닐라, 캄보디아의 참파(Champa), 베트남의 호이안과 탄론(昇龍, 지금의 하노이) 등 항시(港市) 국가를 중심으로 항구도시가 번영했다.[43] 항구도시는 해상 교역에 유리하도록 특화되어 있었다.

하지만 싱가포르, 홍콩, 상하이 등과 같은 항구도시들은 근대에 들어와서 번창하기 시작했다. 이 도시들은 예전에 바다의 항구도시였던 것이 거의 재이용되고 있지만 규모는 전혀 다르다. 또한 새로운 항구도시도 탄생했다(Kratoska, 2006: 1~2). 싱가포르나 홍콩은 전형적인 신흥도시이며, 상하이는 중화라는 영역 내의 항시가 이상적으로 확장된 곳이다.

동아시아의 도시는 바다를 중심으로 편성되어갔다. 그리고 신흥 항구도시들은 새롭게 변모해갔다. 근대가 만들어낸 항구도시의 부두에는 상점, 은행, 호텔 등의 건물이 들어섰고, 건물의 형태도 변화를 거듭했다. 도시 규모가 확대되는 것뿐만 아니라 인종이나 기능에 따라 지리적 구분이 생겨나는 등 도시 구조에도 다양한 변화가 일어났다.

하지만 제국주의 국가가 식민지를 통치하기 위해서는 무역이라는 기능만을 부각시킨 바다의 항구도시만으로는 부족했다. 식민지 중심에 총독이 지배할 수 있는 도시, 즉 상징성을 지닌 중심 도시가 필요했다. 이에 몇몇 근세 육상 제국 도시가 재이용되거나 모델이 되었다. 아시아의 열대 지역에서 생산되는 후추, 정향, 육두구, 침향, 수지, 단향, 육계 등의 삼림 산물은 아랍 세계 및 유럽과의 무역에서 중요한 교역품이었다. 또 해삼, 상어 지느러미, 진주조개, 바다제비집 등은 아시아 각지에서 중국으로 수출되었다. 북방에서는 해삼과 다시마, 청어, 가리비, 고래기름, 고래 뼈, 그리고 물개와 같은 바다짐승의 모피가 주요 교역품이었다.

이처럼 다양한 산물을 산지에서 모으고 교역지로 운반하기 위한 바다 네트워크는 도서 지역 간에 상당히 발달되어 있었다. 많은 상인들이 마을이나 하천 유역에 모인 산물을 큰 집하장으로 수송하기 위해 중개 역할을 맡았다. 그리고 상인들이 운반해온 산물에 대한 임금이나 보수, 또는 교환품으로 쌀, 술, 된장, 간장, 소금, 옷, 목재 등의 다양한 상품이 거래되었다.44) 배를 이용한 인간과 물자 이동의 가장 큰 특징은 월경이다. 경계를 뛰어넘어 인간과 물자가 교역되는 곳이 바다라고 할 수 있다. 이처럼 바다는 하나로 연결되어 넓게 펼쳐져 있지만 지금까지는 평면적 넓이를 분석의 틀로 삼아 바다를 이해하려는 경향이 강했던 것이 사실이다. 이제껏 인류는 하나로 연결되어 있는 바다에 인위적으로 경계선을 만들어놓았다고 해도 과언이 아니다. 바다에 선을 긋기 시작한 배경으로는 수심, 해류, 해양 기상, 육지의 성질과 분포 등 자연적이고 생태학적인 조건과, 정치, 경제, 종교 등의 다양한 활동을 들 수 있다. 그러나 인위적으로 바다에 선을 그으면서 눈에 보이지 않는 경계선의 설정 범위와 방법, 논리가 문제시되었다.

섬에서 섬으로 바다의 경계를 넘어 여러 가지 문물과 정보가 전파되었다. 한편으로는 문물과 정보가 천천히 전파되는 것과는 달리, 대륙 사이를 한 번에 횡단하는 원거리 전파도 이루어졌다. 전파되는 과정에서 때로 외래의 동식물이 토착 생태계를 어지럽히는 경우도 있었다.

앞으로 세계는 지구라는 한정된 공간과 자원의 틀 속에서 각각의 지역이 지닌 자원의 특성, 즉 자연생태계, 광물 자원, 인적 자원, 문명 기술 등을 최대한 활용해 그것을 국가적 가치로 높게 평가함으로써 바다를 통한 세계 물류와 인적 자원의 상호 교류 관계를 적극적으로 발전시켜나가게 될 것으로 전망된다.[45] 이는 다른 지역에 사는 사람들의 생활수준을 높이고 자립을 도움으로써 경제적 안정과 평화를 불러오는 일과도 일맥상통한다. 지역경제의 자립과 다른 지역 간의 경제적·인적 네트워크화, 그리고 국가를 초월해 사람과 사람을 연결하는 신뢰의 네트워크야말로 앞으로의 세계가 지향하는 바가 되지 않을까. 이는 실제로 말라카를 포함한 인도양 해양 세계의 성립을 지탱해온 기본 원리와 상통하는 것일 뿐만 아니라 마닐라를 포함한 남중국해, 홍콩과 상하이·칭다오를 연결하는 동중국해의 해양 네트워크 형성을 거쳐, 류큐와 목포·부산·인천의 한반도, 일본의 히라도·나가사키·고베를 서로 연결하는 동중국해의 해양 네트워크를 구축하는 것에 이르기까지, 바다와 해양 세계의 논리 형성 문제와 불가분의 관계가 있는 일이라고 할 수 있다.[46]

인간의 바다 진출은 호모 사피엔스 단계에서 도구의 발전과 함께 급속히 확산되었다. 그 후 역사시대에 들어서면서 배와 항해술의 발달과 교역권의 역사적 전개, 해양 자원의 이용, 해양이 가져온 혜택과 재해, 해양의 영유와 지배 등 바다와 인간의 관계는 복잡한 양상을 띠게 되었다. 실제로 인간들은 문명과 사회·문화·경제·정치·기술적인 측면에 걸쳐 바다와 폭넓은 관계를 맺어왔다. 이처럼 바다가 인류의 역사와 문화에 기여한 바는 지대했지만 인간은 이러한 사실을 쉽게 잊고 살아간다. 최근에서야 바다를 중심으로 한 생각에 주목하게 되었다. 사실 그동안 바다를 희생시키면서 육지를 개발한 결과, 심각한 해양 오염이 일어나고 해양 생물의 유전자에 치명적인 피해를 입힌 일이 발생하기도 했다. 또 무한한 바다 자원을 소유하려는 생각에서 비롯된 집단 간 경쟁이나 수산 자원의 남획 등과 관련된 일이 세계 각지에서 발생해 세계 도처로 유포되는 과정을 통해 시시각각으로 전달되어 소비되고 있다.

　이러한 세계 질서의 재편 과정에서 우리는 육지중심적인 생각에 대한 진지한 반성과 바다 세계에 대한 재고가 요구되는 시점에 있다고 할 수 있다. 과거 동남아시아의 바다를 중심으로 인도양과 남중국해를 잇는 해상 네트워크, 그리고 태평양과 접해 있는 동중국해, 황해와 남해, 동해를 이어주던 해상 네트워크가 어떻게 형성되고 변화되었으며 그 의미는 무엇인지 되돌아봐야 할 것이다.

'서유럽 모던'과 '동아시아 근현대'
동아시아 문학의 가능성
동아시아문학론의 비판적 검토
동아시아 대중문화의 초국가적 교류

제2부
동아시아의 문화와 문학

제4장
'서유럽 모던'과 '동아시아 근현대'

1. 들어가는 글

　2005년 1월 서울(Seoul)의 한자어 표기 발표47)는 중국인들에게 예상 이상의 반향을 일으켰다. "首爾(Shǒu'ěr)이 漢城(Hànchéng)에 비해 역사적·문화적 느낌이 없다"는 정서적 반응48)부터 그 속에서 '한국인의 배화(排華) 의식'49)을 읽어내는 연구자도 있었다. 심지어 한국의 수도 이전 논쟁과 연관 지어 '漢城'에서 '首爾'로 언제 이전하느냐는 다소 엉뚱한 질문50)도 있었다. 일부 학자들은 사석에서 약간의 논란 끝에 "한국인이 베이징을 베이핑으로 부른다면 우리(중국인)가 기분 나쁠 것처럼, 우리도 한국인이 원하는 대로 불러야 한다"라고 잠정 결론을 내리기도 했다.51) '당장은 낯설지만 차츰 익숙해질 것(不習慣, 慢慢習慣)'이라는 반응52)도 적지 않았다. 漢城에서 首爾로 바꾼 것이 개명이 아니라 한국 최초로 서울의 중국어 표기법을 제정한 것이고, 그 이전까지 중국인을 제외한 전 세계인이 모두 서울(Seoul)53)이라고 불렀다는 등의 정명(正名)54)은 이 글에서 풀어낼 몫이 아니다. 이를 통해 제기하고 싶은 것은 '기표'와 '기의'의 문제다.

'사단법인 현대중국학회(Korean Academic Association of Contemporary Chinese Studies)'에서 '현대'는 '최근'의 의미로 자리매김했지만,55) 학회지 ≪현대중국연구≫에서는 '근대'와 '현대'를 아우르는 표현으로 쓰고 있다. 이와 달리 '한국중국현대문학학회(The Korean Society of Modern Chinese Literature)'에서 '현대(hyundae)'는 중국의 '진다이(近代, jindai)', '셴다이(現代, xiandai)', '당다이(當代, dangdai)'를 모두 포괄하는 개념이다. 물론 한국에서도 '근대(geundae)'와 '현대'의 변별은 존재한다. 필자에 따라 차이는 있지만 그것은 대략 영어의 '모던(modern)'과 '컨템퍼러리(contemporary)'에 해당하는 개념으로 쓰이고 있다. 다시 말해, 전자는 '가치적' 성격이, 후자는 '시간적' 성격이 강하다. 이러다 보니 한국의 중국 근현대문학 연구자들56)은 전공의 관행과 한국 학계의 관습 사이에서 혼란을 겪고 나름의 코드 조정 과정을 겪게 마련이었다.

중국 '근현대'57) 문학사를 접하다 보면 무엇보다도 먼저 혼란을 느끼는 것이 근대 또는 현대의 의미 규정이었다. 편의상 기존의 '근대-현대-당대'라는 삼분법을 습용하면서 그 내용을 각자 새겼지만, 한국 사회에서 사용되는 일반적인 의미 규정과는 거리가 있음을 발견하고 연구자들은 혼란에 빠지기도 했다. 이는 논자마다 개념을 명확하게 규정하지 않고 사용하는 경우가 대부분이었기 때문이지만, 때에 따라 특정 개념이 내포하는 내용이 다른 경우가 있거나 내포가 같은 것으로 보이더라도 개념을 달리하는 경우가 있기 때문이기도 하다. 이와 같은 개념 사용의 혼란은 중국 근현대문학사에 대한 올바른 인식을 저해하는 질곡으로 작용했다. 그러나 한편으로는 이러한 질곡을 뛰어넘으려는 노력 또한 다양하게 진행되었다(임춘성, 1997: 4~5).

한국의 중국 근현대문학 연구자들의 이러한 노력은 대략 '중국 현대'를 '진다이·셴다이·당다이'를 포괄하는 가치 개념으로 사용하고 '근대'를 시간 개념으로서 사용하는 것으로 귀결된다. '당대'라는 개념은 여간해서는 사용하지 않는다.58) 그리고 '5·4신문학'의 의미를 특화시켜 1917~1949년 사이의 문학, 즉 '셴다이'문학을 '신문학'이라 칭하기도 한다.59) 이런 조정에도 불구하고 여전히 한국 학계의 관행과는 일정한 괴리가 존재한다.

2. 기표와 기의

소쉬르(Ferdinand de Saussure)의 언급이 아니더라도 위의 두 가지 사례에서 우리는 기호(sign)의 물리적 형태인 '기표(signifier)'와 기호의 정신적 연상을 나타내는 '기의(signified)'의 자의적(恣意的) 관계를 확인할 수 있다. 전자의 예에서 논의의 편의를 위해 '서울'을 기의로, '漢城'을 '기표 ⓐ'로, '首爾'을 '기표 ⓑ'로 설정해보자. 서울이라는 기의는 변하지 않았지만, 중국인에게 기표는 2005년 1월 '기표 ⓐ'에서 '기표 ⓑ'로 변했다. 여기에서 중요한 것은 중국(인)이 서울을 '漢城'으로 불렀을 때도 서울의 어원적·역사적 명칭(京城, 漢陽 등)에서 '漢城'을 임의적으로 선택했다는 것이고, 한국(인)이 서울의 한자 표기를 '首塢兒'이나 '杜塢兒'로 하지 않고 '首爾'로 결정한 것도 어떤 필연적인 논리나 근거가 있었던 것은 아니라는 점이다.60) 고유명사 작명에 필연적 근거가 있을 이유가 없다. 물론 그 속에서 관습이나 문화적 동의를 읽을 수는 있다. 한 가지 보충하자면 기의로 설정한 서울이 한국의 맥락에서는 기표가 되고, 그 기의는 '조선(1392~1910)의 500년 도읍지이자 해방 이후 대한민국의 수도'를 연상하게 한다는 점이다.

소쉬르의 구조주의 언어학에 따르면, 서울의 기표(발음, 한자가 없음)와 서울의 기의(수도의 의미)가 합해져 '서울'이라는 기호를 구성하는데, 이를 외연(denotation)이라 한다. '중국의 도시'라는 의미를 연상시키는 漢城은 이 외연에 기초해 그 기표와 기의를 통합한 것이 아니라, '임의(任意)'로 역사 속에서 새로운 기표를 끌어온다. 그런데 그 기표는 '기의를 변조(bricolage)'시키는 작용을 한다. 그러므로 首爾은 漢城의 '기의 변조' 작용을 바로잡은 역할을 하게 된다. 또 하나의 측면이 있다. 漢城과 首爾은 아직 한국과 중국인에게 내포(connotation)[61]의 단계로 나아가지 못했다. 내포 단계로 나아가기 위해서는 공통된 문화적 코드(cultural code)가 필요한데 양 국민 사이에 아직 그것은 형성되지 않았다. 으뜸 수(首)와 『이아(爾雅)』의 이(爾)로 구성된 首爾은 한국인(또는 서울인)의 자신감의 표현일 수 있고, 그것에 불편함을 느끼는 중국인이 있을 수 있다는 것이다.

후자의 경우, 서유럽의 '모던'이라는 기의는 한국에서는 '근대'라는 '기표 ①'로, 중국에서는 '셴다이(現代, 사회주의 현대화의 맥락)'라는 '기표 ②'로 표기되고 있다. 그러나 똑같은 기의가 다르게 표기될 뿐만 아니라, '기표 ①'과 '기표 ②'는 자국의 맥락을 벗어나 상대국의 맥락으로 들어가면 단순한 시간개념으로 변질되고 만다. 그러므로 '기표 ①'과 '기표 ②'를 아우르는, 나아가 일본의 '기표 ③'까지 포괄하는 동아시아의 '기표 ④'를 설정할 필요가 대두된다. 동남아시아와 통용되는 '기표 ⑤'는 잠시 유보하자.

동아시아(East Asia)라는 개념은 여전히 적지 않은 문제점[62]을 내포하고 있는데, 우리가 그 개념의 시험적 사용에 동의한다면, 그것은 서유럽(West Europe)에 대응하는 개념으로 설정할 수 있고, 따라서 서유럽의 모던에 대응하는 개념으로 동아시아의 '근현대'라는 개념을 '자의적'으로 설정하는 것도 불가능하지는 않을 것이다. 다만 한·중·일 삼국이 어떤 과정을 거쳐 이에 동의하느냐 하는 문제가 남아 있다. 실제로 한국과 일본의 논자들은 이 개념을 일반적으로 사용하고 있지만, 중국을 여기에 포함시키기 위해서는 중국(인)의 동의가 필요할 것이다.

기존의 동아시아론은 두 가지 약점을 지니고 있다. '동아시아=동북아시아'라는 잘못된 등식으로 동남아 지역을 소외시킨 것이 첫 번째 약점이다.[63] 김명섭(2000)은 동(북)아시아의 정체성을 받아들일 수 없는 중화주의에 의해 동아시아론이 거부될 가능성을 지적했는데, 이것이 두 번째 약점이다. 하지만 '방법 또는 프로젝트로서의 동아시아' 개념에 충분히 공감하고 그것을 잘 활용한다면, 중국문학 또는 한국문학을 조감하는 데 단순한 비교문학의 차원을 넘어 그 이상의 역할을 할 수 있을 것으로 기대할 수 있다.[64] 그러나 '동아시아 문학' 개념이 동아시아 권역(중국 이외에도 최소한 한국, 일본, 몽골, 티베트, 베트남 등)에서 공감대를 형성하기 위해서는 개념의 보편성과 객관성이 강화되어야 한다. 특히 중국 대륙의 입장에서는 동쪽의 한국·일본과 함께 '동(북)아시아', 남쪽의 아세안 국가와 함께 '동남아시아', 북쪽의 몽골 등과 함께 '중앙아시아', 서쪽의 인도·네팔 등과 함께 '남아시아'라는 권역을 구성할 수 있어 어느 한 권역에 얽매이고 싶지 않을 것이다.[65] 그러므로 동아시아 문학 구상이 한국과 일본의 짝사랑으로 끝나지 않기 위해서는 동아시아 문학의 필연성 등에 대한 엄밀한 논리가 뒷받침되어야 할 것이다. 특히 중국과 관련된 동아시아 논의[66]에서는 더욱 그러하다.

'동아시아'와 더불어 이 글의 또 다른 핵심어인 '근현대'(또는 '진셴다이')의 용례와 관련해서 리쩌허우(李澤厚)를 참조할 필요가 있다. 리쩌허우는 '사상사론'이라는 독특한 체계[67]를 통해 '구다이(古代)', '진다이(近代)', '셴다이(現代)'를 논술하고 있는데, 흔히 운위되는 '당다이'는 '셴다이'에 포함되어 있다. 그러므로 그가 말하는 '진셴다이'는 이 글의 '근현대'와 내포 및 외연을 같이하는 개념으로 파악할 수 있다. 중국 근현대 시기 구분에 관한 리쩌허우의 견해는 유연하다. 그는 '진다이'와 '셴다이'를 별책으로 집필했는데도, 도처에서 '진다이'와 '셴다이'를 하나로 묶어 '진셴다이(近現代)'라 칭하면서 그것에 대한 시기 구분을 시도했다. 미리 알아둘 것은 그의 시기 구분이 어느 하나만을 고집하지 않고, 관점과 대상에 따라 유연한 유동성을 지니고 있다는 점이다.

우선 근현대에 대한 '개괄적인 시기 구분(Ⅰ)'을 보자. 그는 "분기점이 되는 중대한 역사 사건은 의당 그 사건이 '총체적 계급투쟁 상황의 전환점이 될 수 있는가'라는 의미로 엄격하게 제한되어야만 사회발전 추세에서의 계급적 성격을 나타낼 수 있다"라고 하면서 중국 전체의 근현대를 "① 1840~1895, ② 1895~1911, ③ 1911~1949, ④ 1949~1976, ⑤ 1976 이후"의 다섯 단계로 나누었다(리쩌허우, 2005a: 473). 이는 '진다이'의 시기 구분을 설명하는 과정에 그 상위 기준을 언급하면서 제기한 것으로, '총체적 계급투쟁 상황의 전환점'이라는 기준에 의한 시기 구분이다. 이 시기 구분에서 눈에 띄는 것은 1919년의 5·4운동이 분기점에서 빠진 점이다. 아마도 '계급투쟁'의 관점에서는 5·4운동이 신해혁명의 연장선상에 있는 것으로 파악하기 때문일 것이다. 그러나 세대별 또는 문예사의 시기 구분에서는 달라진다.

루쉰(魯迅)의 사상을 논술하면서 리쩌허우는 중국 근현대 '지식인의 세대 구분(Ⅱ)'을 시도한다. 먼저 ① 신해 세대, ② 5·4 세대, ③ 대혁명 세대, ④ '삼팔식' 세대로 구분하고, 여기에 ⑤ 해방 세대(1940년대 후기와 1950년대), ⑥ 문화대혁명 홍위병 세대를 더하면 중국 혁명의 여섯 세대 지식인이다. 그리고 ⑦ 제7세대는 완전히 새로운 역사 시기일 것이라고 했다(리쩌허우, 2005a: 742). 이는 물론 루쉰 이전 세대(아편전쟁 세대, 양무 세대, 유신 세대 등), 즉 Ⅰ-①을 제외한 세대 구분이다. 이를 첫 번째 시기 구분과 연계시켜 보면, Ⅱ-①은 Ⅰ-②에 해당하고, Ⅱ-②, ③, ④는 Ⅰ-③에 해당하며, Ⅱ-⑤, ⑥은 Ⅰ-④에 해당하고 Ⅱ-⑦은 Ⅰ-⑤와 동일함을 알 수 있다.

이어서 신해혁명이 실패한 후 '지식인의 세대 구분(Ⅲ)'을 세밀하게 하기도 했다. ① 계몽의 1920년대(1919~1927), ② 격동의 1930년대(1927~1937), ③ 전투의 1940년대(1937~1949), ④ 환락의 1950년대(1949~1957), ⑤ 고난의 1960년대(1957~1969), ⑥ 스산한 1970년대(1969~1976), ⑦ 소생의 1980년대, ⑧ 위기의 1990년대(리쩌허우, 2005a: 743)가 그것이다. 이는 10년 단위로 근현대사를 이해하기 좋아하는 중국인의 문화·심리 구조〔文化心理結構〕를 염두에 둔 개괄로 보인다.

한편 「20세기 중국(대륙)문예 일별」에서는 '지식인의 심태(心態) 변이(Ⅳ)'를 기준으로 구분했다. 이는 ① 전환의 예고(1898 戊戌~1911 辛亥), ② 개방된 영혼(1919~1925), ③ 모델의 창조(1925~1937), ④ 농촌으로 들어가기(1937~1949), ⑤ 모델의 수용(1949~1976), ⑥ 다원적 지향(1976년 이후)으로 나뉜다(李澤厚, 1994b). 사실 '세대 구분'과 '지식인 심태 변이'의 기준은 맞물려 있다. 리쩌허우는 '성인이 되는 시절(17~25세) 공통의 사회 경험을 지닌 사람들이 행위와 습관, 사유 방식과 정감 태도, 인생 관념과 가치 척도, 도덕 기준 등 각 방면에서 보이는 역사 성격'에 주의를 기울이는 '세대 연구 방법'에 의거해 중국 근현대 지식인을 신해 세대, 5·4 세대, 대혁명 세대, 항전 세대, 해방 세대, 홍위병 세대의 여섯 세대로 나누었던 것이고, 아울러 사상사의 입장에서 지식인의 심태(心態), 즉 문화·심리 구조의 변천이라는 기준으로 각 세대의 주요 활동을 여섯 시기로 나눈 것이다. 특히 「20세기 중국(대륙)문예 일별」은 1980년대 중국 근현대문학 연구의 전환점을 이루었던 '20세기 중국문학'68) 개념 제출에 결정적인 영향을 주었다. '20세기 중국문학'의 대표 논자인 천쓰허(陳思和)는 그 영향을 이렇게 서술하고 있다.

> 이 글(「中國新文學硏究整體觀」)의 6개 문학 층위에 관한 묘사는 리쩌허우 선생의 『중국근대사상사론』 중 「후기」의 영향을 받은 것 …… 그의 여러 세대 인물에 관한 사로(思路)는 나를 계발했고 나로 하여금 중국 신문학에 대해 금세기 초부터 신시기까지를 하나의 유기적 총체(整體)로 삼아 고찰하게끔 촉진했다 (陳思和, 1997: 111).

그리고 「20세기 중국문학을 논함」의 주집필자인 첸리췬(錢理群)도 1993년 서울에서 개최된 중국 현대문학 국제 심포지엄에 참가했을 때 사석에서 『중국근대사상사론』으로부터 받은 계발을 피력한 바 있다.

크게 네 종류의 시기 구분을 요약하면서 리쩌허우의 유연한 유동성을 실감할 수 있다. 그럼에도 확실한 사실은 시기 구분의 기준이 계급투쟁이 되었건 세대가 되었건 문화·심리 구조가 되었건 간에 아편전쟁은 그 이전과 이후를 나누는 중요한 분기점이라는 사실이다. 문예사의 시기 구분에서 '20세기'라는 표현을 쓴 것은 아편전쟁 이후의 변화가 문화·심리 구조에 반영된 것이 19세기 말 20세기 초라는 것을 의미하는 것으로 이해할 수 있다.

이처럼 '동아시아 근현대'는 문제적이면서도 가능성을 담지하고 있는 시공간임을 알 수 있다.

3. 서유럽과 '비유럽'

1) 중심과 주변 그리고 세계체계

'20세기 중국문학'은 세계문학사의 맥락에서는 제3세계 문학에 속하는 주변부 문학이고, 한국문학계에서는 비주류 문학이다. 이런 상황에서 중국문학을 업으로 삼다 보니 본업뿐만 아니라 중심부와 주류에 대해 관심을 갖지 않을 수 없었다. 이뿐만 아니라 문사철(文史哲)을 근간(根幹)으로 하는 중국학(sinology)에 대한 공부 또한 게을리할 수 없었고 나아가 중국의 정치·경제·사회 등의 사회과학에 대해서도 공부를 등한시할 수 없다. 이러한 공부는 한편으로 버거운 일이었지만, 그 과정을 통해 동서와 고금을 아우르는 총체적 관점을 체득할 수 있는 기회가 되었다. 비주류와 중국학에 관한 논의는 다른 지면으로 미루고, 여기에서는 '중심-주변'과 관련된 문제를 '모던과 근현대'에 초점을 맞춰 이야기해볼 것이다.

근현대 동아시아 지식인들은 동아시아가 서유럽의 모던 과정 이후 그것을 모범으로 삼아 약간의 특수성을 가미해서 근현대 과정을 겪은 것으로 이해해왔다.[69] 그리고 모던을 유럽인들의 삶의 이해로 보고, 유럽 이외 지역의 '근대'는 그것을 모방한 것이기 때문에, 유럽 이외의 지역에서는 '의사(擬似)-근대'와 '의사-탈근대'가 있을 뿐이라는 극단적 주장(이성환, 1994)도 있다. 물론 모던이 우선적으로 서유럽에서 전개되었다는 역사적 사실을 부인할 필요는 없을 것이다. 그러나 그동안 간과되어온 사실은 서유럽의 모던이 유럽 내부에서 순수하게 형성·발전한 것이 아니라, 주로 서유럽과 서유럽 외부의 관계를 통해서 구성된 것이라는 사실이다. 이 부분을 간과하게 되면 '(서)유럽중심주의'[70]에 함몰되는 것이고, 그것은 서양 또는 서유럽이 '역사적 구성물'(홀, 1996b: 183)[71]이라는 사실을 인지하지 못하는 데서 기인한다. 이제 우리가 할 일은 서유럽의 모던 과정을 여러 가지 모던 과정의 하나로 설정하고, 서유럽 이외의 다양한 모던 과정을 고찰하는 일이다.

유럽중심주의에 대한 비판은 어제 오늘의 일이 아니다. 클라크(2004)는 동양사상이 서양사상을 계몽한 과정을 추적했고, 아부-루고드(2006)는 유럽이 패권을 차지하기 전인 13세기에도 이미 '세계체계(world system)'[72]가 존재했음을 밝혔다. 『오리엔탈리즘』의 저자 사이드(2005)는 프로이트(S. Freud)의 마지막 저서인 『모세와 일신교』를 꼼꼼히 분석하면서 헬레니즘과 더불어 유럽 문명의 양대 기둥인 헤브라이즘의 이집트적 기원[73]과 모세의 이집트적 정체성을 밝히면서 이스라엘의 '성서 고고학'을 비판하고 있다. 그리고 가라타니 고진은 최근 '세계공화국'이라는 개념을 내세우면서 '중핵(core) - 주변(margin) - 아주변(submargin)'이라는 재미있는 가설을 인용하고 있다. 이 가설은 원래 비트포겔(Karl Wittfogel)이 내놓은 것이었다. 비트포겔은 이른바 '아시아적 사회구성체'로 불렸던 '수력사회'(가라타니 고진은 이를 '세계제국'이라 함)를 '중핵'으로 보고, 고전고대적 사회구성체와 봉건적 사회구성체를 그 주변(margin)의 바깥, 즉 '아(亞)주변(submargin)'에서 생긴 현상 형태로 보았다(가라타니, 2007: 47). '아주변'이란 '(세계)제국=문명'의 직접적인 영향 아래에 놓인 주변과는 달리, '제국=문명'을 선택적으로 받아들일 수 있던 지역을 가리키는 개념이다. 이를테면 그리스는 이집트 등 오리엔트 제국의 아주변이었고, 영국은 로마제국의 아주변이었으며, 고대 동아시아에서 일본은 중국의 아주변이었다. 이 가설을 근현대 전 지구적 차원에 적용시켜본다면 한국은 미국의 아주변으로, 중핵(미국)-주변(일본)-아주변(한국)의 틀을 상정할 수 있다. 이렇게 볼 때 동아시아에서 한류의 초국적 수용을 해석할 수 있는 하나의 근거를 확보할 수 있다. 한류는 바로 상대적 독립성을 지니고 중핵의 대중문화를 자유로이 취사선택해 새로운 대중문화를 만들어낼 가능성을 현실화한 셈이다. 이처럼 중심과 주변은 고정된 것이 아니라 유동적인 것이다.

세계체계는 '전 지구적 맥락'과 긴밀하게 연계되어 있다. 홀은 '서구'[74]의 점진적 통합, 경제 발전을 향한 지속적인 도약, 강력한 국민국가 체계의 출현, 여타의 모던[75] 사회 형성에 대한 모습은 마치 유럽이 내부에서 자신의 발전에 필요한 모든 조건과 원료, 동력을 제공받았던 것처럼 '순수하게 내적인' 이야기로 말해지지만, 이 과정 역시 외적이고 전 지구적인 존재 조건을 지니고 있었음을 환기시킨다. 오늘날 모더니티의 토대를 침식하고 변형하고 있는 특정한 '전 지구화'의 유형(생산, 소비, 시장과 투자의 국제화)은 새로운 현상이 아닌, 단지 매우 긴 이야기의 최종 국면일 뿐이라는 것이다. 그리고 초기의 유럽 해상 제국의 확장, 신세계에 대한 착취, 유럽인과는 매우 상이한 새로운 인간 및 문명과의 해후, 상업과 정복,

식민화를 통해 그들을 유럽의 역동적인 발전을 위한 수단으로 이용한 것 등은 (때로 무시되기도 했지만) 모던 사회와 모던의 형성에 영향을 미친 핵심적인 삽화들이다(홀, 1996a: 14~15).

딜릭(Arif Dirlik)은 『포스트모더니티의 역사들』에서 서유럽 모던의 '대문자 역사(History)'를 비판하면서 이렇게 말하고 있다. "복수의 역사들은 민족의 목적론이나 하나의 모더니티라는 목적론에 의해 정의되고 강제되는 하나의 역사(History)에 대항"(딜릭, 2005: 8)한다. 서유럽이 복수의 역사 가운데 하나라면, '서유럽'과 동등한 지위에 있는 '동아시아' 개념을 설정하고 '서유럽의 모던'에 상당하는 개념으로 '동아시아의 근현대'[76] 개념을 제시하는 것이 불가능하지는 않을 것이다.

2) 다인과론적 접근과 타자화

'서유럽의 모던'에 상응하면서도 변별되는 '동아시아의 근현대'를 설정하기 위해서는 '다인과론적 접근(multi-causal approach)'과 '타자들(others)'의 개념을 이론적 근거로 검토하는 것이 필요하다. '다인과론적 접근'은 기존의 유럽중심적 서술을 전 지구적 맥락(global context)에 위치시킨다. 그리고 모던 사회를 유럽 내적 현상이 아닌 범세계적인 현상으로 간주하며, 모던 세계를 단일한 역사적 변동이 아닌 일련의 주요한 역사적 변동이 가져온 예측할 수 없고 예상할 수도 없던 결과로 다룬다. 이 용어는 홀이 『모더니티의 형성(Formations of Modernity)』[77]의 서문에서 제기했던 것이다. 홀은 다인과론적 접근에 대해 어떤 현상을 단일한 인과적 설명으로 해소시키는 것이 아니라, 그것을 다양한 원인으로 작동하고 그 상호작용으로 변화가능하며 우연적인 결과를 낳기도 하는 다양한 과정으로 이해하는 것이라고 설명한다. 이런 입장에 서야만 '서유럽 보편 - 동아시아 특수'라는 '중심 - 주변'의 틀을 깰 수 있을 것이다.

홀은 중심과 주변의 문제를 '서양과 그 외의 사회들'로 전환했다. 같은 제목의 글에서 그는 '서양과 그 외의 사회들'이라는 담론이 어떻게 구성되었는지, 그리고 서양 사회와 비서양 사회 사이의 관계가 어떻게 재현되었는지를 검토하고 있다. 그 주장의 핵심적인 출발점은 '서양'이 지리적이 아닌 '역사적인' 구성물이라는 것이다. 그에게 '서양적'이라는 말은 '발전된, 산업화된, 도시화된, 자본주의적인, 세속적인, 현대적인'이란 말과 통하는 것이고, '서양'이라는 개념 또는 관념은 '사고의 도구', '이미지들 또는 재현(표상) 체계'이자 '비교의 표준이나 모델', '평가 기준 또는 이데올로기'로 작용한다고 해석했다(홀, 1996b: 183~184). 이는 '그 외의 사회들'을 '타자화(othernization)'하는 것과 동시에 진행된 것이다. 이어 홀은 미셸 푸코의 '담론' 개념과 에드워드 사이드의 '오리엔탈리즘'에 기대어 15세기에서 18세기 말에 나타난 '서양과 그 외의 사회들'에 관한 담론을 분석한다. 그 담론이 어떻게 형성되었나, 그 주요 주제들―그 재현 전략들―은 무엇이었나, 이것이 그의 주요 관심사다. 그리고 그 재현 전략의 핵심에 바로 '타자화'가 자리 잡고 있다.

서유럽이라는 개념 또한 유라시아 대륙의 서쪽 귀퉁이라는 단순한 지리적 개념이 아니라 역사적으로 구성된 것이다. 그것은 동아시아 등 '그 외의 사회'를 타자화하는 과정에서 발명되었고(invented), '그 외의 사회'에 강요되었으며, '그 외의 사회 사람들'은 그것을 내면화(internalization)했고 열심히 추종해왔던 것이다.

4. 포스트모던과 포스트근현대

비판이 전혀 없었던 것은 아니지만, 동(북)아시아 근현대는 서유럽 모던을 꾸준히 학습78)해왔다는 점에서, 일본·타이완·한국·중국의 동북아 4국은 서유럽 학습의 우등생이라고 할 수 있다. 물론 우등생 내에도 서열79)은 있지만, 동남아시아, 중앙아시아, 라틴 아메리카, 아프리카 등의 지역에 비하면 우등생임이 틀림없다. 이와부치(2004)는 일본 속의 아시아 대중문화와 아시아에서의 일본 대중문화를 검토하면서 동(북)아시아 지역의 대도시와 홍콩·싱가포르가 1990년대 이후 아시아 대중문화를 초국가적으로 생산·교류·소비하는 문화권을 형성하고 있음을 지적했다.80) 그런데 서유럽은 기존의 '모던'을 비판·해체하는 단계로 진입했다. 바로 이 지점에서 '동아시아의 비애'가 형성되게 된다. "우리(동아시아-인용자)가 저들(서유럽-인용자)의 모던을 따라잡기 위해 한 세기 이상을 분투하였건만, 저들은 우리가 추구해온 그것을 다시 해체하고 있는 현실"(임춘성, 2000a: 223)이 그것이다. 이와 같은 '동아시아의 비애'를 극복하려는 노력으로 마오쩌둥(毛澤東)의 '반제반봉건 민족해방 민중혁명론'과 백낙청의 '근현대성' 논단을 예로 들 수 있다.81) 이러한 노력이 어느 정도 성과를 거두었지만 전자는 '제3세계 특수주의', 후자는 '서유럽 보편주의'의 편향을 노정했고, 두 가지 편향 모두 서양이라는 보편을 전제했다는 점에서, '서유럽 중심-동아시아 주변'의 이분법적 사고를 탈피하지 못하고 있음을 알 수 있다. 실체가 아닌 '구성물'로 이루어진 '통념(通念)'은 현실에서 강한 규정력을 발휘하고 있고, 우리는 그 영향에서 벗어나기 어렵다.

포스트모던의 문제는 '동아시아 근현대'를 혼란스럽게 만들고 있다.

딜릭은 서유럽적 맥락에서, "포스트모더니티는 모더니티의 역사적 전제 등 우리가 소중히 지켜온 모더니티에 관한 가정들을 문제시하는 상황이다. 이런 상황으로 인해 불확실성이 생겨났다"(딜릭, 2005: 8)라고 진단한다. 서유럽의 맥락에서 포스트모던의 출현은 모던의 역사 전제와 모던의 가정에 대해 문제를 제기한 것이다. 포스트모던은 모던을 극복의 대상으로 삼지만, 다른 한편으로 포스트모던은 모던의 변증법적 부정이면서 매 계기마다 모던 내부에 존재하고 있다. 포스트모던이 모던의 지속이자 변화라면 동아시아의 포스트근현대는 더욱 복잡해질 수밖에 없다.

이 글의 논지와 연관시키자면, 포스트모던은 중국과 한국에서 다르게 번역되었다. 1980년대 중반 이후 중국에 도입된 포스트모더니즘은 1990년대 들어서야 중국 지식인의 관심을 받기 시작했다. "지난 10여 년간 (다른 '포스트들'과 함께) 포스트모더니즘은 '포스트학(postology)'이나 '포스트주의(postism)'와 같이 다양하게 번역되는 후학(後學)이라는 새로운 용어를 등장시키며, 중국 지식계에서 현저한 진전을 만들어왔다"(딜릭, 2005: 276). 그러나 똑같은 '포스트'를 한국에서는 '탈(脫)'이라고 번역하고 있음을 지적할 필요가 있다. 지속(after)과 변화(de-)의 이중적 의미를 절합(articulation)하고 있는 'post-'를 하나의 단어로 번역하는 것이 쉽지 않기에 중국은 '後'의 측면을 한국은 '脫'의 측면을 강조하고 있는 셈이다. 이는 역으로 중국에서는 '脫'의 측면이, 한국에서는 '後'의 측면이 간과되고 있음을 보여준다. 문맥을 제거하고 '탈근대(脫近代)'와 '허우셴다이(後現代)', '탈식민(脫植民)'과 '허우즈민(後殖民)'을 접할 때 우리는 'postmodern' 또는 'postcolonial'을 연상할 수 있을까? 동아시아가 서로 공동의 '기표'를 만들려는 노력을 경주하지 않는다면 이처럼 상호 의사소통이 점점 더 어려워질 것이다.

이 글의 맥락에서 말하자면, 한국의 '탈근대'와 중국의 '허우셴다이'는 동아시아의 '포스트근현대(또는 포스트진셴다이)'로, 한국의 '탈식민'과 중국의 '허우즈민'은 동아시아의 '포스트식민(또는 포스트즈민)'으로 표기하자는 것이다.

5. 내면화 또는 셀프오리엔탈리즘화

중국의 문화 연구학자 다이진화(戴錦華)는 '중국영화문화 1978~1998'라는 부제를 지닌 『무중풍경(霧中風景)』에서 1980~1990년대 중국의 영화문화를 텍스트와 콘텍스트의 관계 속에서 고찰했다. 1978년 이후 중국의 사회·문화적 배경을 '안개 속 풍경'처럼 그리다가, 중국영화라는 파노라마에서 5세대로 좁히고 다시 장이머우(張藝謀)와 천카이거(陳凱歌)에 초점을 맞추면서, 마지막에는 화면 가득 장이머우로 채우는 느낌을 준다. 저자의 표현대로 장이머우는 중국영화계의 '복장(福將)'(다이진화, 2007: 289)임이 틀림없다. 이는 수많은 국제영화제 수상 경력에서 비롯된 말이지만, 핵심은 그가 포스트사회주의 중국의 영화계와 문화계의 흐름을 잘 타왔다는 데 있다. 초기의 자유로운 실험, 국내외적으로 적절한 시점의 국제영화제 수상[82], 국가권력의 주선율과 시장화의 이중 압박에서 해외 자본의 투자 유치, 그리고 최근의 중국식 블록버스터 제작, 2008년 베이징올림픽 총감독 등의 도정은 그를 단순한 영화감독으로 자리매김하기 어렵게 만든다. 다이진화의 장이머우론에서 핵심은 이렇다. 장이머우는 '탈식민문화의 잔혹한 현실'을 누구보다 잘 인지했고, 세계무대로 나가기 위해서는

'동방적 경관(Oriental spectacle)'이 필요함을 인식함으로써, '이중적 정체성(dual identity)' 전략[83]을 활용해 성공을 거두었다. 그는 이중의 정체성과 이중의 독해 사이에서 동방과 서방, 본토와 세계를 교묘하게 봉합했던 것이다. 그러나 다이진화가 보기에 장이머우의 성공이 가져온 결과는 세계로 향하는 창이라기보다는 그 시야를 가리는 거울이다. 거울에 비친 모습은 대국으로 굴기(崛起)하는 중국이 아니라 서양이라는 타자가 구성한 동방의 이미지였고, 서양 남성 관객이 요구하는 욕망의 시선에 영합한 동방의 여인이었던 것이다. 그것은 결코 중국의 본토문화일 수 없는, 상상되고 발명된 중국의 이미지인 것이다.

여기서 한 가지 주목할 것은 '서유럽 오리엔탈리즘'과 유럽 이외 지역의 '셀프오리엔탈리즘'의 공모 관계다. 이와부치는 '전후 일본의 배타적이면서도 독특한 국가 정체성을 구축하려는 강력한 힘'을 분석하면서 이렇게 설명한다.

> 이 셀프오리엔탈리즘(self-orientalism)으로 불리는 언설 전략은 서구 오리엔탈리즘 언설을 교묘하게 이용해 일본의 국가 정체성을 본질적으로 말하고 또 만들려고 한다. 여기서는 실질성이 결여된 '일본'과 '서구'라는 문화적 상상체의 양자 대립이 확고해진다. 그런 까닭에 일본은 셀프오리엔탈리즘을 가지고 서구 오리엔탈리즘에 대항하기는커녕, 그 구도 속에 깊이 편입해왔으며 양자는 깊은 공모 관계에 있다고 할 수 있다(이와부치, 2004: 22).

장이머우는 누구보다도 '전략으로서의 셀프오리엔탈리즘' 운용에 뛰어났다. 그것은 정치적 검열이 존재하고 자율적 시장이 형성되지 않은 제3세계에서 재능과 야망을 지닌 감독이 선택하게 마련인 생존 전략이라 할 수 있다. 다이진화가 비판한 '내재적 유배(internal exile)'는 '셀프오리엔탈리즘'의 다른 표현이지만, 중국의 현실은 장이머우의 선택에 환호하고 있는 것으로 보인다.

천카이이거는 중국영화의 또 다른 거울이다. 그가 초기 작품에서 보여주었던 대범함과 명석함(다이진화, 2007: 317)은 <아이들의 왕(孩子王)>이 1987년 칸영화제에서 고배를 든 후 사라졌고(같은 해 장이머우는 베를린영화제에서 황금곰상을 거머쥐었다), 천신만고 끝에 1992년 <패왕별희>로 칸영화제를 석권했지만 그것은 추락으로 얻은 구원이자 굴복과 맞바꾼 면류관(다이진화, 2007: 330)이었다.

천카이거가 고심해서 재현한 중국 본토문화는 탈식민문화라는 콘텍스트 안에 내면화(internalization)된 서양문화의 시점(視點)과 절묘하게 결합됨으로써 소실되어버렸다. <황토지>에서 함께 출발한 장이머우와 천카이거가 이후 각자의 경로를 거쳐 전 지구화의 지표인 '블록버스터'[84]로 귀결된 것은 결코 이상한 일이 아니다. 이들은 역사와 문화의 '큰 그물'에서 벗어나지 못한 것이다. 그들은 "성실하거나 그다지 성실하지 않은 역사의 아들"(다이진화, 2007: 325)이었고 "정복된 정복자의 이야기"(다이진화, 2007: 413)를 남겨주었다.

반제 구망과 반봉건 계몽의 이중적 과제, 서유럽 보편주의와 동아시아 특수주의, 동아시아의 비애 등은 비단 동아시아에 국한된 풍경이 아니다. 모로코의 지식인 라로이(Abdallah Laroui)는 『아랍 지식인의 위기: 전통주의와 역사주의』에서 그 딜레마를 '서유럽화를 추진함으로써 전통에서 탈출하는 것'과 '영원히 후진성을 넘어설 수 없을 것이라는 점을 각오하면서

정체성의 근원으로서 전통을 재확인하는 것' 사이의 함정 속에 위치시켰다.[85]

라로이는 이를 두 종류의 소외로 요약했는데, 하나는 '진실로 소외, 즉 타자가 되는 길, 자기 분리로의 길을 의미'하는 '서유럽화'이고, 다른 하나는 "거의 신비적인 방식으로 고전적인 아랍문화의 위대한 시기와 자신을 동질화시킴으로써 얻어진 과장된 중세화(中世化)"[86]다. 전자를 '서유럽지향적 소외'라고 한다면, 후자는 '전통지향적 소외'라고 할 수 있다. 딜릭은 사이드의 오리엔탈리즘의 '통찰력'에 기대어 두 가지 소외를 '자유주의적 소외와 근본주의적 소외'로 요약하면서, 양자가 '서유럽적 헤게모니' 안에서 긴밀히 얽혀 있음을 '통찰력' 있게 지적해냈다. 딜릭의 통찰이 타당하다면 근현대 이후 '서유럽 이외의 사회'에서 운위되는 '전통'은 더 이상 그 사회의 순수한 전통이 아니라, '서유럽 이외의 사회' 사람들에 의해 '내면화된 오리엔탈리즘의 산물'이 될 수밖에 없다. 딜릭은 이를 '자아-오리엔탈리즘화(self-orientalisation)' 또는 '뒤집어놓은 오리엔탈리즘(orientalism in reverse)'이라고 명명하기도 했다(딜릭, 2000: 82).

동아시아의 근현대 과정에서 '서유럽지향적 소외'는 명시적이었고, 따라서 쉽게 투쟁의 대상으로 삼을 수 있었던 반면, 근본주의적 또는 전통지향적 소외는 서유럽을 부정하면서 자국의 전통에 집착하게 만들기 때문에 토착적 주체의 형성과 혼동되기 쉽고, 따라서 서유럽지향적 소외의 극복으로 착각되곤 한다. 그러므로 딜릭은 "동아시아에 대한 급진적인 시각은 초월되어야 할 근현대성이 더 이상 서양적인 것만이 아니라 동아시아의 근현대성이라는 사실을 알아야"(딜릭, 2000: 111) 한다고 말하면서, 서유럽지향적 소외와 전통지향적 소외의 공모를 경계하고 있다.

6. 맺는 글

'동아시아 근현대'는 의론이 분분한 시공간이다. 이 기표는 통합을 겨냥하지 않고 소통을 기대하면서 잠정적으로 제기한 것이다. 이는 그동안 서양과 한국, 서양과 중국의 관계는 있었지만 한국과 중국의 소통 관계는 제대로 성립되지 않았음을 직시하자는 것이고, 한·중 양국, 나아가 일본까지 포함한 동(북)아시아 역내에서 상호 혼란을 초래하는 요소들 가운데 '모던'에 해당하는 한국의 '근대'와 중국의 '셴다이'를 상호 소통시켜보자는 의도에서 비롯되었다. 서유럽이 상상·발명되고 구성된 것이라면, 그것을 해체하고 서유럽에 대응하는 개념으로 동아시아를 설정하면서, '모던'에 해당하는 개념으로 '근현대 또는 진셴다이'를 사용해보자는 것이다.

'서유럽 모던'과 '동아시아 근현대'의 관계는 중심과 주변의 문제를 내포해왔고, 서유럽은 비유럽의 도움을 받아 모던 단계에 들어설 수 있었는데도 지속적으로 비유럽을 타자화했으며, 비유럽은 서유럽이 타자화한 내용을 내면화했다. 서유럽의 타자화가 비유럽의 내면화 단계를 거치면 서유럽의 오리엔탈리즘을 자기화함으로써 셀프오리엔탈리즘화에 이르게 된다. 중국 5세대 감독의 대표주자인 장이머우는 동방과 서방, 중국과 세계를 교묘하게 봉합함으로써 중국영화가 세계로 나아가는 창문을 연 것처럼 보이지만, 실제로는 시야를 가리는 거울이 되어 서양 남성 관객의 욕망의 시선에 영합한 동방의 여인을 그려냈다. 그것은 자신을 '내재적으로 유배'함으로써 가능한, '다시 상상되고 발명된 중국의 이미지(reimagined and reinvented image of China)'다. 이처럼 '서유럽 모던'과 '동아시아 근현대'의 관계는 단순히 번역의 문제에 그치는 것이 아니다.

제5장
동아시아 문학의 가능성
1920~1930년대 프로문학운동을 중심으로

1. 들어가는 글

근현대사에서 1917년의 10월혁명은 경제, 정치 분야에서뿐만 아니라 세계문화, 특히 세계문학의 발전에 새로운 계기를 열어놓은 사건이었다. 10월혁명은 인류에게 새로운 사회구성체로의 이행을 경험하게 했고, 이 때문에 세계 자본주의체제 내에는 위기가 고조되어갔다. 자본주의국가에서는 프롤레타리아 계급이 뚜렷한 세력을 형성해 계급 대립이 첨예화되면서 프롤레타리아 운동이 질적으로 고양되었고, 식민지·반식민지 국가들에서는 민족해방투쟁이 들불처럼 타올랐다. 10월혁명 이후 국제 프롤레타리아 혁명운동은 그 누구도 막을 수 없는 역사적 조류로 형성되었으며, 식민지·반식민지 국가에서 일어난 민족해방투쟁은 제국주의 식민지체제의 기초를 뒤흔들었다.[87] 10월혁명 이후 1920~1930년대에 세계는 새로운 사회구성체로 진입한 소련, 독점자본주의로 발전한 서유럽 국가, 아메리카, 일본, 그리고 (반)식민지로 전락한 아시아, 아프리카, 라틴 아메리카의 수많은 국가로 삼분할 수 있다. 이후 세계 자본주의체제는 점차 퇴조해, 일부 자본주의국가는 사회주의국가로 이행했고, 일부는 프롤레타리아 혁명운동과 민족해방투쟁을 강력하게 탄압하면서 파시즘 국가로 변모해 갔다.

이러한 세계사의 흐름에 맞춰 국제 프로문학운동[88]은 소련을 중심으로 고유의 '톱니바퀴와 나사'(레닌, 1998)의 역할을 자임하며 발전했다. 그러나 10월혁명 이후 소련의 프로문학운동은 전인미답의 길을 개척하는 데 뒤따르는 시행착오와 올바른 이론적 지도의 결여로 각 발전 단계마다 몇 가지 편향을 노정했고, 그러한 편향은 자연히 다른 나라의 문학운동에도 영향을 주었다.

1920년대 소련 문단에 나타난 대표적인 편향으로, ① 프롤레트쿨트의 경험주의적 문학관, ② 그룹 '시월'의 정치주의적 편향, ③ 트로츠키의 문화주의적 편향을 들 수 있다. 이러한 현상은 문학을 어느 사회 계급이나 집단의 심리 이데올로기의 표현이라고 보는 '(속류) 사회학주의적 문예학'의 결과인데, 이는 1920년대 말, 1930년대 초 마르크스-레닌주의 미학의 정립으로 극복된다. 한편 조직적 차원에서 그러한 편향을 극복하기 위한 노력은 「문학예술에 관한 당정책에 대하여」(1925. 7), 「문예조직의 재편에 대하여」(1932)로 나타나며, 특히 후자의 영향으로 기존 조직들이 해체되고 '소비에트 작가동맹'이 결성된다.[89] 아울러 새로운 사회구성체에 진입한 소련에서의 경험을 이행기의 국가에서 무비판적으로 도입할 때, 부정적인 측면은 말할 것도 없고 긍정적인 측면까지도 올바르게 전승되기는 어려운 일이었다. 다시 말해서 소련에서의 문학운동의 경험은 아직 새로운 사회구성체로의 이행이 완료되지 않은, 고도로 발전한 자본주의국가인 독일과 일본 등에서의 문학운동, 그리고 정상적인 자본주의적 발전 단계를 거치지 않은 조선과 중국 등에서의 그것과는 어느 정도 차별성을 보일 수밖에 없었다. 그러므로 1920~1930년대 국제 프로문학운동을 총체적으로 이해하기 위해서는 소련에서의 문학운동 및 소련이 주도한 국제 혁명작가연맹의 활동과 독일, 일본 등의 국가 및 조선, 중국 등에서의 문학운동에 대해 고찰해보고, 그 상호 관계를 종합적으로 분석해야 할 것이다.

2. 1920~1930년대 국제 프로문학운동의 보편적 흐름

자본주의사회의 내적 모순이 심화되면서 자연발생적으로 생겨난 프로문학은 차츰 목적의식성을 획득해가는데, 이때 중요한 점은 목적의식성, 즉 당파성의 과학적 근거다. 과학성에 기초하지 않은 목적의식적 이론은 문학운동에서 때로는 정치운동과 무관하다는 식의 문학주의적 우편향을 보이기도 하고, 때로는 정치운동에 종속시키는 정치주의적 좌편향을 노정하기도 한다. 1920~1930년대 국제 문학운동은 바로 문학운동과 정치운동의 올바른 관계를 정립해가는 과정, 다시 말해서 운동으로서의 문학이 무엇인지에 대해 규정해나가는 과정이었다고 할 수 있다.

문학에 정치적 임무가 주어졌을 때 양자의 변증법적 통일을 기하는 것은 실로 지난한 일이었음은 정치권력을 획득한 소련에서의 문학운동을 보아도 알 수 있다. 10월혁명 직후의 양극화 현상을 극복하면서 주도권을 확립한 프롤레트쿨트(Proletkult)[90]는 보그다노프의 경험일원론[91]에 근거한 생활조직문학론과 집단주의문학론으로 요약되는 경험주의적 경향을 띠었다. 이후 본격적인 문학 이념 논쟁이 진행되면서, 변증법적 유물론의 세계관에 철저한 프롤레타리아 전위의 일부로서 자신의 계급문화의 체계를 세우는 일에 매진한 그룹 '시월'은 정치권력에 의한 즉각적인 헤게모니 장악을 주장하는 등 정치주의적 편향(이강은, 1990: 127)을 노정했다. 이는 이데올로기 중심의 철저한 프로문학관이라 할 수 있는데, 전 민중과의 결합, 즉 민중성의 확립이라는 시대적 요구와는 거리가 먼 것이었다. 이것은 대략 라프(RAPP)가 해산되기 전까지 주요한 이론적 근거가 되었다. 이들은 대개 플레하노프(G. V. Plekhanov)의 이론에 근거해 '문학예술 작품을 특정 사회 계급이나 집단의 심리, 이데올로기의 표현'(이강은, 1990: 132)이라고 보는 사회학주의적 문학관 범주에 속하는 이론이었다. 사회학주의적 문학관은 1920년대 말 문학예술에 관한 마르크스와 엥겔스, 레닌의 이론이 소개·연구되면서부터 극복되기 시작해, 1934년 사회주의 리얼리즘 창작 방법이 확립되면서 새로운 단계로 진입하게 된다. 플레하노프적 단계에서 레닌적 단계로, 사회학주의적 문학론에서 과학적 문학론으로의 발전[92]은 이 시기의 가장 중요한 특징이라 할 수 있다.

1920~1930년대 국제 프로문학운동의 보편적 흐름을 도식화의 위험을 경계하며 단계별로 정리하면, 1단계 '프로문학의 대두', 2단계 '프로문학의 수립', 3단계 '사회주의 리얼리즘 창작 방법의 확립', 4단계 '통일전선문학의 수립'으로 나눌 수 있다. 이는 물론 10월혁명 이후 소련 문학운동의 발전 단계에 주로 근거한 것이지만, 당시 세계사의 흐름에 조응한 국제 프로문학운동은 새로운 사회구성체로 이행한 소련이 중심이 될 수밖에 없었고, 실제로 각국 문학운동의 초기 단계에는 소련을 추수하는 경향이

지배적이었다는 사실에 기인한다. 이를 중심으로 각국 문학운동의 흐름을 간략히 살펴보면 다음과 같다.

먼저 소련에서는 전시 공산주의 시대의 침체와 혼란 속에서 1918년 프롤레트쿨트가 창립되면서 프로문학을 강력하게 제기했다. 프롤레트쿨트는 문화 영역에서의 프롤레타리아 계급의 지배적 지위를 조직적으로 확보하려는 목적을 세우고 활동하다가, 1920년 최초의 프롤레타리아 작가단체인 '대장간(쿠즈니차)'이 결성되면서 주도권을 상실하게 된다.

프롤레트쿨트의 활동은 소련 문학운동의 1단계를 대표한다. 2단계는 라프의 결성이 표지가 되는데, 1단계에서 2단계로의 진전은 '시월' 그룹이 일으킨 문학정책 논쟁93)이 계기가 되며, 이 논쟁은 1925년 7월 당중앙위원회의「문학예술에 관한 당정책에 대하여」로써 일단락된다. 3단계로의 진입은 1934년 제1차 소비에트작가 전연방회의를 기점으로 하는데, 2단계에서 3단계로의 진전(進展)에는 예술미학적 범주와 철학적 범주를 동일시하는 라프가 주도한 정치지상주의적 경향이 나타난다. 이어 1935년 코민테른 제7차 대회에서 반파시즘 인민전선정책이 결성되면서 소련과 독일이 주도했던 국제 프로문학운동은 통일전선문학 수립 단계로 나아갔다.

유럽에서는 독일을 중심으로 프로문학운동이 전개되었다. 당시 독일은 소련과 함께 국제 프로문학운동을 이끌어가던 중심축이었다. 독일에서 "프롤레타리아트의 새로운 계급투쟁문학은 혁명적 프롤레타리아트의 투쟁과 불가분하게 결합함으로써 발전했다"(김경식 외, 1990: 109). 제1차 세계대전이 끝날 무렵, 사회주의 이데올로기에 기초해 '프롤레타리아 혁명문학'이 제기되었는데, 이는 1단계에 해당된다. 1단계의 활동은 프롤레트쿨트의 영향을 받았다. 1928년 10월 '도이치 프롤레타리아 혁명작가동맹

(BPRS: bund proletarisch-revolutionärer Schriftsteller)'의 결성은 2단계로의 진입을 나타낸다. "BPRS의 성립은 계급독자적인 사회주의문학의 형성 과정에서 중요한 일보 진전이었으며 최초의 정점이기도 했다."94) 2단계에서 3단계로의 진입 과정에 대중문학론이 제기되었고, 하리코프 회의의 영향 아래 방법 문제에 대한 관심을 불러일으킴으로써 "이전까지의 실천주의적·과제중심적 경향을 어느 정도 탈피"(김경식 외, 1990: 113)했다. 3단계와 4단계는 소련과 맥을 같이하고 있다.

일본, 조선, 중국에서 일어난 문학운동의 발전도 2단계까지는 거의 비슷한 내용으로 전개되었다. 먼저 일본의 경우 초기 민중예술론자들을 통해 프로문학이 대두되었고, 이후 목적의식 논쟁95)을 거쳐 프로문학 이념이 수립된다. 그 결과 나프(NAPP)가 조직되고 나프의 조직을 전후해 문예대중화 논쟁96)이 일어난다. 조선의 경우, 1919년 3.1운동 이후 신경향파를 통해 프로문학이 대두되고, 1925년 카프(KAPP)가 결성되면서 방향전환 논쟁97)이 일어난다. 이를 거쳐 프로문학이 수립되며, 방향전환 논쟁의 결과를 토대로 재조직을 단행하고, 이후 문예대중화 논쟁98)으로 이어진다. 중국의 경우에도 초기 공산주의자들을 통해 프로문학이 대두되고, 1927년 대혁명 실패 이후 혁명문학 논쟁99)을 통해 프로문학의 이념이 확립되며, 그 결과 좌익작가연맹(좌련)이 결성된다. 좌익작가연맹 결성 이후 바로 문예대중화 논쟁100)이 본격적으로 전개된다. 요약하면 1의 1단계에 해당하는 것이 일본의 민중예술론, 조선의 신경향파문학, 중국의 초기 공산주의문학론이고, 2단계에 해당하는 것이 나프, 카프, 좌련이라고 할 수 있는데, 1단계에서 2단계로의 과정에 각각 방향전환 논쟁, 목적의식 논쟁, 혁명문학 논쟁이 자리하고 있음을 알 수 있다. 그리고 프로문학 수립의 표현으로서 문학운동 조직이 결성되고, 조직 결성 이후 문예대중화 논쟁으로 이어진다.

문예대중화 논쟁을 거쳐 사회주의 리얼리즘 창작 방법이 확립되지만, 각 사회의 특수성 때문에 각국 문학운동은 각각 다른 양상을 띠게 된다. 독점자본주의 사회인 일본은 군국주의세력의 탄압으로 정치운동 조직 및 문학운동 조직이 철저히 파괴됨으로써 사회주의 리얼리즘 창작 방법은 수용 단계에서 찬반 논쟁을 벌이다가 중단되고 만다. 식민지 사회인 조선에서는 일본 제국주의의 탄압으로 정치 조직은 일찌감치 해산되었고, 카프도 1935년 강제 해산됨으로써, 사회주의 리얼리즘 창작 방법에 대한 논의는 일본과 마찬가지의 결과를 빚는다. 이렇게 일본과 조선이 비슷한 흐름을 보이는 것은 당시 조선이 다른 나라와 접촉이 거의 단절된 채 새로운 이론과 경험의 반입을 주로 일본에 의존했기 때문이었고, 조선과 일본의 프로문학 발전을 가로막았던 가장 주요한 세력은 일본 제국주의였기 때문이었다. 나프와 카프의 해산은 일본 제국주의 세력의 강력한 파쇼화와 시기를 같이한다. 그러나 반식민지 사회인 중국은 대중화 논쟁을 통해 국제 프로문학운동의 보편적 흐름을 민족적 특수성과 결합하기 시작한 데다가 정치운동의 끊임없는 지도(특히 마오쩌둥의 대중노선)를 받으면서 '대중어 논쟁',[101] '민족형식 논쟁'으로 이어지며, 사회주의 리얼리즘 창작 방법 수용에 대한 토론을 경과하지 않은 채 광범위한 인민이 참여한 통일전선문학으로 나아가는 것이다. 결국 "문예대중화의 문제가 실제에 있어서 변혁 과제의 최종적 달성을 통해 목표에 이르렀던 것은 세 경우 가운데 중국의 경우만이 해당되었다"(유중하, 1990: 276).

이상에서 국제 프로문학운동의 보편적 흐름과 그것이 각국에서 구체적으로 전개되는 과정을 대략적으로 요약해보았다. 이러한 보편성과 특수성의 관계는 각국의 사회 성격, 이것에 기초해 성립된 상부구조의 성격, 상부구조에 속하는 문학예술의 조직화 정도를 실증적이고 총체적으로 분석할 때 더욱 명확해질 것이다.

3. 각국의 상호 영향 관계

이상과 더불어 각국 간의 영향 관계 역시 분석틀의 중요한 축을 형성함은 당연하다. 1920~1930년대 국제 프로문학운동의 영향 관계를 살펴보면 아래와 같다.

우선 유럽과 소련의 관계를 보면 19세기까지 서유럽 시민혁명의 문학인 비판적 리얼리즘문학이 러시아에서 개화했고, 1930년대 루카치[102] 등의 이론 활동이 소련문학에 커다란 영향을 주었던 것을 들 수 있다. 또한 소련 작가가 중심이었던 국제 혁명문학사무국〔IBRL, 후에 국제 혁명작가연맹(IVRS)으로 개칭〕의 독일 지부로 '독일 프롤레타리아 혁명작가동맹(BPRS)'이 결성되었고, 유물변증법적 창작 방법 및 사회주의 리얼리즘 창작 방법이 역수출되었다.

소련의 영향으로 일본에서는 구라하라 고레히토(藏原惟人, 1923~1926, 러시아 유학)가 부품 조립물로서의 프롤레타리아 리얼리즘론[103]을 확립했고, 유물변증법적 창작 방법이 수용되었으며, 사회주의 리얼리즘 도입을 둘러싸고 수용 찬반 논쟁이 일어났다. 한편 코민테른의 일본테제[104]는 문예대중화 논쟁의 직접적 계기가 되었다.

소련은 중국에도 커다란 영향을 주었다. 대표적인 예로 1920년대 초반 취추바이(瞿秋白, 특파원), 장광츠(蔣光慈, 유학)가 소련을 방문했고, 취추바이를 통해 고리키의 리얼리즘론이 도입되었으며, 저우양(周揚)이 사회주의 리얼리즘을 소개105)한 것을 들 수 있다.

조선은 식민지라는 제약으로 다른 국가와의 직접적 교류가 거의 없이 일본의 필터를 거쳐 새로운 이론을 받아들였다. 임화, 이북만, 조중곤 등 제3전선파가 카프 내 주도권을 잡았고(볼세비키화), 김기진의 변증법적 리얼리즘론,106) 한설야의 사실주의 비판107) 등이 일본의 영향하에 행해졌으며, 유물변증법적 창작 방법이 도입되었고, 사회주의 리얼리즘 수용 찬반 논쟁이 있었다.

일본은 제3기 창조사 동인들을 통해 중국에 영향을 주었다. 이들이 유학 후 귀국해 혁명문학 논쟁을 제기했고, 루쉰 등이 일본 및 일본어로 번역된 마르크스주의적 문예이론을 중역(重譯) 소개108)했으며, 1929년을 전후해서는 구라하라 고레히토의 프롤레타리아 리얼리즘론이 린보슈(林伯修) 등을 통해 번역·소개109)되었다.

당시 조선과 중국 사이에는 창작물의 조직적인 교류나 이론상의 영향 관계는 현재까지 발견되지 않는다. 다만 좌련 외곽 간행물이나 기타 단행본을 통해 우리의 작품이 극소수 소개되는 정도였다.110)

4. 동아시아 프로문학운동의 특수성과 보편성

문예대중화는 본질적으로 누구를 위한 문학을 창작할 것인지의 방향

문제부터 작품의 수준을 규정하는 보급과 제고의 문제, 궁극적으로는 창작 방법 및 조직 문제로 귀결된다. 이러한 문제는 민중성(또는 민중연대성)과 당파성의 관계, 즉 민중의 진정한 이해를 대변하고 휴머니즘적·민주주의적 지향성을 민중이 쉽게 이해할 수 있는 민중의 언어로 표현하는 민중성(또는 민중연대성)의 원리를 프로문학의 원리인 당파성과 결합하는 문제에 기초한다. 문예대중화는 바로 미학의 중심 범주인 민중성과 당파성을 결합하는 조직적 운동의 형태라고 할 수 있다.

국제 프로문학운동에서 문예대중화는 프로문학이라는 이념형이 수립된 후, 문학예술 작품을 어느 사회 계급이나 집단의 심리 이데올로기의 표현이라고 간주하는 속류 사회학주의적 문학관에 기초해 문학을 선전선동의 도구로 인식하던 단계에서 문학의 고유한 특수성을 인정하면서 문학과 정치의 올바른 관계를 수립하려는 단계로 발전되는 과정에서 제기되었다. 모든 이론이 그렇지만 문예대중화에서는 특히 실천과의 연계가 강조되게 마련이다. 올바른 노선에 기초해 대중을 끌어들이기 위한 장단기 전략 전술이 마련되지 않을 때 대중화란 공염불에 지나지 않게 되기 때문이다. 그렇기 때문에 문예대중화라는 보편적인 규정성은 각국의 객관적 특수성과 결합해 발전 방향을 달리할 수밖에 없다. 이 글에서 주요하게 살펴본 동아시아 세 나라의 경우에도 대중화 이전 단계까지는 어느 정도 비슷한 흐름을 보이다가 대중화 이후 확연히 구별되는 양상을 띠는 것도 이러한 이유 때문이다. 한 가지 부언할 것은 이른바 '해방구'에서의 문예대중화 실천에 관한 일차 자료의 규모가 방대해 대상에서 제외시키고 논쟁을 중심으로 살펴볼 수밖에 없었다는 점이다. 이 때문에 진정한 의미에서는 문예대중화론의 반쪽밖에 고찰하지 못했다고 할 수 있다.

일본과 조선에서는 대중화 논쟁 이후 사회주의 현실주의 수용 찬반 논의 도중 운동의 단절이라는 결과가 초래되는데, 이는 일본 제국주의의 무력 탄압이라는 외적 조건 탓도 컸지만, 보편성과 특수성을 통일시키지 못한―국제 문학운동의 성과를 비판적으로 수용하지 못해 국제추수주의적일 수밖에 없었던―내적 역량의 한계에도 기인한다.

일본의 문예대중화 논쟁은 나카노 시게하루(中野重治)와 구라하라 고레히토를 주축으로 진행되었고, 그 초점은 정치운동과 문학운동의 관계에 맞춰져 있었다. 먼저 나카노 시게하루가 문예운동의 고유한 특수성을 인정하면서 정치운동에 복무하는 것으로 인식해 양자의 과제를 통일적으로 이해함으로써, 최고의 프로예술을 제작해 그것을 일상적으로 민중에게 보급해야 함을 주장한 반면, 구라하라 고레히토는 문예운동을 넓은 의미의 정치운동에 포함시킴으로써, 예술운동 속에서 정치적 과제와 예술적 과제를 분리해 '직접적 선전 선동을 위한 예술운동'과 '프로예술 확립을 위한 예술운동'으로 이분했다.

조선에서는 김기진을 한 축으로 하고 임화 등의 제3전선파를 다른 축으로 하여 논쟁이 전개되었다. 김기진이 비교적 체계적인 문예대중화론을 전개했지만, 그의 이론은 부문운동으로서의 문학운동에 대한 총체적 인식이 결여되어 임화 등에게 집중 포화를 받는다. 반면 임화 등은 정치와 문학의 관계를 무매개적으로 이해하는 단선적인 논리로 김기진을 비판하면서 볼셰비키 대중화론으로 치닫게 된다.

한편 중국은 국제 프로문학운동의 보편적 흐름을 추수하던 단계에서 대중화 논쟁을 계기로 중국 사회의 특수한 조건과 결합시키기 시작해, 이후 '대중어 논쟁'과 '민족형식 논쟁'을 거친 데다가 '해방구'의 대중화 실천과 결합함으로써, 변혁운동에의 복무라는 임무를 성공적으로 수행한다. 앞에서도 살펴보았듯이 논쟁 과정에서 이렇다 할 쟁점이 형성되지 않은 것은 특이한 현상이었다. 따라서 이 글에서는 당시 개진된 견해를 범주별로 나누어 정리해보았다. 먼저 문학과 대중의 관계에서 당시 논자들은 대중을 초기에 프롤레타리아 대중, 노동자 농민 대중으로 협소하게 이해한 데서 나아가 선진 노동자부터 소시민까지로 넓혔음을 알 수 있었고, 아울러 문학으로 대중을 계몽·교육한다는 대중교화론적 자세에서 벗어나 대중에게 필요한 검은 빵으로서의 문학의 역할을 인식해 나갔음을 확인할 수 있었다. 문학운동과 정치운동의 관계에 대한 이해는 초기의 무조건적인 통합에서 문학운동의 정치운동에의 복무로 나아가고 있다. 이는 이전 단계의 예술의 전문화와 상품화, 소외, 개인주의적 경향으로 발생한 민중 및 사회와의 괴리에 대한 비판으로 제기된 것이다. 즉, 기존의 순예술적 문학관을 부정하고 새로이 변화·발전하는 역사에 조응한 새로운 문학관의 확립을 요구한 것으로 이해할 수 있다.

그러나 새로운 문학관이 과거 문학관의 합리적 핵심을 계승한 기초 위에서 성립된다는 사실을 간과한 채 과거 문학관을 전면 부정한다면, 이는 또 다른 편향이 될 것이다. 이 시기의 논의에서 제기된 선동문학론이 바로 그러한 예라고 할 수 있겠다. 그러나 과거 문학관의 영향에서 벗어나지 못한 문학지상주의적 편향과 과거의 것을 전면 부정한 새로운 문학관의 창출로 말미암은 또 다른 편향을 경계하는 동시에, 전통을 비판적으로 계승하면서 새로운 것을 창출한다는 전제하에서 선동문학론의 상대적 강조는 충분히 긍정되어야 할 것이다.

한편 운동으로서의 문학에 부여된 과제를 수행하기 위한 작품의 평가

기준은 어떠해야 하는지에 대한 모색으로, 양한성은 예술적 가치와 정치적 가치의 통일을 주장했다. 그는 당시 국제적 권위와 일본 내 문예계의 지도적 지위를 한 몸에 지니고 있던 구라하라 고레히토의 견해를 문학지상주의적 편향과 선동론적 편향을 '절충한 견해'로 규정하고, 이에 대한 비판을 통해 자신의 견해를 개진했다. 이 부분은 오늘날까지도 명쾌히 해결되지 못하고 있는 실정이므로, 이글에서는 좀 더 구체적인 논의를 진전시키기 위해 일본 문예대중화 논쟁의 경과와 쟁점을 살펴봄으로써 양한성의 비판의 타당함을 검증해보았다. 그 결과 구라하라 고레히토의 견해, 즉 '프롤레타리아예술 확립을 위한 예술운동'과 '대중의 직접적 선전 선동을 위한 예술운동'으로 나누고 그중 전자를 중시하며 후자를 홀시한 견해는 근본적으로 예술운동을 정치운동에 포함시킨 것에 기인하고 있음을 알 수 있었다.

그러므로 이에 대한 양한성의 비판은 기본적으로 타당하다고 할 수 있다. 언어 문제와 형식 문제는 문예대중화론의 중국적 특수성의 표현이었다. 먼저 언어 문제에 대해 취추바이를 중심으로 많은 논자들이 문언문(文言文)은 말할 것도 없고, 5·4식 백화, 장회체(章回體) 구어, 유럽식 백화를 비판하면서, 살아 있는 민중의 언어에 대해 탐색했다. 특히 취추바이는 언어 대중화 문제에 심혈을 기울여 라틴화 방안을 창안하기도 했다. 그리고 마오둔(茅盾)은 형상화의 문제를 제기함으로써 취추바이의 견해를 보완했다. 한편 형식 문제의 초점은 구형식과 신형식의 문제였다. 논자 중에는 간혹 어느 한쪽을 극단적으로 강조하기도 했지만, 대개는 '새 술은 새 부대에'라는 인식을 전제하고 구형식을 일시적·과도적으로 사용하는 데 공감했다. 특히 양한성의 경우, 형식의 문제를 내용의 문제와 결부해 조직적 차원의 고민으로까지 나아가, 문화 수준이 비교적 높은 독자를 위한 작품과, 문화 수준이 비교적 낮거나 문화권 밖으로 축출된 대중을 위한 작품으로 나누어 제작할 것도 주장했다.

조직 문제에 대해서는 주로 지식인 작가의 개조 문제와 노농통신원운동 등의 기층 민중의 조직 방식이 연계되어 논의되었다. 취추바이는 소련에서 행했던 실천에 기초해 중국에서 가능한 여러 가지 방법, 즉 가두문학운동, 자아비판운동 등을 제시했고, 양한성도 통신원운동을 비롯해 공여연구회(工餘硏究會), 독서회, 신문 강독반, 극단운동, 대중 가창대, 설서대(說書隊) 같은 조직과 공작벽보, 가두설서, 시가합창, 대중연극, 보고문학 및 벽소설 등의 문예활동의 연계를 주장했다.

한편 조직 문제와 더불어 문예대중화론의 핵심인 창작 방법 문제는 당시 논의가 활발하게 이루어지지 않았다. 그 외적 요인으로는 당시 혁명 정세의 긴박함을 들 수 있지만, 문학 내적 원인으로는 이론적 수준의 일천함을 들 수 있다. 소련의 경우 1932년 제기되어 1934년 제1차 소비에트 작가총회에서 사회주의 현실주의 창작 방법이 예술의 기본 '방법'으로 확정된 이후, 1933~1934년의 세계관과 창작 방법 논쟁, 1950년대 가치론 논쟁을 거쳐, 페레스트로이카 이후에는 사회주의 현실주의에 대한 찬반 논쟁이 계속되고 있다. 이처럼 지난한 문제에 대해 당시 논자들이 섣불리 접근하지 않은 것은 당면 과제 해결에 역량을 집중할 수 있었다는 점에서는 긍정적이었지만, 이 때문에 발생한 이론 축적의 부실함은 결국 해방 이후 오늘날까지도 대중화가 낮은 수준에 머물고 있는 요인이라 할 수 있겠다.

5. 맺는 글

　사회주의 실험이 실패를 고한 21세기 전 지구적 자본주의 시대에 프로문학운동을 고찰하는 것은 어떤 의미를 가질 수 있을까? 사회주의를 지향했던 시기의 문학운동이었으므로 사회주의 실험이 실패했으니 프로문학도 존재 가치를 상실했다고 할 수 있을까? 토대와 상부구조, 사회 계급과 계급투쟁, 역사의 진보 등을 주장하는 마르크스주의의 근본주의적 성격에 기초해 문학예술 작품을 어느 사회 계급이나 집단의 심리 이데올로기의 표현이라고 보는 사회학주의적 문학관이 형성되었고, 문학예술 작품을 혁명의 도구로 삼는 선전선동론이 제기되었다는 것은 모두 아는 사실이다. 그럼에도 불구하고 그러는 동안 대중에게 필요한 '검은 빵'을 보급해야 한다는 숭고한 대의명분이 존재했다는 점도 인정해야 한다. 그리고 정치운동에 대한 문학운동의 복무는 문학의 전문화와 상품화, 그리고 대중의 소외에 대한 비판인 동시에 이전 단계의 순수예술적 문학관을 부정하고 그 대안을 제시한 것으로 읽을 수 있다.
　국제 프로문학운동에서 문예대중화는 대중문화의 시대에 특별한 의미를 지닌다. 그것은 프로문학이 수립된 뒤 사회학주의적 문학관과 선전선동론의 단계를 벗어나 문학의 고유한 특수성을 인정하고 문학과 정치의 올바른 관계를 수립하는 과정에서 제기되었다. 이러한 문제는 민중성과 당파성의 관계, 즉 '민중의 진정한 이해를 대변하고 휴머니즘적·민주주의적 지향성을 민중이 쉽게 이해할 수 있는 민중의 언어로 표현'하는 민중성의 원리를 프로문학의 원리인 당파성과 결합시키는 문제에 기초한다. 특히 문학예술에서 소외되어온 대중에게 문학예술을 되돌려주어야 한다는 문예대중화의 합리적 핵심은 오늘날 대중문화의 시대에 구현된 것으로 보인다. 그러나 취향으로 인한 구별 짓기(distinction)와 담론 권력의 문제는 여전히 미해결의 과제로 남아 있다.

 1920~1930년대 프로문학운동은 이 글의 주제인 동아시아문학의 가능성을 고찰할 수 있는 훌륭한 지점이다. 민족어로 구성되는 탓에 문학이 국민국가라는 경계를 넘어서기가 어려운 것은 주지하는 바다. 프로문학운동은 소련-일본-조선-중국으로 연결된 선상에서 국민국가의 경계를 뛰어넘어 비슷한 시기에 동일한 과제를 두고 고민하고 실천했다는 점에서 고유한 의미를 지닌다. 서로 영향을 주고받는 쌍방향 또는 다방향이 아니라 단방향적이기는 했지만, 강고한 지역 연대(regional solidarity)를 구축한 것에도 의미를 부여해야 한다. 정치에 복무(服務)하는 수준에 머물지 않고 정치에 영향을 주는 활동이 되기 위해서는 문화 차원의 지역 연대가 필수적이다. 여기에 1920~1930년대 프로문학운동은 훌륭한 참조체계가 될 수 있다.

제6장
동아시아문학론의 비판적 검토

1. 동아시아(담)론과 동아시아 문학

≪창작과 비평≫ 1993년 봄호에 '세계 속의 동아시아, 새로운 연대의 모색'이라는 제하로 대담과 5편의 글[111]이 발표된 이래 우리 사회에서는 이른바 '동아시아(담)론'이 유행하게 되었다. 그 대두 배경[112]과 의의[113] 및 문제점에 대해서는 여러 논자가 평했으므로 이 글에서 다시 거론할 필요는 없을 듯하다. 그중 동아시아(담)론의 차원을 세 가지, 즉 세 나라가 정치·경제적으로 공동체나 지역적 실체를 만들어야 하는 역사적 필연성과 당위성을 주장하는 '사회과학적 언술', 서유럽의 지식과 논리의 틀 및 언어와 이념에 대한 근본적인 질문을 제기하고 서유럽 담론에 묻혀 상실됐던 동양의 것을 다시 찾으려는 운동인 '인문학적 논의', 동아시아의 문화적 실체와 본질의 규명에 관한 담론인 '문화 논의'로 분류한 견해는 경청할 만하다(김광억, 1999: 162).

그러나 동아시아라는 지역이 하나의 분석 단위로 성립할 수 있을지는 미지수다. '한자(또는 한문)문화권', '유교문화권(또는 불교문화권, 도교문화권)', '중화문화권', '유교자본주의',114) '동아시아학(East-Asian Studies)' 등의 명명(命名)이 시도되었고 통념적으로 사용되기는 하지만, 송(宋)나라 이후부터 엄격한 쇄국정책을 실시해 접촉의 기회가 적었고, 일상생활 방식이 다르며, 공통어의 결여 탓에 표면적인 통합 이상으로 상호 단절되어왔다는 지적(고병익, 1993: 276~280)은 우리의 상념(常念)을 깨뜨리기에 족하다. 그렇다면 우리 사회에 일고 있는 동아시아 붐은 정녕 '상상의 공동체(imagined 또는 imaginary community)'115)에 대한 환상이란 말인가?

이 글은 이 질문에 대해 답변할 준비가 되어 있지는 않다. 단지 '상상의 공동체'라 할지라도 그 속에서 같거나 유사한 지점을 찾을 수 있을 것으로 기대하고 있다. 서로 다름을 전제하면서도 같은 지점을 찾아내고, 같음 속에서 다름을 구별해내는 과정에서 '상상의 공동체'가 '현실의 공동체'로 전화할 수도 있기 때문이다.

중국의 근현대문학 연구자들에게서 아시아 또는 동아시아의 문학이라는 문제의식은 찾아보기 어렵다. 그뿐만 아니라 "한·중·일 세 나라의 경제적 발전의 동인을 각각의 문화적 특성에서 찾으며, 동아시아 공동체로의 가능성을 문화적 동질성이나 공통성에서 찾아낼 수 있다는 신념이 한국문화 제일주의나 동아시아 문화의 특수성이라는 이름으로 표명되고 있다"(김광억, 1999: 168)는 점에서 문화결정론적인 입장이 강하게 작용하고 있다는 사실도 간과할 수 없다.

한·중·일 세 나라가 비록 자연·지리적으로나 역사적으로는 근접해 있을지 몰라도, 근현대 특히 20세기의 인문·사회적 지리는 쉽게 메울 수 없는 현격한 차이를 노정하고 있는 것도 부인할 수 없는 현실이다. 역사적으로 한자문화권 또는 유교문화권이라는 공통된 기반이 있었다고 하더라도 근현대화 과정에서 어떻게 변질되었는지, 현재 각 사회를 지배하고 있는 주류 이데올로기는 무엇인지 등등이 해명되어야 할 과제로 남아 있다. 바꿔 말하면 한·중·일 3국이 전통의 어떤 부분을 계승하고 외래의 어떤 부분을 수용했는지에 주목해야 하며, 그것이 각기 다른 지역 조건과 현실 요구 속에서 어떻게 변용되고 작용했는지 그 미세한 결을 규명해야만 한다(임춘성, 2000b: 40).

이 글은 "'동아시아=동북아시아'는 잘못된 등식'"이라는 견해에 전적으로 동의한다. 다만 최원식의 협의의 동아시아(한·중·일)라는 개념을 과도적으로 수용해 사용하기로 한다. 다시 말해 이 글에서 동아시아는 한국·중국·일본의 세 나라로 잠정하되, 궁극적으로는 동남아시아 각국을 포섭해 내야 명실상부한 동아시아가 될 수 있다고 본다. 이처럼 통념(通念)에는 강한 현실 규정력이 있는 것이다. 이 글에서 주요하게 논구하려는 동아시아문학론은 동아시아(담)론의 인문학적 논의다.[116] 여기에서는 동아시아(담)론의 사회과학적 맥락과 문화론적 맥락을 염두에 두고 동아시아문학론의 제기와 몇 가지 양상을 비판적으로 검토해보면서 그 가능성을 시탐하고자 한다.

2. 동아시아 문학 개념의 제기

우리 사회에 '동아시아 문학'이라는 개념이 본격적으로 제기된 것은 아마도 1985년까지 거슬러 올라갈 수 있을 것이다. 임형택과 최원식이

엮은 『전환기의 동아시아문학』은 한국·중국·일본 3국이 "공통의 문화 전통을 지니고 유사한 역사 환경에서 각기 반봉건적·민족적·대중적인 근대문학을 추구하게" 되었으므로 이 "3국의 문학사의 근대적 변혁은 마땅히 동아시아 역사의 전체적 전망에서 고찰해야 할 것"(임형택·최원식, 1993: 3)이라는 문제의식에서 기획되었다. 비록 "이 책에 대한 반응은 유감스럽게도 미미"(임형택 외, 1993: 3, 임형택의 말)했지만, 그 의의는 공감을 불러일으키기에 충분하다. 이는 "분단체제의 현장인 한반도의 대립 극복은 내적 과제의 해결과 함께 동아시아 지역에 대한 주체적 인식과 유기적 이해가 결합될 때 성취될 수 있다는 이해에 바탕"(임춘성, 1995: 27)을 두고 있는 것으로 보인다.

이 책은 구성에서도 알 수 있듯이 평면 조립의 형식을 취하고 있다. 제1부에서 한국문학의 근대적 전환의 전기(燕巖, 『춘향전』, 金笠)를, 제2부에서는 애국계몽기에서 일제저항기로 접어드는 시대(신소설, 전기문학, 「아리랑」)를 다루었다. 제3부에서는 중국문학 분야에서 대중소설, 『홍루몽』, 량치차오(梁啓超), 루쉰을, 제4부에서는 일본문학 분야에서 에도(江戶)문학, 정치소설, 자연주의를 다루었다. 편자가 언급한 것처럼 "동아시아 근대사의 전체적 전망에서 각국의 문학을 유기적으로 고찰해보려는 편집 의도가 충분히 구현되지 못한 점"(임형택·최원식, 1985: 5)이 당연히 지적되어야 하며, 중국문학 전공자의 입장에서 볼 때 선별의 임의적 경향이 눈에 띠기도 한다. 그러나 한창 민족문학론 또는 민중문학론이 운위되던 1980년대 초반에 민족문학과 세계문학의 특수 고리로서의 '동아시아 문학' 개념을 제기한 것만으로도 남상(濫觴)적 의의가 있다.

이러한 문제제기가 본격적으로 수용되기까지 거의 10년이 걸렸다. 1993

년 민족문학사연구소가 주최한 좌담 '한국문학연구와 동아시아 문학'은 중국문학과 일본문학이 국문학계의 레이더에 본격적으로 포착되었음을 보여준다. 이 좌담을 관통하는 문제의식은 '동아시아적 시각'의 확립이라고 할 수 있다. 그것은 한국문학을 새로운 지평에서 바라보는 것인 동시에 서유럽문학 중심의 세계문학사에 대한 반성이기도 하다.

그러기에 실증주의의 이름을 빌린 '제국주의적 타율성론'과 통하는 비교문학적 관점과 '문화 제국주의적 발상'(임형택 외, 1993: 12)을 극복해야 한다는 의지를 강하게 드러내고 있다. 그리고 동아시아 문학 개념 성립의 전제로 두 가지 사실을 들었다. ① 근대 이전의 동아시아에서는, 한자문화권으로서 통일적인 생활양식과 사고에 기반을 두고 각 민족국가의 문학이 전개되었다는 사실, ② 근대로의 이행 과정에서 보인 서로 간의 공통점·유사점이 그것이다. 여기서 ①의 문제가 앞에서 말한 것처럼 '상상의 공동체' 성격이 강하므로 논외로 치면, 중요한 것은 ②다.

이 좌담은 이상의 인식을 전제로 한·중·일 3국 문학에 대해 역사적이고 구체적인 비교 고찰을 진행했다. 한자·유교 문화권과 제3세계적인 역사 경험이라는 공통점이 있고 학적 경쟁의 시대로 들어섰는데도, 한국이 이 지역에서 주도적 역할을 행사한 적이 없어 형성된 '영향에 대한 결벽증'을 극복하며, 대일 회고론적 우월론과 같은 '소중화(小中華)의식'을 극복하되, 지역 패권주의에 동아시아 문학 개념이 이용될 소지를 경계해야 한다고 했다. 그리고 3국 문학사의 흐름에서 같은 것과 다른 것의 지점을 타진해보고 있다. 이를테면 3국의 프로문학은 그 대표적인 예가 될 것이고, 『홍루몽』의 동아시아문학사적 의미라든지, 근대로의 전환기문학 등이 또 다른 예가 될 것이다. 한편 양국만을 거론한 경우도 있다. 벽초와 루쉰이라든지,

중국의 시계혁명과 한국의 동국시계혁명 등이 그것이다.

그동안 자국의 당면 과제에만 몰두했던 한·중·일 3국의 문학 연구가 이제는 상대방의 연구 성과를 예의 주시하면서 진행되어야 한다는 사실을 연구 체험을 통해 자각했다는 사실만으로도 의미 있는 일이며, 나아가 3국의 프로문학 및 동아시아 소설의 독자적인 이론체계의 가능성 발견과 해외 교포문학에 대한 관심 제고 등은 구체적인 성과라 할 수 있겠다. "일국적 시야를 넘어서 비교의 관점을 제대로 갖기란 실로 지난한 일"(임형택 외, 1993: 16)이므로, 그것을 혼자서 해낼 수 있다고 여기는 자기도취적 논리를 경계하면서 3국 문학 전공자들의 연대와 협동의 필요성을 제창한 것도 중요한 덕목이다.

그렇지만 한두 가지 아쉬운 점은 남는다. 먼저 좌담에서 대상으로 설정한 3국은 북한과 타이완까지 포함해 '3국 5지역'으로 봐야 할 것이다. 중국문학 연구자의 입장에서 본다면 남한문학과의 동보성이라는 측면에서 타이완의 근현대문학은 우리에게 상당히 유용한 거울이라 할 수 있다.[117] 한편 "우리나라 마르크시즘에는 중국과 마찬가지로 강한 민족적인 성격이 있습니다"라는 진단에 대해서는 공감할 수 있지만, "우리의 프로문학을 보면 마르크시즘도 중국과 일본의 두 가지 통로를 통해 들어왔다"(임형택 외, 1993: 35)라는 역사적인 평가에는 동의하기 어렵다. 프로문학운동이 고조되었던 1920~1930년대에 중국과 조선 사이의 직접적인 영향 수수 관계는 거의 찾아보기 어려운 것으로 보인다(林春城, 1996: 81~82).

좌담에서도 언급되었지만 3국 프로문학은 동아시아 문학의 가능성을 점검할 수 있는 좋은 지점이다. 필자 또한 1920~1930년대 한·중·일 프로문학운동에 관심을 두고 검토한 바 있다. 그 결과, 3국 프로문학운동의 생성과 발전은 당시 소련이 중심이 되었던 국제 프로문학운동의 보편적 흐름, 즉 ① 프로문학의 대두, ② 프로문학의 수립, ③ 사회주의 리얼리즘 창작 방법의 확립, ④ 통일전선문학의 수립이라는 네 단계의 강력한 영향을 받아 진행되었다는 점을 알 수 있었다. 특히 ①과 ②의 단계까지는 거의 비슷한 내용으로 진행되어 각각 카프, 좌익작가연맹, 나프 등이 결성되고 문예대중화 논쟁이 벌어진다. 그러나 ③의 단계에서, 당시 한국과 일본은 사회주의 리얼리즘 수용 단계에서 찬반 논의를 벌이다가 일본 제국주의에 카프와 나프가 강제 해산되지만, 중국은 국제 프로문학운동의 흐름을 민족적 특수성과 결합해 '대중어 논쟁', '민족형식 논쟁' 등을 거쳐 광범한 통일전선문학으로 나아간다(林春城, 1996: 78~80).

3. 동아시아문학론의 몇 가지 양상

1) 동아시아문학사론

조동일의 근현대 동아시아문학사론의 핵심은 '중세에서 근대로의 이행기문학'(이하 '이행기문학')이라 할 수 있다. 그는 이 개념을 고리로 삼아 새로운 문학 담당층으로 시민(市民)[118]을 설정해 기존의 귀족 및 민중과 함께 이행기문학의 담당층으로 제시했다. 아울러 이행기문학의 갈래를 '한문학', '국문문학', '구비문학'으로 나누고 '귀족의 한문학, 귀족의 국문문학, 시(정)민의 한문학, 시(정)민의 국문문학, 시(정)민의 구비문학, 민중의 국문문학, 민중의 구비문학' 등 일곱 가지 문학 갈래(조동일, 1993a: 408~409)를 근현대 동아시아 문학의 기본 구도로 삼고 있다. 여기에서는 그의 '이행기문학' 개념에 관해 검토해볼 것이다. 그는 이행기문학 개념 설정의 포석과 작전을 이렇게 언명하고 있다.

> '중세에서 근대로의 이행기문학'은 한국문학 연구에서 얻은 근거를 동아시아 문학 또는 제3세계 여러 곳의 문학으로 확장해 적용하고 검증한 다음, 서양문학까지 포함한 세계문학사를 다시 서술하는 데 쓰자는 기본 포석이다. 세계문학사 이해의 서양중심주의를 극복하고, 사회경제사에서 시작한 문학사까지 해명하는 작업의 난관을 타개하기 위해서 문학사에서 사회사로 가는 방향을 개척하는 데도 크게 도움이 되는 작전을 세운 것이다(조동일, 1993a: 407).

그의 포석과 작전이 얼마나 설득력을 얻을 수 있을지는 미지수다. 하지만 그의 이런 문제의식은 결코 하루아침에 이루어진 것은 아니다. 그는 비슷한 시기의 다른 글에서는 이행기문학을 다시 1기와 2기로 나누기도 했다.

> 제3세계에서는 스스로 이룩한 중세에서 근대로의 이행기문학 제1기 다음, 서양의 충격을 받아 이행기문학 제1기와는 이질적인 제2기를 겪은 뒤 근대문학에 이르렀다. 그래서 식민지적 근대문학을 청산하고 민족적 근대문학을 이룩해야 하는 과제가 일제히 제기되었다(조동일, 1993b: 25).

이것은 『한국문학통사』의 시기 구분을 스스로 요약한 것으로, '자생적인 이행 1기 → 외발적인 이행 2기 → 식민지적 근대문학 → 민족적 근대문학'의 4단계로 나눌 수 있다는 것이다. 그의 말대로 이것이 '한국문학

연구에서 얻은 근거'라고 한다면, 그것을 동아시아 문학에 '확장해 적용하고 검증'해보기로 하자.

필자는 이전에 중국 근현대문학사론을 검토하면서 상한선의 문제에 대해 다음과 같이 논술했다. 이 문제(상한선)의 해결을 위한 실마리는 조동일의 '제3세계 문학의 이행기'라는 개념에서 찾을 수 있다. 그의 입론을 수용한다면, 이행기를 독립된 시기로 설정할 것인지, 아니면 중세문학의 미성(尾聲)으로 볼 것인지, 근현대문학의 선성(先聲)으로 볼 것인지의 문제가 대두된다. 중국의 경우를 대략적으로 대입시켜보면, 아편전쟁을 분기점으로 이행 1기와 이행 2기로 나눌 수 있고, 5·4혁명 이후를 식민지적 근대문학, 1949년 이후를 민족적 근대문학으로 볼 수 있다. 그러나 이러한 구분에도 문제점은 존재한다. 그것은 중국문학 발전의 특수성에서 기인하는 것이라 할 수 있다. ① 이행 2기(1840~1917)에서 역사와 문학의 불균등 발전〔非同步〕을 어떻게 해명할 것인가, ② 무술변법(戊戌變法)과 신해혁명(辛亥革命)의 정치사적·문학사적 평가, ③ 이른바 '당대문학'과 '신시기문학'의 단계적 동질성의 문제 등이 그것이다. ①과 연결된 고민이 1898년 상한설이라고 할 수 있다. 자오선슈(趙愼修)의 경우에는 1898년 이전을 고대문학 체계로 편입시키고 있지만, 첸리췬(錢理群) 등은 아편전쟁의 정치사적 의미를 인정하되, 그 역사적 의미가 문학예술에 파급되기까지는 어느 정도 시간을 필요로 했고, 1898년이 바로 그 시작이라고 주장하고 있다. 1898년 기점설에는 량치차오(梁啓超) 등의 문학운동(소설계혁명, 시계혁명, 문계혁명, 신문체 등)이라는 확실한 근거가 있다(임춘성, 1997: 19~20). ③의 경우, 중국에서는 여전히 하나의 단계로 설정하고 있다(陳思和, 1999). 그 주장에도 일리는 있다.[119] 그러나 천쓰허 자신의 용어인 '공명(共名)'과 '무명(無名)'의 구분은 그의 의도와는 달리 '신시기'를 '20세기 중국문학'과 구별하는 데 공헌한 것으로 보인다. 이는 류짜이푸(劉再復)의 '독백의 시대로부터 다성악의 시대로'라는 명제와도 부합된다. 이때 1980년대(천쓰허의 '당다이문학' 2단계)를 공명·독백에서 무명·다성악으로 전변하는 과도기('신독백'─류짜이푸)로 설정한다면, 이른바 '신시기'는 과거의 문학사와 질을 달리하는 명실상부한 '새로운 문학사 시기'로 나눌 수 있다(임춘성, 2000b: 53~54).

'이행기문학'이라는 개념에는 일본 특유의 '근세문학'을 아우를 수 있는 장점이 있다. 일본 문학사가들은 일본의 '근세'는 중세와 근대의 과도적인 위치(山岸德平)라거나, 서양의 '협의의 modern age'(산업혁명 이후만 지칭)가 '근세'에 해당하고, '광의의 modern age'(산업혁명 이전까지 포괄)가 '근대'에 해당(森修)한다는 등의 해명을 하고 있다(조동일, 1993a: 405).[120] 이렇게 볼 때 일본의 '근세문학'은 '이행기문학'에 해당하는 말로 볼 수 있다.

조동일의 동아시아문학사론의 가장 큰 덕목은 동남아시아를 지평에서 빠뜨리지 않고 있다는 점이다. 물론 한자문화권이라는 이유로 월남을 주로 언급하고 있지만, 한·중·일 3국의 동북아시아에 시야를 제한하고 있는 다른 논자들과 비교할 때 이는 큰 장점이라 할 수 있다. 최근 그의 연구 작업은 '중세문학의 재인식'이라는 주제에 초점이 맞춰져 있는데, 과연 동아시아문학사의 연원을 중세로까지 확장할 수 있을지는 지켜볼 일이다.

다만 그의 동아시아문학사론의 핵심 개념인 '이행기문학'이 한국문학계의 광범한 지지를 받고 있는 것 같지는 않고, 일본 문학사가들이 '중세에서 근대로의 이행기문학'이라는 내용을 '근세문학'이라 하겠다고 고집하면 그것을 강요할 논리와 방법이 없으며, 중국 문학사가들도 마이동풍쯤으로 여길 수 있다는 것이 취약점이라고 할 수 있다. 이 경우 그의 논의는

한국문학 중심주의로 치부될 가능성도 배제할 수 없다.[121]

2) 동아시아 문학의 기본 구도

김채수의『동아시아 문학 기본구도 Ⅰ』은 '우물에서 나와 우물 보기', '일국문학에서 나와 그 문학 바라보기', '동아시아 문학으로부터 나와 동아시아 문학 바라보기'(김채수, 1995: 머리말)라는 비교문학 연구의 입장에서 출발하고 있다. 이 책은 문화사 서술을 방불케 하지만, 논리는 비교적 단순하다. 그는 조동일의 '한국문학→ 동아시아 한문문학권의 문학→ 제3세계 문학→ 세계문학'의 수순과 반대의 방향을 취하고 있다. "근대 동아시아의 기점과 그 기준은 동아시아 3국의 근대문학의 기점들을 토대로 해서만 설정될 수 있는 성질의 것이 아니다. 그것은 근대 동아시아 문학 성립에 절대적 영향을 끼친 근대 서구문학의 성립 과정을 기초로 해서 파악되어져야 하는 것이다"(김채수, 1995: 82).

그러므로 그는 서유럽 근대문학의 기점과 전개 양상을 상당한 편폭을 할애해 추적한 뒤, "동아시아의 근대는 이상과 같이 근대 서구 세력으로부터 압력을 받아 그 과정은 근대 서구 세력과의 접촉 단계, 문호 개방 단계, 급진적 개혁 단계로 전개해 나왔다"(김채수, 1995: 249)라고 단언한다. 그리고 각 단계별로 3국의 서열을 매기고, 급진적 개혁 단계에 일어난 일본의 메이지유신, 한국의 갑오개혁, 중국의 무술정변[122] 및 신해혁명 등이 "서구에서의 근대의 시대적 개념으로 파악된 평등사상, 과학사상, 민족사상을 토대로 이루어진 운동들로서, 이러한 사상의 첫 실천 행위의 기점들로 파악"(김채수, 1995: 252)하고 있다. 그러므로 그의 결론은 자명하다. 그는 급진적 개혁 단계의 시발점인 일본의 메이지유신을 근대 동아시아 문학의 기점으로 설정한 뒤, 그 전개 과정을 '번역문학→ 계몽문학→ 사실주의 문학→ 낭만주의문학→ 자연주의 내지 사회주의 문학'으로 파악하고 있다(김채수, 1995: 252).

김채수의 '동아시아 문학 기본 구도'는 영향사적 측면에 방점을 찍고 있다. "외국문학과의 관련 아래에서만 접근하는 비교문학적 연구는 실증주의의 이름을 빌린 제국주의적 타율성론"(임형택 외, 1993: 12, 최원식의 말)이라는 말에 부합되고, '문화 제국주의적 발상'이라는 혐의에서도 자유롭지 못하다.

3) 한·중 문학의 대비

여기에서 언급하는 논자들은 중국문학 전공자이면서 국문학평론가를 겸업하고 있다는 특징을 지닌다. 이러한 특징은 최소한 중국문학과 한국문학을 동시에 조망할 수 있게 한다는 점에서 유리하다. 그러나 주로 한·중 문학의 범주 속에서만 같은 지점 찾기에 골몰하고 있다는 점이 불리하게 작용할 수도 있다. 그들은 "세 나라의 근대로의 전환 과정이 상당히 유사하면서도 미묘하게 다른 점이 있다"(임형택 외, 1993: 14)는 점에 착안해, 주로 한·중 문학사 내에서 유사점과 차이점, 같은 것과 다른 것, 동보(同步)와 격위(隔位)의 양상을 대비시키고 있다.

먼저 전형준의 「한·중 문학과 동아시아 문학」을 살펴보도록 하자. 그는 우선 '동아시아의 정체성이라는 개념'과 '그것과 문학이 연결되는 방식'에 대해 검토하고 있다. 그에게 동아시아 문학은 "동아시아 각국 문학 간 공통된 문학적 경험을 기반으로 하고, 그것 사이의 소통과 대화를 통해 …… 동아시아의 정체성에 대한 탐색 및 그 구현이라는 현재성의 과제를 추구해가는 하나의 과정"(전형준, 2000: 279)이다. 이를 바탕으로 그는 동아시아 문학의 역사적 및 근대적 동일성에 주목한다. 왜냐하면 "19세기 이전의 동아시아는 자신을 동아시아로 인식할 필요성을 느끼지 못했던 것이다. 그 인식은 서구라는 타자가 억압이 될 때 비로소 생겨날 수 있게 된다"(전형준, 2000: 277)고 생각하기 때문이다. 이 언급은 동아시아 문학의 상한선을 예리하게 지적한 것으로 평가할 수 있다.

그 이전에도 한·중·일 3국의 교류는 존재해왔지만, 오늘날 운위되는 동아시아 개념은 서유럽과의 문화 충돌이 본격화된 19세기 중반의 어느 무렵부터 잡아야 할 것이다. 그는 동아시아에서 서유럽의 '전통-근대'와 '탈전통-현대'가 외래적인 것이라는 범주 속에서 뚜렷한 구분 없이 공존했다는 사실을 적시한 뒤, "서구의 근대와 현대라는 외래적인 것을 변용해 토착적인 것으로 만들어내는, 그리하여 서구와 전통의 병존에서 새로운 전통을 생성해내는 어떤 힘의 작용"에 주목한다(전형준, 2000: 278). 그것은 바로 전통과 외래의 모순을 해결하려는 움직임, 즉 아시아의 저항의 변증법(竹內好)일 것이다.

그는 동아시아 문학의 의미를 예증하기 위해 몇 개의 지점을 찍어 서로 대비하고 있다. 먼저 1900년대 후반 동경 유학 세대인 루쉰과 이광수, 홍명희의 경험을 통해 "한국에서는 사회적 실천과 문학적 실천이 분리된 데 반해 중국에서는 양자의 통일이 이루어졌다"(전형준, 2000: 283).

그러나 프로문학운동 세대의 경우 "카프 시절 및 해방 공간에서 정치주의적 강경 노선으로 일관하며 권력의 중심부에 서 있던 임화가 저우양과 동보적이라면, 친일로 추락하기 직전이나 6·25 도중의, …… '정치 선동과 시 사이의 교묘한 균형 감각이 깨어지고 시인으로 환원하게 되는'(김윤식)

임화는 후펑과 동보적"(전형준, 2000: 284)이라고 하면서 중국 프로문학의 두 방향을 대변하는 저우양과 후펑(胡風)을 임화라는 한 몸에서 발견하고 있다. 그가 심력을 기울인 부분은 김수영의 「풀」과 루쉰의 「고향」에 대한 분석을 바탕으로 추출한 '전통과 근대의 동시적 넘어서기'다. 김수영의 경우, "눕기/일어나기, 울기/웃기가 하나의 상태의 두 측면이 됨으로써 모순이 더 이상 모순이 아니게 되는 풀은 전통과 근대를 동시에 넘어서는 풀"(전형준, 2000: 292)이라 했고, 루쉰의 경우, 「고향」의 화자 '쉰'이 심리적 고향의 이미지 파괴라는 "고향 상실의 근대적 체험"(전형준, 2000: 298)을 겪고 행하는 "심리적 고향의 재조정은 전통으로의 복귀와 근대에의 순응을 모두 넘어서는 또 다른 길"(전형준, 2000: 301)이라고 했다. 결국 1920년대 초 중국의 루쉰과 1960년대 말 한국의 김수영의 넘어서기의 방향과 방식에서 동아시아 문학의 정체성을 탐구할 수 있다는 그의 견해는 앞으로 좀 더 깊고 넓은 층위에서 예증이 필요할 것으로 보인다.

유중하의 점찍기는 상당히 깊숙한 지점을 오가고 있다. 루쉰과 김수영을 교접함으로써 비롯된 그의 작업은 루쉰과 횡보(橫步) 염상섭을 교감시킴으로 확대되며, 대륙-북한, 남한-타이완의 네 지점으로 나누어 짝짓기가 시도된다.

그는 「중간물로 찍은 동아시아의 두 점」에서 1920년대의 루쉰과 염상섭을 대비하고 있다. 그들이 "전근대에서 근대로의 이행이라는 피해 갈 수 없는 수순 혹은 보조의 동보성"(유중하, 1997: 80)을 지니고 있고, "동보적 운명에 직면해 있으면서도 다른 한편으로는 동보태(同步態)로 설명이 될 수 없는, 아니 그 맞은편에 엄연하게 자리 잡고 있는 격위(隔位)의 모습"(유중하, 1997: 85)에 주목한다. 그의 글에서 돋보이는 부분은 역시 루쉰에 대한 언급이다.「나그네(過客)」의 분석을 통해 그는 나그네가 "서방이 꽃이기도 하고 무덤이기도 하다"는 것을 인식하고 "서구의 탈근대적 발걸음에 보조를 맞춰 탈서구라는 방향을 취하여 동방에 주저앉"기보다는 "아직도 진행 중인 서구의 근대를 뒤따라 그리고 발길을 옮"기기로 한 선택은 현실에서 근대 추수로 드러날 수밖에 없지만, 이야말로 루쉰의 루쉰다움과 '루쉰의 미래성'(竹內好)이 담겨 있는 것이라고 이야기한다(유중하, 1997: 89~90).

이에 반해「만세전」의 이인화의 눈에 비친 서유럽은 단일한 상(image)일 뿐이다. 1920년대에 루쉰은 우에서 좌로, 염상섭은 좌에서 우로 각각 이행한다. 이때 루쉰의 이행은 좌로 이행을 하면서도 우를 품어 안고 있다. 이에 대해 유중하는 서유럽에서 포스트모던의 선성이라 할 마르크스와 니체가 루쉰의 사상 내면에 공존한다고 평한다(유중하, 1997: 100).

「만담, 서해 바다 위에 일엽편주, 음양괴담: 동아시아, 문학사의 회통처」라는 기괴한 제목의 글은 좌파연하는 강단파의 면모를 보여준다. 여기에서 유중하는 예의 루쉰과 김수영의 대비에 이어 대륙문학과 북한문학, 남한문학과 타이완문학의 짝짓기를 시도하고 있다. 이중 남한의 민족문학 논쟁에서 백낙청의 언급과 타이완 향토문학 논쟁에서 예스타오(葉石濤)의 논급을 "모더니즘과 결별하고 사실주의 혹은 리얼리즘으로 회귀"(유중하, 2000: 162)한 것이라 규정하고 양자의 동보성을 읽어낸다. 그리고 이 동보성은 대륙문학-북한문학의 짝과는 역향성(逆向性)을 노정하고 있다고 본다. 사실 이 동보성과 역향성의 문제는 중문학계에서는 자주 언급되었던 대목인데, 새삼스럽게 '재방송'한 것은 외국 학자와 비전공자를 겨냥해서일 것이다.[123]

4. 맺는 글

동아시아(문학)를 논하기 위해 우선적으로 '동아시아(문학)의 정체성'을 묻는 것은 당연하다. 여러 논자도 이에 대해 나름의 정의를 하고 있다. "동아시아의 정체성은 19세기 후반 동아시아와 동남아시아에서 중국 중심의 세계체제가 정치적으로 무너졌을 때 문제로 제시되었다"(딜릭, 2000: 91)라든지, "19세기 이전의 동아시아는 자신을 동아시아로 인식할 필요성을 느끼지 못했던 것이다. 그 인식은 서구라는 타자가 억압이 될 때 비로소 생겨날 수 있게 된다"(전형준, 2000: 277)라는 지적은 '동아시아(문학)'라는 문제의식이 형성된 시기와 배경을 지적한 것이다. 물론 문제의식의 형성 시기와 연구 대상의 시기가 반드시 일치하는 것은 아니다. 새로 형성된 문제의식으로 얼마든지 과거를 돌아볼 수 있다. 다만 이 글에서는 논의의 범주를 의도적으로 이행기를 포함한 근현대로 국한했다. 그것은 필자 능력의 한계 때문이기도 하지만, 이행기 이전의 역사 및 문화의 두께와 깊이를 한두 편의 글로 감당하기 어렵다는 판단 때문이다.

동아시아(문학)를 바라보기 위해서는 '동아시아적 시각'이 요구된다. 이에 대한 다음의 견해는 음미할 만하다.

> 동아시아적 시각이란 한편으로 내재적 비판의 가능성을 지닌 것이어야 하고 또 한편으론 缺乏(不在)이 의미하는 바를 탐색할 수 있는 것이어야 한다. 개별 국가의 단위를 넘어선 상위의 범주로서 '동아시아'에 대한 논의가 의미를 지니려면, 한편으론 개별 국가의 내적 역사에서 억압된 전통을 환기하는 기능과 함께 결핍이 의미하는 바를 설명하는 기능이 동시에 구비되어야 한다

(유준필, 2000: 206).

'억압된 전통을 환기하는 기능'과 '결핍이 의미하는 바를 설명하는 기능'은 일국 문학의 연구에서는 확립하기 어렵다. 역사적 과제와 경험이 유사한 것으로 보이는 권역(region)을 통주(統籌)해야만 확보될 수 있는 것이다.

'한국문학→동아시아 문학 또는 제3세계 문학→세계문학'의 포석을 가지고 있는 조동일의 '중세에서 근대로의 이행기문학' 개념은 중국의 이른바 '진다이(近代)문학'과 일본의 '근세문학'을 아우를 수 있는 장점을 지닌다. 또한 '동아시아 소설의 독자적인 이론체계의 가능성'에 대해 조동일과 김채수는 구체적인 연구를 진행하고 있고, 기타 여러 논자들도 긍정적인 평가를 내리고 있다.

이들이 상정하는 한·중·일의 3국 또는 2국 문학이 단순한 비교문학의 대상으로 전락하지 않기 위해서는, 그리고 동아시아가 또 하나의 '상상적 공동체'가 되지 않기 위해서는 동아시아 속에서 "한국과 중국과 일본의 문화적 이질성에 대한 확인과 인정의 자세 및 능력이 동질성에 대한 믿음을 기반으로 하는 통합의 요구나 기대에 우선해야 한다"(김광억, 1999: 173).

이제 동아시아문학론을 포함한 동아시아(담)론은 '유산으로서의 동아시아', '방법으로서의 동아시아'(다케우치 요시미), '계획으로서의 동아시아'(아리프 딜릭), '지적 실험으로서의 동아시아'(백영서) 등 다양한 기획의 헤게모니 경쟁의 장이 되고 있다. 이 경쟁에서 시간의 고험(考驗)을 딛고 일어선 담론만이 살아남을 것이다.

제7장
동아시아 대중문화의 초국가적 교류

1. '초국가적' 문화 흐름과 아시아 문화 교류

동아시아에서 한류 열풍이 불면서 우리 사회에도 동아시아 대중문화 교류에 대한 관심이 고조되었다. 초기의 한류 평가에는 애국주의적·저널리즘적·선정적인 수사가 많았지만, 동아시아 내에서 일류(日流: J-pop)와 칸토팝(Canto-pop)의 존재를 인지하고 '전 지구적 문화(global culture)'의 시좌를 획득하면서 한류에 대한 관심은 주로 '초국가적(transnational) 문화 흐름'에 초점을 맞추는 방향으로 연구가 진행되는 것으로 보인다.

'초국가적 문화 흐름'이란 "현대 세계의 세계주의(cosmopolitanism)적인 문화 형태가 그 속에서 번성하고 경쟁하며, 오늘날 인문과학의 그 많은 진리를 좌절시키는, 바로 그런 방식으로 서로를 먹이로 삼는 흐름"(아파두라이, 1996: 90)을 가리킨다. 그리고 그 배경에는 '탈영토화(deterritorialization)'의 문화적 역학[124]이 존재한다. 아파두라이(1996)는 '초국가적'이라는 개념을 세계의 구석구석을 뒤덮는 것을 의미하는 '전 지구적(global)' 및 국민국가라는 단위를 전제로 하는 '국제적(international)'이라는 개념과 구별한다. 그것은 국가의 규제나 구속력을 쉽사리 뛰어넘은 자본이나 기업의 거시적인 움직임뿐만 아니라, 이민이나 여행으로 생겨나는 인간 이동의 가속화라든지 미디어 커뮤니케이션 기술의 발달로 통제하기 어려워진 사람·상품·정보·이미지의 미시적인 연계까지 염두에 두고, 국가의 틀에서는 파악하기 어려운 국경을 넘는 문화의 새로운 흐름·관계·상상력이 계속 만들어지고 있음을 강조하는 말이다.

'전 지구적' 또는 '초국가적'이라는 문제의식으로 한류를 보게 되면 초기의 단방향적 영향이라는 평가를 넘어서게 된다. 한류에 대해 조한혜정(2005)은 1990년대 아시아 지역에서 일고 있는 '탈경계적·초국가적' 문화 생산과 유통 상황의 하나로 파악하면서, 미국이 중심이 되는 전 지구화 이외의 다른 가능성을 모색할 수 있게 해주는 대상으로 고찰했고,[125] 백원담(2005)은 문화적 변방에서 분출된 역동적 힘을 동아시아가 선택한 문화 현상으로 파악했다. 김현미(2005)는 페미니즘과 '문화 번역'의 관점에서 '신여성주의'와 문화횡단적 '여성 담론'을 구축하는 기제라는 독특한 해석을 내놓았고, 강내희(2007)는 1980년대 민주화 운동의 맥락과 연결해 '신자유주의 세계화'와의 모순적 관계 속에서 재해석했다.[126]

신윤환과 이한우(2006) 등은 '담론과 실체의 거리'라는 문제의식으로 타이완·중국·일본뿐만 아니라 몽골·베트남·싱가포르·태국의 한류 현상까지 연구 범위를 확대했다. 이들의 연구는 지급한 민족주의 또는 문화패권주의적 관점에서 한류를 과장 해석한 초기 단계의 평가보다 발전된 것이다. 나아가 그러한 성찰에 근거해 '포스트한류'의 문제의식도 제기되고 있다.

최원식(2007)은 '후기한류'와 '탈한류'의 중층적 의미로서 포스트한류를 설정하면서, 한류에 대한 기존의 문화패권주의적 발상을 기각하고, "한류가 일류와 화류를 매개해 비로소 동아시아 혹은 아시아를 독자적인 단위로 상상할 수 있게 만든다는 것이 포스트한류의 핵심"(최원식, 2007: 20)이라고 정리했다. 나아가 "한·중·일 모두 지금까지 자신의 나라를 이끌어왔던 대중문화에 대한 반발이 한류, 일류, 화류로 나타난 것"(최원식, 2007: 21)이라는 분석은 동아시아 대중문화의 소통에서 타국 대중문화를 수용하는 자국 문화의 문맥에 초점을 맞추었다는 점에서 소중하다.

아시아 문화 교류와 관련해서 주목할 만한 성과로는 이와부치(2004)와 이동연(2006)의 연구가 있다. 이들은 자국의 '문화 연구'[127)에 기반을 두고 연구 영역을 아시아 문화 소통으로 확대·발전시켰다는 공통점이 있다. 이와부치는 그 어느 때보다도 활발하게 이루어지고 있는 1990년대 이후 동아시아 역내의 대중문화 교류의 원인을 급속한 경제 성장과 토착화된 근현대 경험의 교환에서 찾으면서, "아시아 지역의 문화 왕래를 전 지구화의 탈중심화와 재중심화의 역학 속에서 고찰"(이와부치, 2004: 11)하고자 한다. 그는 후나바시 요이치의 이론을 참고해, 1990년대 새로 나타난 '아시아다움'은 미국의 대중문화를 소비하면서 형성된 도시문화라는 특징을 드러내며, 중산층에게 글로벌리즘의 장으로 그 실질성과 공통성을 지니고 있고, 아시아 각국의 중산층은 소비주의와 전자 통신 기술 발달 덕에 문화적으로 강하게 연결되었다[128)고 보았다.

'아시아 도시에 퍼진 중산층문화'는 '참된 아시아의 탄생'을 의미[129)하는 동시에, 1990년대 아시아 대중문화의 유통과 소비를 논할 수 있는 근거이기도 하다. 이와부치는 또한 쓰노야마 사카에의 '변전소' 개념을 인용하면서 그에 대한 비판을 가한다. 쓰노야마는 서유럽 물질문명의 아시아 '변전소'로 기능하고 있는 일본 문명의 중요성을 강조한다.[130] 미국의 대중문화가 일본이라는 변전소를 거쳐 아시아 각국으로 퍼져나간다는 것이다. 이와부치는 쓰노야마가 일본을 전 지구적 문화 왕래에서 의미 있는 토착화가 일어나는 처음이자 마지막 지점을 만든다는 점에서 국가주의적 욕망(이와부치, 2004: 94)을 읽어낸다. 이와부치는 한국 대중문화를 분석하지 않았지만 그의 맥락에서 한류를 보면, 한국은 해방 이후 또는 일제 시기부터 미국에서 직접 또는 일본이라는 1차 변전소를 통해 대중문화를 공급받다가 1990년대 들어 스스로 전압을 조정해 아시아 각국으로 재송출하는 '2차 변전소'의 역할을 하는 것으로 해석할 수 있다. 다만 한국이라는 변전소는 1차 변전소인 일본으로 역송출하기도 하고 발전소인 미국을 넘보기도 한다는 점이 특이하다.

한편 '비판적 문화 연구'의 입장에서 아시아 대중문화를 글로벌 문화자본의 문제의식과 결합함으로써 소중한 성과를 산출하고 있는 이동연의 논의는 주목을 요한다. 그는 '아시아 문화 연구 상상'이라는 거대한 프로젝트를 발진(發進)하면서 '문화민족주의'[131]와 '문화 자본'의 논리를 경계한다. 그는 한류를 고찰하기에 앞서 한국 사회의 '미국화(americanization)'에 주목한다. 미국화의 욕망은 냉전 시기에 시작되었는데, 탈냉전 시기에 들어와 오히려 냉전 시기보다 더 내면화되었다(이동연, 2006: 19).[132] 그러므로 '미국화' 경향을 '글로벌 문화'의 본질로 파악하면서 글로벌 문화의 민주화, 지역화, 다원화라는 긍정적인 담론에 감춰진 '문화 자본'의 논리에 초점을 맞춘다(이동연, 2006: 23). 이 문화 자본의 논리가 '신자유주의 세계화' 논리와 일치한다는 인식은 글로벌 문화를 긍정적으로만 바라볼 수 없게 만든다. 그는 아리프 딜릭의 '로컬에 대한 곤경'[133)]이라는 문제의 식을 이어받아 "글로벌한 문화 환경의 도래로 국지적 문화 형태들이 혼종 화되고 다원화되었지만, 다른 한편으로는 초국적인 문화 자본의 논리에 강력한 위협을 받고 있다는 점을 간과할 수가 없다"(이동연, 2006: 34)라고 인식한다. 이동연의 한류 연구는 이상의 맥락을 전제한다. 물론 '문화 다양성의 논리'에서 보면 한류는 미국 중심의 글로벌 문화에 대항하는 대표적인 사례로 꼽힐 수 있고(이동연, 2006: 42), 국민국가(nation-state)의 문화 다양성으로서 한류가 국지화된 글로벌 문화의 다원화·혼종화 현상을 이해하는 데 중요한 연구 사례가 되는 것은 분명하다(이동연, 2006: 43).

그러나 한류의 글로벌 문화 특성을 논할 때 세 가지 논쟁점이 제기될 수 있다. 한류가 어떤 점에서 글로벌 문화의 국지적 실천 사례에 부합하는 가, 한류가 동아시아라는 권역 내에서 문화적 감수성과 문화 소통을 얼마 나 공유하고 있는가, 한류가 문화 세계화의 국제적 실천으로서 적절한 문화적 자생성을 지녔는가의 문제다(이동연, 2006: 43~45). 세 가지 논쟁점 에 대한 이동연의 견해는 부정적이다. 한류가 아시아 권역의 글로벌 문화 지수를 대변하는 데 완전히 독자적인 지위를 확보하기는 어려운 형세라는 것이다.[134)]

그러므로 이동연은 한류가 문화 자원으로서 기능하기보다는 명백하게 문화 자본의 형태로 기능한다고 본다. 한류 문화 자본은 '미국화'와 '일본 화'가 적절하게 혼합된 국지적으로 변용된 글로벌 자본을 지향(이동연, 2006: 46)한다는 것이다. 그러므로 금후 한류의 과제는 명확하다. 그것은 바로 신자유주의 문화 세계화를 넘어서는 것이다. 이동연은 새로운 소통 을 가능하게 하는 연구 지점으로서 문화 번역, 문화적 일상의 차이, 문화적

리터러시, 문화 자본의 형성을 지적한다.[135]

　근현대 우리의 중국관은 전통 중국에 대한 관습적 존중과 근현대 중국에 대한 근거 없는 우월감으로 요약할 수 있는데, 특히 후자의 인식은 홍콩·타이완의 대중문화에 대한 편견과 매카시즘에 근거한 것으로, 우리에게는 그것을 극복할 과제가 있다. 이 글에서는 '전 지구적'이고 '초국가적'인 문화 흐름에 기초해 동아시아 문화 교류의 시좌와 포스트한류의 문제의식을 수용하되, 한 걸음 더 나아가 한류에 각인된 중국 대중문화의 흔적에 초점을 맞추고자 한다. 1980년대 이전의 홍콩·타이완 대중문화의 수용과 1990년대 이후 중국 대중문화 수용을 '대중문화의 초국가적 왕래'라는 각도에서 고찰하면서 양국 간의 새로운 관계를 전망하는 시좌를 확보해보려는 것이다.

　우리 생활 속에는 우리가 의식하지 못하는 가운데 중국 대중문화가 자리 잡고 있다. 여기서 말하는 중국은 홍콩과 타이완을 포함하는 넓은 의미의 중국이다. 왜냐하면 해방 이후 중국 대륙은 대중문화의 방면에서는 불모지였기 때문이다. 대륙의 사회주의 정권은 대중문화에 대해 적대적이었다. 그러므로 이 시기 중국의 대중문화는 주로 홍콩과 타이완을 중심으로 발전했다. '자본주의 세계화'라는 현재적 시점에서 돌아볼 때 중국의 '사회주의 30년' 시기는 제3세계의 혁명론이었던 '반제반봉건 민족해방 민중민주혁명'(이른바 'NLPDR')의 실천이 아니라, 자본주의화 과정의 특이한 시공간이 된다. 특히 '개혁·개방 30년'을 맞이하는 시점에서 그 특이성이 두드러진다. 대중문화의 관점에서 말하자면 '사회주의 30년'은 불모지였고, 1978년 개혁·개방이 시작되면서 대중문화는 과도기를 거쳐 국내외에 부활을 알린다. 1978년 '베이징 필름 아카데미'에 입학해

1980년대 중반 활동을 시작해서 국내외에 자신의 존재를 알린 5세대 감독은 이 시기 대륙의 대중문화를 대표한다.

요컨대 중국이 자본주의 시장경제와 밀접한 관계를 맺는 것은 개혁·개방 이후이고, 그 이전 한국 사회에 수용된 중국 대중문화는 홍콩과 타이완의 그것이었던 셈이다. 따라서 이 글에서 고찰하려는 중국 대중문화의 수용은 두 단계로 나누어 고찰해야 한다. 1980년대까지는 홍콩과 타이완의 대중문화, 특히 영화와 무협소설에 초점을 맞추고, 1990년대 이후에는 중국 대륙을 중심으로 홍콩·타이완 세 지역의 영화를 대상으로 삼는다. 우선 개인의 기억이라는 미시 서사를 통해 실마리를 풀어보자.

2. 중국 대중문화에 대한 기억 또는 노스탤지어

초등학교 6학년 재학 시절, 서울시교육감이 중학교 무시험 입학 제도를 발표한 후 첫 휴일인 1968년 7월 17일, 광화문 네거리에 있던 '국제극장'은 일종의 해방구가 되어 입시의 사슬에서 풀려난 초등학교 6학년생들로 인산인해를 이루었다. 교과서를 네 권씩 구입해 학교 수업용, 과외 교습용, 개인 메모용 외에 마지막 한 권은 검은 색연필로 단어를 지워가며 외우고, 아침밥 먹을 때마다 잠에서 덜 깬 채 '2-4-4-5-8-4-4'나 '미솔도미솔 파라라 솔시레파미레도'를 귀에 못이 박히게 듣던 수험 생활은 사랑이라는 미명 하의 수형 생활이나 마찬가지였다. 거기에서 해방된 기쁨을 만끽하기 위해 무언가 해야 한다고 생각한 것이 '영화 보기'였던 셈이다. 친구들과 여유를 두고 나갔는데도, 엄청난 인파 때문에 예정했던 <황금박쥐>를 보지 못했다. 금쪽같은 시간을 줄 서기로 허비하기 아깝다면서 생각해낸 차선책이 당시로서는 변두리였던 남영동 '금성극장'에서 <삼인의 협객(邊城三俠)>(1966)을 관람하는 것이었다. 이것이 내136) '기억' 속의 첫 번째 홍콩영화다. 이후 지미 웡(Jimmy Wong, 王羽)137)은 '외팔이 시리즈'와 함께 나에게 친숙한 외국 배우가 되었고 1970년대의 브루스 리(Bruce Lee, 李小龍)가 그 뒤를 이었으며, 그 후 재키 찬(Jackie Chan, 成龍)이 나왔다.138)

홍콩영화와 관련된 또 하나의 '기억'이 있다. 중학교 시절 낙원상가 '할리우드극장'에서 개봉된 리칭(李菁) 주연의 <스잔나(珊珊, Susanna)>(1967)는 당시 중·고등학생들을 사로잡았다. 함께 과외를 하던 친구 하나는 리칭에 반해 같은 영화를 네 번이나 보았다. 학교 공부와 과외 공부에 허덕이면서도 없는 용돈과 시간을 짜내 리칭을 보고 온 날이면 마냥 행복해하던 그 친구의 모습이 지금도 아련한 풍경으로 남아 있다. 당시 리칭은 '스크린의 천사'라는 별명을 얻을 정도였고 한국에서도 인기가 많았다. 우리에게 주제곡 「One Summer Night」으로 잘 알려진 <사랑의 스잔나(Chelsia My Love)>(1976)가 <스잔나>의 아류작이라는 평가를 받을 정도로 리칭은 대성공을 거두었다.139)

한편 필자와 같은 세대의 한 연구자는 한국의 무협소설 현상을 설명할 때면 1969년 중학교 1학년 시절 워룽성(臥龍生)의 작품을 밤새워가며 읽었던 경험을 소개하면서 이런 말을 덧붙인다. "지금 40대 후반~50대 초반 나이의 사람들은 필자와 같은 '기억'을 가진 경우가 많을 것이나." 그리고 무협소설 붐의 분위기를 당시의 젊은 문학비평가 김현의 말을 빌려 다음과 같이 묘사한다. "이 무협소설에 대한 경사는 영화에서 '007'류의 압도적인 인기와 거의 맞먹는다"(전형준, 2003: 57~58).

007 영화는 1962년 1탄이 제작된 뒤 40년 넘게 전 세계 대중문화 팬들을 사로잡았고, 영화에 출현한 본드걸과 자동차의 매력은 유행을 선도하는 상징이었다. 007 영화가 대중문화의 전 지구화(globalization) 추세를 대표한다면, 무협소설은 지방화(localization) 또는 동아시아 권역화(regionalization) 현상을 상징한다. 김현이 무협소설이라는 하위문화 현상을 분석하면서 전 지구화 추세와 대비할 수 있었던 것은 '성찰적 비평가'로서의 면모를 확인시켜준 것이라 할 수 있다. 그리고 이치수(2001)가 조사·정리한 바를 보면, 그동안(1962~1999) 번역 소개된 중국무협소설은 무려 530종에 이른다.140) 이 가운데에는 중복 출판과 위작이 섞여 있지만, 그것을 감안해도 엄청난 물량이라 할 수 있다.

해방 이후 우리 사회는 미국의 대중문화와 그 아류가 독판을 친 듯 보이지만, 그 이면에는 일본 왜색문화가 암류(暗流)로 존재했고, 눈에 띄지 않는 사각(死角)에 홍콩과 타이완의 영화와 무협소설이 놓여 있었다.

이런 상황에서 2004년 개봉된 유하의 <말죽거리 잔혹사>는 고등학교 폭력 문제를 정면으로 다뤘다는 점에서 사회·문화사적 의미가 있지만, 이 글에서 주목하는 것은 이 영화가 1970년대 홍콩 대중문화의 영향을 솔직하게 재현하면서 그것에 대한 '노스탤지어'를 소환하고 있다는 점이다. 이에 대해 신현준은 이렇게 평한 바 있다.

'이소룡141)에서 시작해 성룡으로 끝나는' 이 영화의 수미 배치는 홍콩의 대중문화 생산물이 1970년대 성장기를 보낸 세대에게 어느 정도 영향력을 미쳤는지를 보여줌과 동시에 그 영향력이 1980년대 이후에도 지속될 것이라는 점을 예시하고 있다(신현준, 2006: 134).

사실 유하의 예시는 '현실에서 입증된 예시'다. 모두 알다시피 브루스 리, 재키 찬, 사모 홍(Sammo Hung, 洪金寶) 등과 이른바 '4대 천왕', '4소 천왕' 등은 지금까지도 한국 팬들의 사랑을 받고 있기 때문이다. 신현준은 이 영화에서 무협 액션 외에 홍콩 대중문화의 멜로적 요소로 홍콩 팝송 「One Summer Night」과 「Graduation Tears」가 모던한 것으로 수용되었음을 지적하면서, '가수 겸 연기자' 모델에 기초를 두고 형성된 대중문화를 대상으로 삼아 1970~1980년대 홍콩 대중문화의 의의를 재조명하고 있다. 그리고 칸토팝을 중심으로 한 홍콩 대중문화의 아시아화 과정을 설득력 있게 분석하고 있다.142)

이처럼 홍콩과 타이완의 대중문화는 냉전으로 대륙과의 왕래가 금지되었던 시기에 한국인의 중국 상상을 달래는 역할을 했다. 한국인은 홍콩과 타이완의 대중문화를 '중국'의 것으로 여기면서, 중국 대륙과의 거리를 의식하지 못한 채 '중국민항기 납치 사건'과 '한중 수교'를 맞이했던 것이다. 이는 한편으로는 중국 대륙에 대한 거리감을 좁혀주었지만, 다른 한편으로는 사회주의 중국에 대한 몰이해를 초래하기도 했다.

3. 홍콩·타이완 대중문화의 수용

1) 홍콩영화의 수용

최근 한국영화의 약진으로 수많은 한국영화 팬들이 생겨났지만, 1990년대 초반까지만 하더라도 외국영화가 극장가를 점령하고 있었다. 외국영화 가운데 할리우드영화가 주류였음은 두말할 나위가 없다. 그런데 우리가 간과하고 있는 사실이 한 가지 있다. 그것은 바로 홍콩영화의 존재다. 다음의 사례를 보자. 1992년 수입 외화 가운데 미국영화가 160편으로 압도적이었지만 홍콩영화도 74편이 수입되어 그 뒤를 이었다. 가히 '한국 외화 시장의 쌍벽'이라 할 만했다. 그런데 편당 수입 가격은 미국영화가 11만 3,000달러였던 반면, 홍콩영화는 16만 4,000달러로 오히려 높았다(김지석·강인형, 1995: 108). 게다가 홍콩영화가 지금까지도 비디오 대여점의 한쪽 벽을 가득 채우고 있는 사실(fact)도 간과해서는 안 된다.

그럼에도 불구하고 웡카와이(Wong Kar Wai, 王家衛)의 출현 이전까지 진정한 홍콩영화 마니아는 드물었던 것으로 보인다. '모방의 귀재', '할리우드 아류', '심심풀이 땅콩' 등이 '저질 홍콩영화'에 대한 우리의 '의식'이라 할 수 있다. 한 설문조사를 보면 한국 관객들은 '스트레스가 확 풀리는 액션'과 '기억에 남는 장면' 때문에 홍콩영화를 본다고 한다.[143] 10년이 넘은 자료지만 기본적인 맥락은 지금도 크게 달라지지 않은 것으로 보인다.

선성원(2005)은 1960년대부터 1980년대 한국 대중문화의 101장면을 고르면서 "쿵푸 스타 '이소룡'과 홍콩 느와르 붐"에 대한 배려를 잊지 않는다.

> 1970년대와 80년대에 홍콩영화의 붐은 대단했다. …… '외팔이 시리즈'로 왕 우는 이 땅에 홍콩영화의 붐을 지폈고, 1970년대 초 쿵푸 스타 이소룡이 혜성처럼 나타났다.[144] …… 그리고 '홍콩 느와르'로 상징되는 액션물이 제2의 홍콩영화 붐을 선도해 나갔다(선성원, 2005: 274~275).

이처럼 한국의 대중문화 영역에 어엿하게 자리 잡고 있는 홍콩영화에 대해 한국 관객들은 이중적인 태도를 보인다. "홍콩영화는 우리 관객들에게 열렬한 열광의 대상이면서, 한편으로는 진지한 접근이나 예술체계로서의 이해에는 무관심한 사시가 존재하고 있는 영화"(김지석·강인형, 1999: 10)인 것이다. '열광하면서도 무관심한' 것은 사실 어설픈[145] 대중문화 애호가들의 전형적인 특징이다. 대상에 몰입하면서도 그 사실을 타인에게 알리고 싶지 않은 심리의 표현인 것이다. 이는 이미 대상에 대한 '가치평가', 즉 미국을 중심으로 한 서양 대중문화의 애호는 세련을 표지하지만, 홍콩 등 기타 지역의 대중문화의 애호는 저속하다는 평가가 깔려 있기 때문이다.[146] 한국에서 홍콩영화는 이처럼 한국 관객의 '의식'과 '현실' 간 괴리 속에서 수용되었고, 이 때문에 공식 차원보다는 비공식 차원으로 밀려났다.

우리 사회에 최초로 수입된 홍콩영화는 1956년 고려영화사에서 수입, 개봉한 <해당화(海棠花)>다. 1967년도에 개봉된 홍콩 무협물 <방랑의 결투>의 흥행을 계기로 홍콩영화가 한국 시장에 본격적으로 들어왔다. 그 후 거장 킹 후(King Hu, 胡金銓)의 <용문의 결투>, 폭력무협물의 대부 창쳐(Cheh Chang, 張徹)의 <의리의 사나이 외팔이(獨臂刀)>, <심야의 결투>, <돌아온 외팔이(獨臂刀王)>, <단장의 검>, <대협객> 등이 수입되어 한국 영화 관객들은 홍콩영화의 주류와 진수를 접할 수 있었다(김지석·강인형, 1995: 112~113). 그러나 한국의 홍콩영화 팬들이 무협과 쿵푸 장르에만 몰두한 것은 아니었다. 제2의 홍콩영화 붐을 일으켰던 '홍콩 느와르'에다가 <촉산>과 <동방불패> 시리즈 등 SFX물, 홍콩영화의 가장 큰 장점인 코미디와 멜로드라마 등은 홍콩과 한국의 영화팬들의 기호가 비슷하다 할 정도로 같은 패턴을 유지해왔다. 여기에서 한 가지 지적할 것은 홍콩과 타이완에서뿐만 아니라, 한국에서 제작된 '유사 삼류작'의 범람이다. 이는 이른바 저작권이 존중되는 '고급문화' 장르에서는 드문 현상인데, '대중문화' 장르에서는 빈번하게 발생함으로써 전체의 수준을 저하시켰던 것이다. 이는 단지 문화의 수준 저하에 그치지 않고 팬들의 흥미를 떨어뜨리는 결과를 초래하게 한다. 한국의 홍콩영화가 바로 이런 수렁에 빠졌던 것이다.

여기서 빠뜨릴 수 없는 것은 한국과 홍콩의 합작영화다. 조영정은 이것이 한국영화가 황금기에서 암흑기로 접어들던 시기에 제작된 점에 주목해 합작영화가 한국영화의 희망과 좌절을 담고 있다고 진단했다. 합작영화는 '저속한 오락영화'와 '국적 불명의 활극영화'라는 오명을 입은 채 한국영화사의 뒤안길로 밀려났다(조영정, 2004: 15). 그러나 합작영화가 당시 대중의 환영을 받았다는 사실은 무시할 수 없다. 합작영화는 그 시대 가장 인기 있는 장르에 영합한 제작 관행을 보여줬는데, 그 결과 1950년대에는 멜로드라마, 1960년대에는 첩보물과 궁중사극, 1970년대에는 쿵푸영화 등이 주류를 차지했다. 이러한 합작영화는 흥행에서도 안정된 모습을 보였다(조영정, 2004: 24). 1957년부터 1982년까지 진행된 132편의 한-홍 합작영화는 연구자의 손길을 기다리고 있는 동아시아 문화 교류의 중요한 사례라고 할 수 있다.

오락영화 위주의 홍콩영화는 1970년대 말 60명이 넘는 신인 감독이 데뷔하면서 뉴웨이브(New Wave, 新浪潮)[147] 영화를 통해 작가영화의 새로운 국면을 보여주더니, 1990년대에는 뉴웨이브 2세대 감독이라고 할 수 있는 웡카와이 붐이 <2046>(2004)까지 이어지는 한편, 1990년대 말에는 프루트 찬(Fruit Chan, 陳果)의 <97 삼부곡>과 <기녀 삼부곡> 등 홍콩

민족지적(ethnographic) 작품이 뒤를 이었다(임춘성, 2005: 162). 앤 후이(Ann Hui, 許鞍華), 임 호(Yim Ho, 嚴浩), 추이 학(Hark Tsui, 徐克), 스탠리 콴(Stanley Kuan, 關錦鵬), 웡카와이, 프루트 찬 등의 작가영화가 홍콩영화에 대한 새로운 지평을 열고 있는 것이다. 아직은 한국의 홍콩영화 팬에게 체계적으로 인지되는 수준에 이르지는 못했지만, 웡카와이의 <중경삼림>과 <동사서독>은 홍콩의 도시영화와 무협영화의 경지가 만만치 않다는 것을 보여준 작품이었고, 한국의 팬들도 웡카와이에 대해서는 새로운 안목으로 바라보고 있는 듯하다.

2) 타이완 무협소설의 수용

중문학자 이치수(2001)는 한국의 중국 무협소설 번역·소개의 역사를 '김광주 시대', '와룡생(臥龍生, 이하 '워룽성') 시대', '김용 및 기타 시대'의 세 시기로 나눈다. 무협소설 번역가이자 작가인 박영창도 '한국의 중국 번역 무협'을 '김광주 시대', '워룽성 시대', '김용 시대'로 구분했다.[148] 1961년 6월 15일부터 1963년 11월 24일까지 경향신문에 810회에 걸쳐 3년간 연재되었고, 한창 연재 중이던 1962년에 출판된 김광주[149]의 『정협지』(원작 尉遲文, 『劍海孤鴻』)는 최초의 중국 무협소설로 꼽힌다. 이후 『비호』, 『하늘도 놀라고 땅도 흔들리고』 등이 신문에 연재되었고 『흑룡전』 등이 번역[150]되었다. 이처럼 김광주는 한국에서 중국 무협소설의 독서 붐을 불러일으키는 데 큰 공헌을 했다(이치수, 2001: 73).

한국 무협소설계의 워룽성 시대는 1966년 『군협지』(원제 玉釵盟)[151]의 번역으로 비롯되었고, 이어서 1968년 그의 작품이 대량으로 번역·소개되었다. 『무유지』, 『야적』, 『비룡』, 『무명소』 등이 그 목록이다. 이때 발생한 특이한 현상의 하나가 '가짜 워룽성 소설'의 등장이다. 워룽성의 인기에 영합해 다른 작가의 소설을 워룽성의 작품이라고 내세운 것이다. 이것도 무협소설이 우리나라에 소개된 이후 벌어진 기현상 가운데 하나라고 말할 수 있다(이치수, 2001: 76). 이러한 현상에 대해 전형준은 독특한 해석을 내린다. 즉, 한편으로는 싸구려 번역과 가짜 워룽성 현상은 한국의 무협소설 붐을 시들하게 한 결정적인 이유가 되었지만, 다른 한편으로는 국내 작가가 쓴 가짜 워룽성 소설이 창작 무협소설의 시작이 되었다는 점이다(전형준, 2003: 59). 다시 말해 모방을 통한 단련이 한국 무협소설 창작의 동력이 되었다는 것이다. 가짜의 극성은 원전의 풍부함을 반증한다. 1960년대 후반 한국에 무협소설 붐을 일으킨 장본인들은 워룽성을 대표로 하는 타이완 무협소설의 주류에 속하는 작가들이었다. '성인들의 동화'라 일컬어지는 무협소설이 타이완에서 제작되고 한국에서 소비되었다는 사실은 두 사회가 모두 억압적인 정치 메커니즘이라는 공통점을 가지고 있었다는 점과 연결되며, 이에 대해서는 문화사회학적 해석이 요구된다.

모방을 통한 문장 수련은 무협소설 작가에게만 국한된 것은 아니다. 손민호(2008)는 성석제의 '입심'을 무협지의 점층적 과장법과 관련짓기도 했다. 2000년대 우리 문단을 풍미한 『칼의 노래』(2001년 재판 발행), 『현의 노래』(2004), 『남한산성』(2007) 등의 작가 김훈은 김광주의 아들로, 한 인터뷰(≪월간조선≫, 2002년 2월호)에서 아버지 김광주가 암 투병 중 구술을 받아 적게 했는데 자신에게는 그것이 문장 수업이 됐을 것이라고 이야기하기도 했다(이진원, 2008: 113 참조). 오창은(2008)은 여기서 한 걸음 더 나아간다.

아이러니하게도 김훈은 도시 중산층 중년 남성의 감성을 위무하는 '전쟁역사소설'을 창작해 밥벌이를 한다. 그 도시 중산층 중년 남성은 청소년 시절 김광주의 무협소설의 자장에서 자유롭지 못했던 세대이기도 하다(오창은, 2008).

김광주의 무협소설을 읽던 독자들이 다시 김훈의 '전쟁역사소설'을 읽는다는 것인데, 이는 약간의 시차가 있는 것으로 보인다.152) 우리는 이를 통해 중국 무협소설이 무협소설의 독자와 작가뿐만 아니라 이른바 '본격문학'의 작가와 독자에게도 영향을 주었다는 것을 알 수 있다.

3) 홍콩 무협소설의 수용

진융(金庸)은 중국 무협소설 유행에서 또 하나의 고조를 대표한다. 1986년 『영웅문』 시리즈가 출판되었는데, 이것은 그해 가장 많이 팔린 외국 번역소설로 꼽혔다. 1986년부터 1989년에 이르는 3년간, 이른바 '비설연천사백록, 소서신협의벽앙(飛雪連天射白鹿, 笑書神俠倚碧鴛)'의 14부와 「월녀검」이 모두 번역되었다. 몇 년 되지 않은 기간에 외국작가의 작품이 거의 번역·소개된 것은 전례를 찾아보기 어려운 경우로, 우리나라의 번역문학사상 특기할 만한 사건이었다(이치수, 2001: 77~78). 진융에 대한 학술 연구도 적잖이 진행되어 그 문화적 가치를 인정받은 점 또한 특이하다고 할 수 있다(정동보, 2001; 임춘성, 2002a, 2004; 전형준, 2003; 유경철, 2005 등). 최근 다시 출판된 『사조영웅전』(2003), 『신조협려』(2005), 『의천도룡기』(2007)는 판권 계약을 통한 번역이라는 측면에서 중국 무협소설 번역의 새로운 지평을 연 것으로 보인다. 더욱 중요한 것은 이전 판본에 비해 원전에 충실한 완역본이라는 점이다. 그런데 문제는 이른바 '영웅문 키드'가 더 이상 '원전에 충실한 완역'에 환호하지 않는다는 점이다. 왜 그럴까? 앞당겨 말하면 '영웅문 현상'은 한국의 고유한 현상으로, 진융 작품의 이해와는 무관한 문화 현상으로 파악해야 한다.

한국의 '영웅문 현상'에서 특이한 점은 진융의 작품이 모두 번역되었는데도 독자들이 유독 '영웅문'에만 집착한다는 사실이다. '영웅문'의 원작인 『사조삼부곡』이 흥미로운 작품인 것은 틀림없지만, 문화적 측면에서 볼 때 『소오강호』, 『천룡팔부』, 『녹정기』로 이어지는 후기 대작들이 훨씬 풍부한 내용을 보여준다. 주인공인 협객의 성격을 보면 유가적 협객(원승지, 곽정), 도가적 협객(양과), 불가적 협객(장무기)을 거쳐, 협객의 일반적 의미에서 벗어나는 비협(非俠)적 인물(적운, 석파천)과 심지어 시정잡배에 가까운 반협(反俠)적 인물(위소보)로 변천해가는데, 이러한 계보만 보더라도 그 전복적 성격을 미루어 짐작할 수 있다. 그뿐만 아니라 진융의 작품에는 수많은 역사적 사실과 문학작품, 문화적 요소로 가득 차 있다. 중국 불교에 입문하려면 진융의 작품을 읽으라는 천핑위안(陳平原, 1992)의 권고는 과장이 아니다. 송 말부터 명 건국까지의 역사를 재미있게 읽으려면 『사조삼부곡』에서 시작하고, 명말 청초의 역사 공부는 『녹정기』와 함께 하면 좋을 것이라는 권유는 필자의 심득(心得)에서 비롯된 것이다. 그러나 이러한 '문화적 두터움(cultural thickness)'[153]은 장르문학으로서의 무협소설 애독자들의 독서에 방해 요소로 작용했을 가능성이 크다. 다시 말해 '영웅문 키드'들은 무협지 '영웅문'으로 충분할 뿐, 문화적 지식수준을 향상시켜야 이해할 수 있는 중국의 문사철(文史哲)과 제반 문화, 중국 상상, 전통 만들기, 성별·국족 정체성(gender and national identity) 등의 주제에는 관심이 없을 가능성이 크다는 것이다.

그동안의 관련 담론154)을 보면 중국 무협소설에 대한 오해를 읽을 수 있다. 그것은 다름 아닌 '김용의 영웅문'을 중국을 대표하는 무협소설로 간주하고, 그것을 독파하면 중국 무협소설을 정복한 것으로 착각하는 것이다. 사실 '진용의 사조삼부곡'을 번역한『소설 영웅문』은 완역이 아니라 양적으로 70% 수준의 번역이었고, 그 문체나 문화적 측면까지 평가하면 50% 이하의 조악한 번역물이다. 그러므로 '김용의 영웅문'은 '진용의 사조삼부곡'과는 다른 별개의 텍스트이자 한국의 문화 현상인 셈이다. 김광주의『정협지』를 번안소설이라고 한다면『영웅문』또한 축약 내지 생략했다는 측면에서 또 다른 번안이라 할 수 있다.『영웅문』의 번안·출판은 한국적 맥락에서 이전 단계의 무협지에 대한 통념을 깨뜨린 사건이었지만, 원작의 의미와 재미를 상당히 훼손했다는 것이 이 글의 판단이다. 그리고 '진용'에 관한 담론도『영웅문』(원작 기준 3부 각 4권)에 초점을 맞춰 이야기하고 있고, 조금 더 범위를 넓혀『소오강호』(4권),『천룡팔부』(5권),『녹정기』(5권) 등의 대작 장편 정도까지 언급하고 있을 뿐이다. 진용 작품의 문화적 두터움이 6부의 대작에 구현되어 있는 것은 분명하다. 그러나『서검은구록』(2권),『벽혈검』(2권),『협객행』(2권),『설산비호』(1권),『비호외전』(2권),『연성결』(1권) 등의 장편과「월녀검」(30쪽),「원앙도」(52쪽),「백마소서풍」(104쪽) 등의 중·단편을 빼고 진용의 작품 세계를 운위하는 것은 온당하지 않다. 특히『협객행』의 문자해독력(literacy)에 대한 신랄한 풍자,『연성결』의 인간의 처절한 욕망에 대한 철저한 해부,『비호외전』의 미완의 종결 등이 보여주는 '문화적 두터움'은 한국 독자와 연구자들에게 충분히 수용되어야 하고, 그에 대한 적절한 평가가 이루어져야 할 것이다.

1990년대부터 진용의 소설은 중화권에서 교학과 연구의 대상이 되면서 이른바 '경전화(經典化)' 작업155)이 진행되었고, 전문 연구서만 해도 100여 권을 넘게 헤아리면서 '진쉐(金學)'156)라는 신조어까지 출현했다. 1994년 베이징대학에서 진융에게 명예교수직을 수여하고, 같은 해 '싼롄 서점(三聯書店)'에서 『진융작품집』 36권을 출간한 것은 그 징표라 할 수 있다. 베이징대학과 싼롄 서점은 역사와 전통을 자랑하는 유수의 대학이고 출판사이므로 그 문화적 수준이 증명된 셈이다.157) 중화권에서 진융의 작품은 무협소설에서 애정소설, 역사소설, 문화적 텍스트까지 다양한 스펙트럼을 보여준다. 한국의 '영웅문 현상'은 그 스펙트럼에서 무협적 요소를 가져와 조악하게 재구성된 텍스트에 의존한 것임을 분명히 인지해야 한다.

이제는 1990년대 동아시아에서 환영을 받았던 한류가 포스트한류를 고민하고 있고, 무라카미 하루키가 동아시아에서 광범하게 수용되고 있는 문화 횡단의 시대에 진융의 작품도 동아시아 문화 교류의 관점에서 고찰해볼 필요가 있다. 진융 텍스트가 지닌 중국 전통문화의 두께는 동아시아 문화를 풍부하게 해줄 콘텐츠이기도 하지만, 자칫 중화주의를 강조하는 '국족 서사(national narrative)'와 '중국 상상'(유경철, 2005) 또는 '전통의 부활'(林春城, 2005)을 강화하는 기제가 될 수 있다는 점도 경계해야 할 것이다.

4) 홍콩영화와 동아시아 정체성: 홍콩영화에 재현된 동남아인과 동남아 화인

동남아와 동남아인은 홍콩영화에 자주 등장한다. 1970년대 홍콩의 경제가 발전하기 전, 필리핀은 한동안 홍콩인의 동경의 대상이었던 적도 있었고, 1970년대 중반 사이공 함락은 홍콩인에게 커다란 충격을 주었을 뿐만 아니라, 1997년 홍콩 반환은 많은 홍콩인들에게 20여 년 전 사이공의 최후를 연상하게 했다. 한편 1970년대 들어 오히려 경제난을 겪게 된 필리핀은 노동력 송출 정책을 폈는데, 이것이 지리적으로 가까운 홍콩의 노동력 부족 현상과 맞아떨어져 필리핀 여성의 가정부(domestic helper) 취업(윤형숙, 2005)이 대대적으로 이루어졌다. 이러한 현상은 '페이융(菲傭)'이라는 신조어가 나올 정도로 커졌고, 이 대열에 인도네시아 여성이 합류한 것도 이미 오래전 일이다. 19세기 동남아 인력 송출의 중개지였던 홍콩으로 이제 동남아인들이 취업 이주한다는 사실은 역사의 아이러니가 아닐 수 없다.

홍콩에 이주한 동남아인은 영화에서 그다지 큰 비중을 차지하지 못한다. 그러나 상당히 많은 영화에 '슬쩍슬쩍' 등장하고 있다. 이전에는 인식하지 못했지만 이 글을 쓰기 위해 다시 본 영화 중 상당수에 동남아인들이 등장하고 있는 것이다. 스티븐 초우(Stephen Chow, 周星馳)와 재키 청(Jacky Cheung: 張學友)이 파트너로 등장하는 경찰 코미디 영화 <커리와 고추(咖喱辣椒)>에는 필리핀 여성이 매춘부로 등장한다. 한국에서 상당한 인기를 얻은 <무간도(無間道)> 시리즈 제2편에 잠시 등장하는 태국은 홍콩이라는 중원(中原)에서 실패한 영웅이 권토중래(捲土重來)를 위해 일시 도피하는 변방으로 설정되었다. 중국인이 경제력을 장악하고 있는 동남아는 홍콩인에게 속국 또는 변방으로 인식될 수 있고, 홍콩에 이주한 동남아인은 중심지에 온 변방인으로 치부될 것이다. 다른 한편으로는 이렇게 생각해볼 수도 있다. 홍콩영화에서 동남아와 동남아인을 보여주는 것은 현실적으로 그들의 존재를 인식하는 것이지만, 그들을 슬쩍슬쩍 비추는 것은 의도적 축소일 수 있다. 현실적으로 그들에게 많은 일을 의존하면서도 그것을 인정하고 싶지 않은 심리가 그 밑바탕에 있는 것은 아닐까?

홍콩으로 이주한 동남아인의 반대편에 동남아로 이주한 중국인이 놓여 있다. 중국인의 동남아 이주는 11세기부터 시작되었지만 현재의 동남아 화인은 19세기에 홍콩을 경유해 이주한 자가 대부분이고, 이들이 동남아 현지에서 고향에 송금할 때에도 홍콩을 경유하는 경우가 많았다(하마시타, 1997: 18). 홍콩을 거쳐 동남아 현지로 이주했고, 홍콩을 거쳐 고향과 연결되는 끈을 가지고 있다면, 동남아 화인에게 홍콩은 특별한 의미가 있을 수밖에 없다. 인구 600만의 홍콩에서 영화산업이 발달할 수 있었던 또 하나의 근거는 3,000만에 이르는 동남아 화인이었던 셈이다. 수많은 동남아의 화인은 실제로 홍콩영화의 든든한 백그라운드인 동시에 영화에도 자주 등장한다.

'고품격 오락영화' 감독으로 평가받는 추이 학은 <영웅본색 Ⅲ>에서 전편의 오락성에 홍콩 사회와 연관된 주제를 결합했다. 영화는 장즈창(張之强, 일명 마크, 周潤發분), 장즈민(張之民, 梁家輝분), 저우잉제(周英傑, 梅艶芳분)의 사랑과 우정이 주조를 이루지만, 동남아 화인이라는 각도에서 주목할 캐릭터는 바로 장즈민의 아버지다. 영화 초반부에는 감옥에 갇혀 있는 사촌을 구하려고 홍콩에서 돈을 가지고 사이공에 온 마크가 사이공 공항에서 세관원의 검사에 걸리지만 저우잉제의 도움으로 위기에서 간신히 벗어나는 장면이 등장하는데, 영화는 이를 통해 베트남 당국의 부정·부패한 모습을 보여준다. 그리고 출옥한 장즈민과 함께 전동삼륜차를 타고 가다가 만난 여학생들은 시위를 가로막는 군부대를 향해 폭탄을 던지고 사살된다. "시위 학생들이 잔인하게 진압당하는 장면은 같은 해(1989년-인용자) 베이징 천안문 광장의 아픈 기억을 되살리는 동시에 1997년 중국으로 반환된 뒤에 있을지도 모를 홍콩의 암울한 미래를 보여준다"(크라머, 2000: 330). 그리고 경찰과 군대의 전투로 점철되는 함락 직전의 사이공은 부정·부패한 모습으로 그려지고, 당연한 귀결로서 혁명이 일어나는 것으로 영화는 막을 내린다.

우선 지적할 것은 이 영화에서 베트남이 철저히 타자화되고 있다는 점이다. 세관의 부정·부패는 말할 것도 없고, 학생들의 숭고한 희생조차도 여전히 바뀌지 않는 베트남의 모습을 보여주는 도구일 뿐이다. 국가 장치인 군대와 경찰은 자신의 이익을 위한 일에만 혈안이 되어 있고 때로는 서로 총부리를 겨누기도 한다. 구체적 인물로 등장하는 추바(Chu ba, 初八)조차도 중국어를 할 줄 몰라 말귀를 못 알아듣는 얼간이처럼 그려진다. 자신의 나라에서 다른 나라 말을 할 줄 몰라 당황스런 경험은 지금도 계속되고 있다. 이 영화는 베트남을 배경으로 설정했지만 철저히 홍콩에 관한 이야기를 하고 있는 셈이다. 여기에 장즈민의 아버지만 약간 다른 성격으로 그려진다.

베트남 화인인 장즈민의 아버지는 20여 년간 사이공에서 인애당(仁愛堂)이라는 한약방을 경영해왔다. 그는 자신의 분신이나 다름없는 인애당을 결코 떠나려 하지 않는다. 그러나 아들과 조카의 성화를 이기지 못하고 할 수 없이 사이공을 떠나게 된다. 그가 "사이공을 떠나지 않으려 했던 이유도 1997년을 의식한 때문"(김지석·강인형, 1995: 74)으로 보인다. 즈민의 아버지는 "1997년에 대륙이 홍콩을 회수하게 되면 마찬가지로 돌아와야 되는 것 아니냐? 베트남에서 수십 년간 전쟁을 치렀지만 지금도 여전히 별일 없잖니"라고 이야기한다. 자그마치 24년 후의 일을 현재와 중복시키고 있는 것이다. 그는 마치 아무리 큰 난리가 나도 고향을 등질 수 없는 사람처럼 사이공에 연연해한다. 이를 '현지국민적 정체성'과 연계시키는 것은 섣부른 일일 것이다.[158] 결국 그는 "모든 게 명이로군, 사람이 할 수 있는 일은 조금도 없어(萬般皆是命, 半點不由人)"라며 체념하고 아들과 조카를 따라나선다. 아들의 성화에 못 이겨 할 수 없이 떠나면서도 다시 돌아올 것을 염두에 두고, 설사 자신이 돌아오지 못하더라도 인애당의 소멸을 견딜 수 없기에 베트남 전쟁고아 추바에게 문단속, 청소, 맑은 날 약재 말리기 등 갖가지 당부를 잊지 않는다. 그러고도 대청에 걸어둔 '사이공 인애당'이라는 현판 앞에서 발길이 떨어지지 않는다. 이를 알아차린 추바가 그것을 떼어 다른 짐과 함께 꾸려준다. 마지막 떠나는 순간 추바에게 비상금을 주면서 했던 말은 "시국이 안정되면 곧 돌아오마"였다. 그는 추바와 눈물의 포옹을 하고 독촉하는 아들과 기어코 말싸움을 벌인다.

즈민 아버지의 경우에도 베트남과의 연계는 자신의 약방과 조금 친근한 점원 추바를 통해서 이루어질 뿐이다. 그가 떠날 때 추바가 챙겨준 현판은 20여 년이 넘은 베트남 생활의 집약처럼 보인다. 그러기에 세관원들이 현판을 쪼갤 때 심장을 도려내는 듯했고 쪼개진 현판을 기어코 가지고 가 홍콩의 집에 걸어둔 것이다. 그리고 사고로 세상을 등지기 전까지 아들 및 조카와 행복한 시간을 보내는 장면에서 베트남은 그에게 더 이상 '돌아가야 할 곳'이 아니다. 그는 아마도 중국민족적 정체성을 강하게 유지한 화인이었던 듯싶다.

앤 후이의 '베트남 삼부작'의 하나인 <우 비엣 이야기(The Story of Woo Viet, 胡越的故事)>는 1975년 베트남 패망 후 탈출한 화교들의 비극적인 삶을 그리고 있다. 우 비엣은 베트남전쟁에 참전했다가 사이공이 함락된 뒤 홍콩으로 피난 온 베트남 화인이다. 그는 옛 펜팔 친구의 도움을 받아 일본 위조 여권으로 미국에 가려고 한다. 그는 어렵사리 일본어를 배우고 거금을 들여 위조 여권을 발급받아 미국행 비행기에 오르지만, 중간 기착지인 필리핀 마닐라에서 같은 처지의 베트남 화교 선칭(沈靑)이 인신매매단에게 팔려 가는 것을 구하기 위해 미국행을 포기하고 살인 청부업자의 길로 들어선다. 그런데 이들의 배후에 있는 것은 필리핀 화인 중(種) 사장을 정점으로 하는 폭력 조직이었다. 우 비엣은 돈을 벌기 위해, 선칭은 외로운 홍콩 생활에 적응하지 못하고 그곳을 벗어나기 위해 미국행을 결심하지만, 그들은 미국 대신 필리핀으로 가게 되고, 선칭은 끝내 그곳을 벗어나지 못한다.

웡카와이 영화에도 동남아가 몇 차례 등장한다. <중경삼림>을 보면 극 중 'Midnight Express'의 주방에서 일하는 필리핀인이 몇 장면에 걸쳐 등장하는데, 그중 한 명은 가수가 꿈이다. <아비정전>에는 필리핀이 상당히 많은 장면에 등장한다. 영화에서 명확하게 설명되지는 않지만 주인공의 생모는 필리핀 화인으로 보인다. 이 때문에 주인공은 필리핀을 동경해 결국 홍콩 생활을 정리하고 필리핀으로 떠나게 된다. 그러나 그토록 열망하던 생모와의 만남이 이루어지지 않은 채 필리핀에서 삶을 마감한다. 그에게 필리핀은 동경의 대상이자 죽음의 장소였던 것이다. 이 영화 역시 필리핀에 대한 관심은 그다지 없어 보인다. 다만 앞의 두 영화와는 달리 열대 수림의 아름다운 모습을 보여줌으로써 필리핀을 현실 공간과 대립되는 공간으로 설정하고 있다. 그러나 마닐라의 현실 공간은 매춘과 절도, 폭력 등으로 얼룩져 있다. 그리고 영화의 주요 인물과 구체적인 관계를 맺는 필리핀인은 등장하지 않는다. 이 영화에서 생모에게는 과거와 미래가 중첩되어 있다. 영화 속 1960년대의 홍콩에 '과거(생모)'는 모국이다. 모국인 중국은 홍콩을 전쟁의 배상으로 떼어주고는 전혀 돌보지 않았던 것이다. 그러나 1990년대의 홍콩인은 그 일을 그다지 서운하게 여기지 않은 듯 보인다. 오히려 그들은 그동안 자신을 돌보던 영국이 1997년 이후 '과거'로 변해 자신들을 버려둘 것을 걱정한 듯하다.

여기에서는 홍콩영화에 등장하는 동남아를 홍콩에 이주한 동남아인과 동남아에 거주하는 중국인으로 나누어 살펴보았다. 전자를 통해 홍콩에 이주한 동남아인들의 경우 주변적인 모습으로 그려져 있음을 알 수 있다. 그들은 홍콩의 재생산구조에 일정한 역할을 하면서도 응분의 대접을 받지 못하는 현실과 마찬가지로 홍콩영화에서도 '슬쩍슬쩍' 비춰질 뿐이다. 이는 동남아인들의 역할을 의도적으로 축소하려는 홍콩인들의 의식 또는 무의식이 반영된 결과일 수 있다. 주변성과 식민성에 대한 홍콩인들의 반성이 결여될 때 홍콩의 동남아인들은 대륙 이민자나 베트남 난민의 경우처럼 통제와 차별의 대상이 될 가능성이 크다. 필리핀 가정부에 대한 연구는 이미 그것이 현실화되고 있음을 보여주는 증거다. 동남아 화인을 다루고 있는 영화에서도 배경인 동남아와 동남아인은 철저히 타자화되어 있다. 그리고 동남아 화인의 정체성도 현지민족적 측면보다는 중국민족적 측면이 부각된다.

4. 대륙 대중문화의 수용과 혼종화 현상

1) 대륙 5세대 영화의 수용

리튀(李陀, 1999)는 '당대 대중문화 비평 총서' 서문에서 우선 대중문화와 대중문화 연구에 대한 지식계의 뿌리 깊은 경시 풍조를 지적한다. 이어서 대중문화는 기존의 통속문화 또는 민간문화와는 달리 필연적으로 현대 자본주의와 밀접한 관련을 맺으면서 산업화된 대량생산을 통해 소비적 문화 상품을 복제한다고 역설한다. 이와 같은 맥락에서 다이진화(戴錦華, 1999)는 1990년대 이래 영화를 중심으로 한 '대중문화'가 더욱 강력하고 유효한 방식으로 전환기 중국문화 구축 과정에 참여하고 있다고 진단했다. 신현준은 한국적 수용에 초점을 맞춰, "적어도 1980년대까지 한국인들에게 '중국'의 대중문화는 홍콩이나 타이완에서 생산된 것을 의미"(신현준, 2004: 60)했다고 분석한다. '사회주의 현대화' 이후 중국 대륙의 대중문화는 내부적으로는 1980년대라는 과도기를 거쳐 1990년대 이후 본격적으로 부각되었고, 우리에게는 대개 국제영화제에서 수상한 영화의 수입으로 소개되기 시작했다. 물론 개혁·개방과 맞물려 중국에 대한 관심이 커진 것도 한 원인이었겠지만, 장이머우, 천카이거로 대표되는 5세대 감독과 장위안(張元), 지아장커(賈樟柯), 러우예(婁燁)로 대표되는 6세대 감독의 작품은 대부분 국제영화제에서 상을 받았다. 1988년 장이머우의 <붉은 수수밭>이 베를린영화제 금곰상을 수상한 것이 세계에 5세대 감독을 알린 영화로 기록되었다. 한편 6세대 감독을 국내에 소개하는 데는 부산국제영화제도 한몫을 했다.

크라머(2002)는 5세대 감독들이 표현주의적이지만 놀랍도록 사실적이며, 자연주의에 근접한 영상 기법을 도입하고, 새로운 영화 이론을 비판적으로 그들의 문화에 접목시켰으며, 억압적인 도그마에 매몰되어 있던 고유한 문화 전통을 되살려냈다고 평가했다.

그런데 우리 사회에 소개된 중국영화는 '사회주의 30년'을 뛰어넘은 채, 그리고 '포스트사회주의(post-socialism)'[159] 시대의 복잡한 사회·문화적 콘텍스트가 배제된 채 수용되었다. 더불어 한중 근현대사의 오랜 격절로 언어와 문화의 오역 현상도 비일비재했다. 이를테면 <귀주 이야기> 에피소드160)는 1990년대 중국 대중문화에 대한 한국인의 무지와 그것을 아무렇지도 않게 소통시키고 있는 한국 사회의 무감각을 그대로 보여준다. 이런 현상에 대한 정밀한 분석을 위해 텍스트의 올바른 분석과 수용이 요구된다.

5세대 영화 수용 초기에는 국제영화제 수상작 위주로 들어온 반면, 21세기 들어 중국에서 제작되고 있는 중국식 블록버스터(다펜, 大片)는 주목을 요한다. 다이진화는 1995년 중국 방송영화텔리비전부가 할리우드 블록버스터 10편을 수입하면서 중국영화 시장이 피폐해졌고, 이 때문에 시장과 초국적 자본이 승리자가 되었으며, 그 틈을 타서 수입업자인 중국영화공사(中國電影公司)는 대기업으로 성장했다고 비판한다.161)

그런데 ≪중국영화 네트워크(中國電影網)≫의 통계를 보면 할리우드 블록버스터를 수입한 뒤 10년도 되지 않아 중국은 '블록버스터'를 자체 제작했고, 2004년 <연인(十面埋伏)>, 2005년 <무극(無極)>, 2006년의 <황후화(滿城盡帶黃金甲)> 등은 중국 시장에서 <반지의 제왕 3>, <해리포터와 불의 잔>, <다빈치코드> 등 할리우드 블록버스터의 두 배 가까운 성적으로 흥행 1위를 차지했다고 한다(이후남, 2007). 그보다 앞서 제작된 <영웅(英雄)>(2002)은 국내외적으로 명망을 구축한 '문화 영웅' 장이머우가 마음먹고 만든 영화다. 그동안 '오리엔탈리즘의 내면화' 또는 '내재적 유배' 등의 비판을 받아온 장이머우는 기존의 '셀프오리엔탈리즘' 전략을 대폭 수정해 이제는 자국의 관중을 겨냥하고 있다. 가장 중국적인 무협 요소와 가장 전 지구적인 할리우드 블록버스터를 결합해 '중국 다펜(大片) 시대'를 연 것이다. 장이머우의 역량은 미국 컬럼비아사의 투자[162] 유치에서도 드러난다. 중국과 미국에서 흥행 성공을 거두었고, 한국에서도 복잡한 역사적 맥락이 탈각된 채 멋있는 중국영화로 소비되었으며, 뒤이어 발표된 <연인>과 <황후화>도 관객들에게 환영받았다.[163] 중국식 블록버스터에 내포된 '문화민족주의'와 '무협적 요소'의 광범위한 운용에 대해서는 심도 있는 연구가 필요하다.

5세대를 비판하며 등장한 젊은 신세대 감독들을 '6세대'라고 부르는데, 이들의 작품은 대개 소규모의 '마니아' 그룹을 통해 수용되고 있는 실정이다. 장위안의 <베이징 녀석들(北京雜種)>과 지아장커의 <샤오우(小武)>는 지하영화 또는 독립영화로 소수의 마니아에게 전해졌다. 한편 지아장커에 대해서는 단행본이 출간되었고(장기철, 2002), 최근 그에 관한 몇몇 연구 논문이 발표되었다.[164]

2) 중국권 대중문화의 혼종화 현상

1990년대의 중국 대중문화를 볼 때 홍콩·타이완·대륙의 혼종화 현상에 주목해야 한다. 이는 우선적으로 개혁·개방 이후 대륙에 밀려든 홍콩과 타이완 대중문화의 영향력을 가리킨다. 특히 대중가요 분야에서 홍콩·타이완의 음악인 '강타이인웨(港臺音樂)'가 수입되고, 그 영향을 받아 발라드와 디스코를 주로 하는 '퉁쑤인웨(通俗音樂)'가 대량으로 생산되었으며, 서북 지방의 민속음악과 강타이의 현대적 사운드를 결합한 '시베이펑(西北風)'이 탄생되었다. 강타이와 시베이펑의 관계가 홍콩·타이완의 무협영화와 5세대 영화의 관계와 유사할 것(신현준, 2004)이라는 진단은 바로 홍콩·타이완과 대륙 대중문화의 긴밀한 영향 관계, 나아가 '혼종화' 현상을 잘 설명하고 있는 것이다. '혼종화' 현상은 영화에서도 새로운 합작 방식을 통해 구현되고 있다. 이를테면 <패왕별희>는 천카이거 감독과 궁리(鞏俐) 등의 대륙 감독과 배우, 허우샤오셴(侯孝賢)의 타이완 자본, 레슬리 청(張國榮) 등 홍콩 배우의 합작 형태로 제작되었다. 이 영화는 때로 감독의 국적으로, 때로 제작사 국적으로 국제영화제에 출품되기도 했다.

　중국권 대중문화 혼종화 현상에 큰 역할을 한 것은 1990년대 대륙의 대중문화 유통의 주요 경로인 '인샹뎬(音像店)'이다. 불법 음악 시디(CD)와 영상 디브이디(DVD)의 공식적인 유통 경로도 아니고, 그렇다고 암거래 시장(black market)도 아닌, '회색 시장(gray market)'165)이라 할 수 있는 수많은 '인샹뎬'은 그 '천국으로 가는 계단(Stairway to Heaven)'166)이다. 관련자 사이에 '철근 캐기'라는 유행어가 유포될 정도로 중국에 다녀오는 중국 관련 전문가들은 대부분 영상 자료 구입에 몰두한다. 개당 가격이 한국의 비디오 대여료 수준이니 자연 선택의 폭이 넓어질 수밖에 없다. 최근에 중국 관련 기러기족이 늘어나더니 유학생의 부모, 특히 어머니들이 '인샹뎬'을 뒤지고 다니는 통에 '한글 자막 있음'이라는 광고 문구를 내건 가게도 많아졌다. '시네마 천국'으로 가는 계단으로서 해적판 디브이디는 중국 인민들을 영화팬으로 만들었을 뿐 아니라, 중국 내외의 영화 연구자들에게 자료 메카의 구실도 했다. 이 글의 주제와 연계시키자면 한국의 수많은 중국학 관련 연구자들이 중국 영상 자료를 대량으로 구입했고, 그것을 교학과 연구에 연결시킬 수 있었다.

5. 맺는 글

이 글에서는 '한류' 현상을 참조체계로 삼아 '동아시아 대중문화의 교류'라는 큰 틀 속에서 중국 대중문화의 한국적 수용과 영향을 고찰했다. 이는 문화의 속성이 쌍방향이라는 점을 감안한 것이다. 홍콩·타이완 지역을 포함해 중국인들이 열광하는 '한류' 콘텐츠 가운데는 우리가 수용해 '토착화'한 중국적 요소가 있을 수 있으며, 각 지역이 겪은 '근현대화(modernization)'의 토착화 경험을 비교·대조할 수도 있다. 이에 대한 효과적 설명을 위해 '동아시아 대중문화의 교류'라는 시좌가 요구된다.

이는 한국 대중문화가 아시아에서 유통·수용되는 현상과 아울러 한국 대중문화가 수용한 타문화의 문화 횡단(trans-culture)을 동시에 보아야 한다는 것이다. 신자유주의 대중문화의 메카인 미국의 대중문화, 중국의 전통문화, 일본의 문화, 타이완·홍콩의 문화 등의 한국적 수용에 대한 점검이 함께 이루어져야만 한국 대중문화의 아시아적 소통을 '전 지구적 차원(global dimension)'에서 제대로 해석할 수 있을 것이다.

이상의 문제의식을 토대로 고찰한 결과를 요약하면 다음과 같다. 한국, 홍콩, 타이완에서 횡행했던 '유사 삼류작'의 범람은 역으로 원작(original)의 인기를 반증하는 것으로 볼 수 있다. 그리고 한-홍 합작영화는 그 시대에 가장 인기 있는 장르와 영합한 영화 관행으로 자리 잡았다. 1957년부터 1982년까지 약 25년간 지속되었던 132편의 합작영화는 동아시아 문화교류의 중요한 사례라고 할 수 있다.

한편 한국 무협소설계의 큰 장을 열었던 워룽성 시대는 1966년 『군협지』 번역으로 절정을 이루었고, 이어서 1968년 그의 다른 작품도 대량 번역 소개되었다. 워룽성의 인기에 영합해 다른 작가의 소설을 워룽성의 작품이라고 내세운 기현상도 벌어졌다. 이러한 모방을 통한 단련이 한국 무협소설 창작의 동력이 되기도 했다. 그리고 중국 무협소설은 무협소설의 독자와 작가뿐만 아니라, 이른바 '본격문학'의 작가와 독자에게도 어느 정도 영향을 주었다.

진융은 중국 무협소설 유행의 또 다른 고조를 대표한다. 1986년부터 1989년에 이르는 3년간 '영웅문' 시리즈 등 모든 작품이 번역되었고, 이 작품들에 대한 학술 연구도 적잖이 진행되었다. 최근에는 판권 계약을 통해 '사조삼부곡'이 새롭게 번역되기도 했다. '영웅문 현상'은 진융 원작 이해와는 거리가 있는 한국의 고유한 문화 현상이다. 독자들은 유독 '영웅문'에만 집착하며, 관련 담론도 '영웅문'을 중국을 대표하는 무협소설로 간주해 그것을 독파하면 중국 무협소설을 정복한 것인 양 착각하게 한다. 실제 '진융의 사조삼부곡'을 번역한 『소설 영웅문』은 완역이 아니라 양적으로 70% 수준의 번역이었고, 그 문체나 문화적 측면까지 평가하면 50% 이하의 조악한 번역물이다. '영웅문'의 번안·출판은 한국적 맥락에서 이전 단계의 무협지에 대한 통념을 깨뜨린 사건이었지만, 원작의 의미와 재미를 상당히 훼손한 것도 사실이다. 1990년대 동아시아 문화 횡단의 시대에 진융 텍스트가 지닌 중국 전통문화의 두께는 동아시아 문화를 풍부하게 만들 콘텐츠이기도 하지만, 자칫 중화주의를 강조하는 '국족 서사'와 '중국 상상' 또는 '전통의 부활'을 강화하는 기제가 될 수도 있다.

리퉈와 다이진화가 평한 대로 중국 대륙의 대중문화는 1980년대의 과도기를 거쳐 1990년대 이후 본격적으로 부각되었고, 우리에게는 주로 국제영화제에서 수상한 5세대 감독의 영화들을 통해 모습을 드러냈다. 21세기에는 중국식 블록버스터가 주류를 이루고 있는데, 중국 내 흥행 성적에서 할리우드 블록버스터를 제치는 등 기염을 토하고 있다. 그 원류라고 할 수 있는 <영웅>은 '오리엔탈리즘의 내면화' 또는 '내재적 유배' 등의 비판을 받아온 장이머우가 자국의 관중을 겨냥해 제작한 작품으로, 중국적인 무협 요소와 전 지구적인 할리우드 블록버스터를 결합해 '중국 다폔(大片) 시대'를 열었다.

1990년대 중국 대중문화를 볼 때 홍콩·타이완·대륙의 혼종화 현상에 주목해야 한다. 이는 개혁·개방 이후 대륙에 밀려든 홍콩과 타이완 대중문화의 영향에서 비롯되었다. 대중가요 분야에서 두드러지고 홍콩·타이완의 무협영화와 5세대 영화 사이에도 모종의 영향 관계가 존재한다. '혼종화' 현상은 영화 제작에서 두드러진다. 이는 대륙의 감독과 배우, 타이완의 자본, 홍콩의 배우 및 영화 제작 시스템의 합작 방식으로 구현되고 있다.

이상에서 살펴본 바와 같이 한국 근현대 대중문화는 우리가 오인하고 있는 순혈(純血) 이데올로기와는 달리 혼혈(hybrid) 문화라 할 수 있다. 중국과의 오랜 교류(유가문화 등)와 해방 후 지속된 미국의 영향(청바지와 통기타 등 청년문화 등)이 명시적인 구성 요소라면, 일본의 식민 통치(왜색문화)와 홍콩 및 타이완의 대중문화는 암묵적인 요소다. 특히 1970~1980년대에 성장기를 보낸 청소년들의 정서에는 홍콩영화와 타이완·홍콩의 무협소설의 영향이 숨겨진 구조(hidden structure)로 잠재해 있다. 그러나 한국 사회의 미국화(americanization) 욕망으로 한국의 홍콩과 타이완 대중문화 팬들은 대부분 내심 열광하면서도 무관심을 가장할 수밖에 없었다. 이들은 '마니아'의 단계에 이르지 못한 채 취향과 향유의 괴리 현상을 보였던 것이다.

유하의 <말죽거리 잔혹사>는 홍콩영화의 영향을 대중적으로 공인한

솔직한 고백이라 할 수 있다. 이를 통해 우리는 홍콩의 대중문화에 대해 마음껏 담론할 수 있는 계기를 부여받았다. 앞으로의 과제는 이에 대한 섬세한 분석을 통해서 한국인과 한국 사회에 대해 깊이 있는 연구를 진행하는 것이다. 아울러 타이완 신랑차오(新浪潮, new wave) 영화 및 대륙의 5세대 영화, 홍콩·타이완의 대중음악과 TV 연속극 등의 수용 과정에 대해서도 구체적이고 심층적인 연구가 진행되어야 할 것이다. 홍콩, 타이완, 대륙 세 지역의 대중문화가 상호 영향을 주고받으며 혼종화된 중국 대중문화의 한국적 수용을 1990년대 이후 동아시아 대중문화의 초국가적 생산과 유통의 맥락에서 고찰할 때, 비로소 그 흐름과 의미를 제대로 고찰할 수 있을 것이다.

맺음말

　중심-주변의 사고의 틀을 깨뜨리지 않으면 담론은 결국 중화사상의 현대적 재생산을 도모하거나 민족적 감정이나 애국심에 치우쳐 중화사상을 부정하는 입장에 그치고 말 것이다. 좀 더 생산적인 담론을 위해서는 중심-주변의 사고의 틀에서 벗어나 모든 것을 객관적 시각으로 바라볼 수 있어야 한다. 이를 위한 지적 작업이나 활동은 주로 동아시아 사람들이 지니고 있으리라 전제되는 '본질적이면서도 진정한 것으로서의 문화'의 유사성을 강조하는 입장과, 동아시아 문화는 서양과 구분되는 독특한 문화적 특질을 지니고 있으며 그것은 서양의 시선이 아닌 동아시아의 시선으로 발견될 수 있다는 가정에 기초한 또 하나의 '동아시아 문화'의 공통점을 상정하는 입장으로 대별된다. 양자는 '동아시아'를 하나의 문화 또는 문화권으로 단순화하거나 동질화한다는 공통점이 있다.
　동아시아 문화에 대한 담론의 개발은 종종 서양을 단일화하고 단순화하며, 따라서 동아시아를 단순화한다. 동서양을 몇 가지 항목의 대립 이항의 틀을 통해 설명하는 것은 의미가 없으며, 서로 다른 서양과 동양의 발견은 결국 서로를 발견하는 거울인 것이다. 즉, 동서양 문화의 상이점을 발견한다는 것은 자기발견의 중요한 수단이다.

담론 개발에 앞서 동아시아의 실체, 그리고 그 안에서의 문화적 동질성과 이질성의 현실 인식이 선행되어야 한다. 흥미로운 점은 동아시아의 나라들이 동아시아 문화의 공통성을 지적하고 공유된 문화를 발전시키려고 할 때, 그 방법으로서 원초적 감정을 고양해 오히려 공동체의 확산을 저해한다는 사실이다.[167] 진정한 의미에서 동아시아의 통합은 국가와 민족의 경계를 넘어 동아시아의 문화를 공유하는 '사람'들의 모임이 되어야 할 것이다.

더불어 서양의 다양성과 이질성을 발견하고 인식하는 것이 중요하다. 어쩌면 우리가 이해하고 있는 서양은 서양인이 아닌 우리가 만들어낸 것인지도 모른다. 즉, 서양이 동양을 발명해냈다면 동양 또한 나름의 허구와 편견으로 서양을 창조해낸 것이다. 우리가 세계의 다양성을 인정한다면 이제 세계를 서양과 비서양으로 나누는 이분법의 횡포를 불만스러워해야 할 것이며, 아시아를 다시 여러 개로 나누고 유독 동아시아라는 특권적인 용어를 사용해 세계를 범주화하는 데 대한 자성이 있어야 할 것이다.

동아시아 담론은 서양에 대한 절대성 부여나 서양 및 세계에 대한 인식의 실체를 객관화하고 재검토하는 행위의 하나로서 의미가 깊다. 즉, 그것은 서양적인 것이라는 말 때문에 제쳐두었던 것, 즉 자연관, 인간관, 세계관의 또 다른 측면(다양성과 이질성)을 재고하는 운동으로서 타당성을 지닌다. 동아시아 담론이 제기하는 문제의식은 서양-비서양 또는 중심-주변의 대립 구도로 공식화되어왔던 문화 인식의 틀에 의문을 제기했다는 점과 다양성의 근거를 제시했다는 점에서 중요한 공헌을 했다. 그리고 이러한 담론의 근저에는 문화의 실체를 이해해야 한다는 메시지가 자리

잡고 있다.[168)]

사실 가장 중요한 문제 중 하나는 문화 번역의 문제다.[169)] 어떻게 타자의 문화를 우리의 언어로 재현할 것인가? 우리가 감각의 차원에서 경험적으로 추출하는 문화의 특질과 현상에서 어떤 문화의 '본질'을 찾아내고 번역할 수 있을 것인가? 문화는 단순히 기계적인 제도나 법률이 아니라 사람이 실천하는 것이고 머릿속에서 생각되는 것이며 상징과 상상의 세계에 이르는 것인데, 이를 몇 가지 언어로 정리한다는 것이 타당한가? 동아시아를 타자로 상정할 때 그 문화의 속성과 의미를 어떻게 우리의 방식으로 구현해내고 이해할 수 있는 대상으로 만들어낼 수 있을까? 이러한 딜레마에 대해 진지한 성찰 없이 동아시아를 한데 묶어 동질적인 문화 형태로 간주하는 한, 동아시아 담론은 그것이 비판의 대상으로 삼고 있는 서양 담론과 마찬가지로 문화결정론의 환상을 유포하고 문화제국주의적 세계관을 생산하고 배포할 수 있다.

세계화가 급속하게 진전되고 있는 현 상황에서 문화를 다룰 때 또 한 가지 고려해야 할 사항이 있다. 이른바 '세계화의 문화적 차원'[170)]을 고려할 때, 문화의 세계화는 동질화와 같은 것이 아니며, 세계화라는 것은 지역의 정치적·문화적 경계들로 흡수된 다양한 동질화의 도구의 이용을 포함한다는 점이다. 결국 그러한 도구는 국가가 점차 미묘한 역할을 하는 국가 주권, 자유기업, 근본주의 등의 이질적인 대화로 송환될 가능성이 이전에 비해 훨씬 더 증대되었다는 사실을 받아들여야 할 것이다. 이러한 논의는 동아시아의 사회와 문화를 다룰 때 동일한 방식으로 적용할 수 있다.

그러므로 동아시아 각국의 문화적 배경과 역사적 경험을 형성하는 데 큰 영향을 미친 국가와 시민사회의 갈등, 시장의 확산과 국가 간의 경쟁, 기업의 자율화와 국가 간여의 정책 성향, 전통과 현대의 관계 등이 사회문화적 맥락을 고려한 경험적 연구를 통해 구체적으로 논의되고 탐구되어야 한다. 그럼으로써 각국 시민들 사이에 공동체에 대한 간단한 낙관이나 문화만능주의의 단순성을 극복할 논의의 패러다임을 찾아내기 위한 구체적인 노력, 예컨대 비교론적 관점에 입각한 경험적 연구의 필요성에 대한 인식이 증대되어야 한다.

결론적으로 한국, 중국, 일본 세 나라 모두 왜 동아시아 정치·경제 공동체를 이루어야 하는지에 대한 기본적이면서도 근본적인 질문은 생략한 채, 어떻게 하면 공동체를 이룩할 수 있을 것인가에 대해 피상적이고 기술적인 방법이나 형식만을 논하는 한, '동아시아' 또는 '동아시아 정체성' 담론은 허구에 불과한 것이며, 그 결과 한국, 중국, 일본이라는 각 국가(또는 민족)의 주체는 자칫 동아시아 공동체 또는 환태평양(아시아-태평양) 공동체라는 '또 하나의 담론'의 희생자로 전락할 가능성이 크다는 점을 유념할 필요가 있다.

필자들은 "동아시아를 바라보기 위해서는 '동아시아적 시각'이 요구된다"는 의견에 동의한다. 동아시아적 시각은 내재적 비판 기능과 결핍의 의미 탐색을 겸해야 하고, 동아시아 논의가 의미를 가지려면 억압된 전통의 환기 기능과 결핍의 의미를 설명하는 기능이 동시에 구비(유준필, 2000)되어야 하지만, 이는 한 나라의 문학 연구로는 확립되기 어렵다. 그것은 유사한 역사적 과제와 경험을 지닌 권역을 통주해야만 확보할 수 있다. 억압된 전통을 환기하지 못하고 소외되면 "거의 신비적인 방식으로 고전적인 아랍문화의 위대한 시기와 자신을 동질화시킴으로써 얻어진 과장된 중세화"171)에 해당하는 '근본주의적 소외'를 경험하게 된다. 이것은 "동양인 스스로에 의해 내면화된 오리엔탈리즘의 산물"이라 할 수 있다. 딜릭은 이를 "자아오리엔탈리즘화(self-orientalisation) 또는 뒤집어놓은 오리엔탈리즘(orientalism in reverse)"(딜릭, 2000: 82)이라고 명명했다. 이때 동아시아에 내면화된 서유럽과 아메리카의 각인 또한 치밀한 분석과 대책 마련이 요구된다. "동아시아에 대한 급진적인(radical)172) 시각은 초월되어야 할 근대성이 더 이상 서양적인 것만이 아니라 동아시아의 근대성이라는 사실을 알아야"(딜릭, 2000: 111) 한다고 지적하고 있다는 이야기가 예사롭지 않게 들리는 것은 이 때문이다.

'한국문학→동아시아 문학 또는 제3세계 문학→세계문학'의 포석을 가지고 있는 조동일의 '중세에서 근대로의 이행기문학' 개념에는 중국의 이른바 '근대문학'173)과 일본의 '근세문학'을 아우를 수 있는 장점이 있다. 또한 '동아시아 소설의 독자적인 이론체계의 가능성'에 대해 조동일과 김채수는 구체적인 연구를 진행하고 있고, 기타 여러 논자들도 긍정적인 평가를 내리고 있다.

이들이 상정하는 한·중·일 3국 또는 2국 문학이 단순한 비교문학의 대상으로 전락하지 않기 위해, 그리고 동아시아가 또 하나의 '상상의 공동체'가 되지 않기 위해서는, 동아시아 속에서 "한국과 중국과 일본의 문화적 이질성에 대한 확인과 인정의 자세 및 능력이 동질성에 대한 믿음을 기반으로 하는 통합의 요구나 기대에 우선해야 한다"(김광억, 1999: 173).

필자들이 보기에 이제 동아시아(담)론은 '유산으로서의 동아시아', '방법으로서의 동아시아'(다케우치 요시미), '계획으로서의 동아시아'(아리프 딜릭), '지적 실험으로서의 동아시아'(백영서) 등 다양한 기획의 헤게모니 경쟁의 장이 되고 있는 듯하다. 물론 "이 경쟁에서 시간의 고험(考驗)을 딛고 일어선 담론만이 살아남을 것이지만", 담론을 넘어선 문화 분석에 대한 관심 또한 '동아시아'를 이해하는 데 필수적인 과제가 될 것이다. 이에 대한 이론적·방법론적 관심과 이해가 이제 부각될 시점에 와 있다.

이상에서 언급한 바와 같이 '동아시아'는 세계사적 관점에서 매우 특수하면서도 보편적인 위치를 점하고 있다(Miller, 2008). 동아시아는 식민지 역사의 관문으로 서유럽 외래문화의 수용과 배척이라는 문화적 과정을 거치면서 나름대로 독특한 문화와 문학적 특징을 만들어왔다. 여기서는 지역사(local history), 도시문화(urban culture), 도시성(urbanism), 문학론, 대중문화, 디아스포라, 문학과 역사의 민족지적 재현 등의 문제가 상충하고 상보하면서 문화의 역동적 관계가 이루어진다. 필자들의 공동 작업이 학제간 연구(interdisciplinary study)에 대해 진정한 실험의 장을 제공할 것으로 기대한다.

이 작업은 기본적으로 동아시아 담론의 비판적 성찰을 통해 동아시아 문제에 창의적이고 독창적인 주제를 창출해보려는 의도로 이루어졌다. 동아시아의 개념적 범주는 인구의 이동, 즉 '이주'와 '디아스포라'의 형성 과정과 무관하지 않다. 물론 이는 역사적·통시적 고찰과 문화적·공시적 고찰이 동시에 이루어져야 한다는 것을 의미한다. 동아시아의 개념을 설정하는 것이 가능하다면, 이 글에서는 동아시아의 역사와 문화, 텍스트 속에 재현된 인간 삶의 흔적의 상호작용 문제를 결코 도외시할 수 없다. 결국 토착문화와 외래문화 사이의 변증법적 통합 과정을 거치면서 형성된 동아시아 정체성에 대한 의문으로 이어진다. 우리가 주목하려는 것이 바로 이것이며, 이를 학술적으로 재구성하려는 것이 바로 이 작업이 지향하는 목표이기도 하다. 일상의 학술적 실천을 통해 합의에 이르는 도정을 경험하면서 일상의 문제에서 학문적 추상화의 수준에 도달할 수 있다는 믿음이 있었기에 이러한 구상과 문제 제기가 가능했다. 이는 결국 동아시아의 이미지 또는 실체를 현대적 맥락에서 재구성해야 한다는 세계사적 흐름에 동참하는 일이기도 하다. 이 작업의 의의를 이 점에서 우선적으로 찾고 싶다.

이 작업은 동아시아에 대한 비판적 성찰을 통해 역설적으로 동아시아의 가능성을 모색한다는 점에서 여타의 인문·사회 과학자들에게 공동 연구 또는 학제 간 연구의 가능성을 제시할 수 있을 것으로 기대된다. 중국과 동남아시아, 한국의 사례를 중심으로 이를 문학, 영화, 대중문화, 생활양식, 정체성, 세계관, 역사성 등의 제 차원에서 접근하고자 하는 이 작업은 국내뿐 아니라 세계 학계에서도 유례를 찾아보기 어려운 '동아시아' 문화 구축의 작업이기 때문에 이를 바탕으로 다양한 시도가 이루어질 것으로 기대된다.

그리고 이 저서는 '동아시아의 과거와 현재', '동아시아 문학과 문화', '동아시아의 역사와 문화', '세계 속의 동아시아', '동아시아의 디아스포라 사회' 등의 강의를 위한 교재 또는 참고자료를 제공해줄 수 있을 것이다. 더불어 동아시아의 문화와 문학적 특성이 현대사회 속에서 어떻게 유지·변형되는지를 심층적으로 조망하는 데 유익한 자료가 될 것이다.

주

1) 참고로 일본은 식민지 종주국이면서도 서유럽의 식민주의에서 자유롭지 못하다는 이중성을 안고 있다. 동남아시아 국가 중 서유럽의 식민 지배를 겪지 않았다는 점에서 태국은 예외에 속한다.
2) 이하의 내용은 김광억(1998b: 3~5)의 문제의식에서 기본적인 아이디어와 힌트를 얻어 작성된 것임을 밝혀둔다.
3) 백영서(2000a); 백영서 외 엮음(1995); 사회와철학연구회 엮음(2001); 조동일(1993a, 1999); 정문일 외 엮음(2000); 정재서(1996); 정재서 외 엮음(1999); 최원식·백영서 엮음(1997) 등을 참조할 것.
4) 이러한 주장에 관해서는 ≪조선일보≫, 2002년 4월 10일자 기사를 참조할 것.
5) 진덕규(1999)가 대표적인 경우다.
6) 이 장은 '淸華东亚文化讲座', 第16講(2006. 2. 25, 淸華大學 人文學院)에서 발표된 글을 수정·보완한 것이다. 당시 세미나에 함께 참여해 열띤 토론을 벌였던 학자와 학생 여러분께 깊이 감사드린다.
7) 사이드의 '오리엔탈리즘'에 대한 재해석에서 드러났듯이, 동양은 서양을 존재하도록 하기 위해서 서양인들이 제국주의와 식민주의의 폭력을 사용해 만들어낸 허구적 실체이며(사이드, 1993), 헤겔과 마르크스, 베버 등은 서양을 위한 전제 내지 대비로서의 동양을 만들어낸 대표적인 지식 생산자다. 예컨대 "중국과 몽고의 제국은 신정적 전제의 제국이다. 이 제국에서는 우리 서양인들이 양심에 맡기고 있는 것까지도 전제군주가 지배하고 있다"라든지 "동양인은 정신 또는 인간이 바로 자유 그 자체인 것을 알지 못한다" 등의 헤겔의 말은 그의 저작에서 흔하게 발견되는 표현이다. 이러한 헤겔식의 역사철학이나 일면에서는 이것을 계승했던 마르크스의 '아시아적 정체성'이라든지 '아시아적 생

산양식'이라는 개념도 그 내용을 자세히 음미하지 않은 채 자명한 것으로 받아들여져, 막연히 '뒤떨어진 아시아'라는 이미지를 강화하는 데 도움을 받아왔다고 할 수 있다(平川祐弘, 1999: 44~45). 동양은 자기 의지와 힘으로 존재하는 실체로서 설명되지 않았던 것이다. 헌팅턴의『문명의 충돌』이나 후쿠야마의『역사의 종말』역시 서양을 좀 더 선명히 하고 서양의 문명과 문화체계를 구하기 위한 방편으로서 동양이라는 개념을 사용한 것이라고 볼 수 있다(헌팅턴, 1997; 후쿠야마, 1996 참조).

8) 이러한 주장은 김광억(1998a, 1998b)에서도 제기되었다.
9) 한 예로 영화 <음식남녀 2>를 들 수 있다. 이 영화는 중국과 대만이 지리적으로 떨어져 있고 중국과 홍콩 사이에 문화적으로 분명한 차이점이 존재하는데도, 대만과 홍콩은 결국 중국과 하나가 되어야 하며, 하나의 중국으로 통합되어야 한다는 이른바 총화단결에 바탕을 둔 민족주의적 메시지를 중국음식을 통해 상징화하는 과정을 잘 보여준다. 이를 통해 중국인들은 세계 어느 곳에서 살든지 중국문화의 정체성을 잃지 말아야 한다는 메시지와 중국은 하나라는 중화민족주의를 노골적으로 드러낸다.
10) 이런 점에서 한국 역시 국내 문제에만 지나치게 집착한 나머지 아시아 전체와 관련된 문제에 대해서는 특별히 관심을 기울이거나 제대로 된 역할을 수행하지 못했다는 평가가 나오는 것은 당연하다고 하겠다.
11) 이에 관해서는 김광억(1998a)과 한경구(1997)를 참조할 것.
12) 김광억(1998b)도 이러한 입장을 취하고 있다.
13) 가(家)와 족(族)의 개념을 예로 들면, 이것은 어떤 고정불변의 실체라기보다는 조상의 범주와 상속 관행의 차이, 그리고 그것이 작동하는 특정 사회, 즉 한국과 중국과 일본 등의 사회문화적 맥락에 따라 매우 다양한 의미를 지니며, 그것이 실천되는 방식도 다른 사회문화적 요소와의 결합에 따라 매우 역동적이고 탄력적으로 변화하는 유동적이며 가변적인 것이다. 따라서 그것이 작동하는 시대적·공간적 맥락에 따라 다각도로 접근하는 태도와 자세가 선행되어야 한다.
14) 이런 점에서, 1,000여 년 전에는 한·중·일 삼국이 서로 긴밀하고 우호적인 관계를 유지했는지 몰라도, 그 후 여러 세기를 거치는 동안 삼국 간 관계나

상황은 크게 달라졌음이 분명하다. 이 시기의 삼국 사이의 내왕이나 접촉, 교류 및 교역을 통한 관계가 과연 상호 존중 또는 대등한 관계를 바탕으로 지속적으로 이루어졌는지에 대해서도 한 번쯤 진지하게 생각해볼 필요가 있다. 오히려 이 시기에는 대체로 상호 배타적이거나 경쟁 관계에서 때로 전쟁을 하는 등 적대적 관계로까지 발전되어 서로의 문화에 대해 폭넓고 심도 있게 이해하기 어려웠다는 것이 역사적 사실에 더 가까운 것은 아닌지 의문이다. 이러한 인식의 사실 여부를 입증하기 위해서는 앞으로 이 지역 상호 간 문화 교류에 대해 정확한 연구가 선행되어야 할 것으로 본다.

15) 일본의 경우 시마자키 도손(島崎藤村)의 『家』(1910~1911), 한국의 경우 염상섭의 『三代』(1930), 중국의 경우, 바진(巴金)의 『家』(1933) 등에서 가족은 무거운 부담, 또는 감옥으로 묘사된다. 이 작품들 속 젊은 남성들은 가족으로부터의 탈출을 원하는 심경을 토로하고, 여성들은 전통적 가족의 수호자로서 남는다. 도손이나 염상섭의 경우 모두 전통과 (기독교로 상징되는) 서양에서 들어온 새로운 가치와의 충돌이 문제되고 있다. 특히 『삼대』에서는 이질적인 서양 종교에 대한 반응이 조부의 말로 대변된다. 조부는 기독교 신자인 아들 상훈이 탐탁지 않아 별거하고 있는데, 자신의 집에 들른 상훈의 처에게 다음과 같이 이야기한다. "너희들은 기독교인지 뭔지를 믿기 때문에, 선조의 제사가 무엇인지도 모르겠지만, 내가 살아 있는 동안은 어림도 없다. …… 기독교가 아니라 그것보다도 더 중요한 것을 믿는다 해도, 선조의 제사·부모를 받드는 것이 무엇이 잘못이냐. 예수는 아버지를 모른다고 하지만, 여하튼 부모가 있기 때문에 태어난 것이 아니냐. 잘 기억해둬라." 동아시아에 서양문화가 전래되는 과정에서 유교적 가치관과 기독교적 가치관의 대립이 가장 첨예한 형태로 나타난 것이 바로 이러한 유교의 효행의 가르침의 연장선상에 있는 조상 숭배와 기독교의 우상 숭배 간의 대립일 것이다(平川祐弘, 1999: 48~49에서 재인용).

16) 헤겔과 마르크스, 베버 이래 아시아 특유의 문화는 유교나 불교, 힌두교 등 종교를 기반으로 한 문화에 기인한다는 이론이 모든 아시아의 경제적 낙후성이나 사회적 정체성 등 이른바 '아시아적' 상황을 설명하는 금과옥조로 이용되

어왔다. 이러한 담론의 유포는 서양 중심의 세계체제의 정당성을 주지시키는 것이며, 아시아에서는 현재의 정권의 무능함을 은폐하거나 독재적 권력을 정당화하는 원천으로 악용되기도 했다. 그 대표적인 것으로 싱가포르의 리콴유(李光耀) 모델과 한국의 박정희 모델을 들 수 있다.
17) 이 개념은 앤더슨(2002)이 민족주의의 기원과 전파를 설명하기 위해 만들어낸 조어로서 민족이란 어떤 실체의 공동체라기보다는 고유한 문화적 상황과 특수한 역사적 경험의 산물로서 특정 집단 내에서 '상상된 공동체'로서의 성격을 지닌다는 의미로 사용된다.
18) 이러한 의미에서 문화란 그것을 향유하고 생활의 근간으로 삼으며 실천하는 사람들에게 비로소 의미가 있는 것이다(김광억, 1998b 참조). 그러므로 문화적 요소나 형태에 공통성이 있다는 사실만으로 그것이 곧 문화 공동체 또는 문화적 동질성을 이루는 방향으로 거의 자동적으로 작용한다고 단정하거나 기대할 수 없는 것이다(홍석준, 1998).
19) 이에 관한 세부적인 논의는 Appadurai(2000)를 참조할 것.
20) 이러한 주장은 이미 홍석준(1998)에서 제기된 바 있다. 이에 관해 좀 더 상세한 논의는 홍석준(1998)을 참조할 것.
21) 현지 발음은 멀라까에 가깝고, 국어사전에는 믈라카(Melaka)로 등재되어 있다. 여기에서는 'Malacca'를 외래어 표기법에 맞춰 '말라카'로 표기하기로 한다.
22) 말레이시아의 수도 쿠알라룸푸르(Kuala Lumpur)에서 버스를 타고 남쪽으로 3시간, 택시로 2시간 정도 가면 해협에 인접한 항구도시 말라카에 도착한다. 말레이 반도 중간 부분의 남서부 지역에 위치한 항구도시이자 관광도시인 말라카는 말레이시아 내에서도 가장 오랜 역사를 지닌 하나의 주(negri, state)이면서, 항구로 이루어진 하나의 도시를 가리키는 명칭이기도 하다. 인구 60만의 항구도시 말라카의 인구구성을 보면, 총인구의 약 55%는 말레이인이 차지하고 있으며, 중국인이 약 30%, 인도인이 8%, 기타 외국인이 7%를 차지하고 있는 이른바 다민족도시의 형태를 갖추고 있다. 말라카 서쪽으로는 바다의 실크로드 중심지였던 말라카 해협이 자리 잡고 있다. 말라카 해협의 정박지로서 외부 세계로부터 각종 문물이 수입·전파되었던 말라카는 말레이시아 최고

(最古)의 도시로 고도를 상징하는 유물과 유적이 많이 남아 있는 역사의 도시(bandar bersejarah)다.
23) 이 용어는 아라비아어의 '마우심(al-mawsim)'에서 유래한 말이다. 마우심이란 일 년 중 정해진 기간이나 계절, 또는 그 기간 내에 열리는 제례나 순례, 파시, 추수감사제 등과 같은 특별한 '행사'를 의미한다. 동남아시아의 도서 지역에 사는 사람들, 특히 멀라까 해협을 왕래하던 선원이나 상인, 어부들은 일정한 시간과 방향을 가진 계절풍, 즉 여름 반년 동안 부는 남서풍과 겨울 반년 동안 부는 북동풍을 가리킬 때 이 말을 사용해왔다. 당시 계절풍을 이용해 항해 무역을 했기 때문에 계절풍이 불 때는 '항구가 열려 있는 시기'였다. 그래서 몬순은 '열린 항구'를 의미하기도 한다(야지마, 2003: 5~6 참조).
24) 이러한 식민지 경영은 네덜란드 고유의 독자적인 형태는 아니었다. 이는 네덜란드를 포함한 유럽 여러 나라들의 공통된 관심사였다. 유럽 사람들은 자연 생태가 빈약한 유럽에 비해 넓은 바다와 풍부한 천연자원을 보유한 아시아 세계를 동경했다. 바로 이러한 동경이 아시아에 대한 유럽인들의 관심과 지적 욕구를 불러일으켰던 것이다. 어쩌면 이것이 유럽 국가들이 아시아 식민지 경영에 뛰어들게 한 근본적인 계기였는지도 모른다(야지마, 2003: 13~14 참조).
25) 아라이 가즈히르는 '하드라미 네트워크'에서 하드라미들이 구축한 이동 네트워크가 아직도 동남아시아의 각지에 널리 펴져 있다는 사실에 주목한다. 아라이는 그들이 18세기 이후에 대거 이주하게 된 원인과 동남아시아 각지에서 커뮤니티를 형성하고 활동한 모습, 유럽 여러 나라와의 상관관계, 그들의 고향이 하드라마우트 지방의 경계 및 사회에 미친 영향 등 다방면에 걸쳐 살펴보고 있다. 특히 제2차 세계대전 중 일본이 동남아시아 여러 나라에 진군해 점령하면서 남아라비아와 동남아시아를 잇는 하드라미 네트워크가 단절되었고, 이 때문에 하드라마우트 지방에 경제적 위기가 초래되었다는 흥미로운 사실을 밝혀낸 바 있다(아라이, 2003).
26) Tomas Pires, *Suma Oriental*(London: Hakluyit Society, 1942~1944), 야지마(2003: 109)에서 재인용.
27) 특히 바다는 인류의 적응 방식을 포함한 생활양식에서 중요한 의미를 지닌다.

인류의 해양자원 이용에는 다른 영장류에게는 볼 수 없는 특징이 있다. 갯벌이나 얕은 여울에서 필요한 식량을 조달한 것은 인류 초기부터 지속되어온 인류의 생활 영위 방식 중 중요한 부분이다. 신석기 시대에는 맨손이나 나뭇가지를 이용한 채집이나 화살과 창을 이용한 수렵뿐 아니라 작살이나 화살, 낚시, 주낙, 그물망, 바구니 등 다양한 어구와 어법을 이용해 어로 및 바다 수렵이 이루어졌다. 인류가 바다에 어떻게 적응해왔으며, 바다의 생성 과정은 인류의 삶에 어떠한 의미가 있는지에 대한 질문은 인류와 바다의 관계를 올바로 파악하기 위해 반드시 필요하다.

28) 이 글에서는 '바다를 생계의 터전이나 생업의 기본 조건으로 삼고 일상생활을 영위하는 사람'을 통칭해 '바닷사람' 또는 '해양인'이라 칭하고자 한다. 이런 의미에서 '바닷사람'의 문화라는 용어를 떠올릴 수 있으며, 따라서 이를 바닷사람의 문화, 즉 해양인의 문화 또는 해양문화라 칭하는 것 역시 가능할 것이다 (아키미치, 2005; Gunda, 1984; 秋道, 1988; 伊藤, 1983; 弘末, 2004 참조).

29) 태초부터 인간은 바다에 대해 이중적 시각을 보여왔다. 바다는 동경의 대상이면서도 염려 또는 경외심의 대상이기도 하다. 한편 바다가 문화에 미치는 영향은 인간이 자연과의 관계 속에서 해결할 수 없다는 자기모순을 드러낸다.

30) 바다와 섬의 삶과 풍습이 지닌 중요한 문화적 특징 중 하나는 육지와는 구분되는 독특하면서도 고유한 의미의 공동체성이다. 바다와 섬을 생활공간으로 여기는 사람들이 이를 배타적으로 점유하고 자원을 내부적으로 전유하면서 통제·조정하기 위해서는 무엇보다도 공동체에 대한 믿음과 신뢰가 중요한 가치가 된다.

31) Pires, Tomé,. *Suma Oriental*(London: Hakluyit Society.1942~1944). Sadayandy(2003: 11)에서 재인용.

32) 참고로 동아시아의 해양 세계는 다음의 세 가지 요소가 복합적으로 뒤섞여 구성되어 있다. 첫째, '연해 지역'으로 바다와 육지가 교섭하는 지역과 해역이다. 청나라 초기에 바다를 근거지로 반청 활동을 벌였던 정성공(鄭成功)의 영향력에서 연해 주민을 떼어놓으려 했던 강의제의 '천계령(遷界令)' 등은 연해 지역이 고유한 해양 세계의 구성 요소였음을 보여준다. 둘째, 이 연해 지역을

구성 요소로 형성된 '환해 해양 세계'다. 이곳에는 해역을 중심으로 그 가장자리에 교역항과 교역도시가 형성되었다. 이러한 교역항들은 내륙에서 바다로 나가는 출구라기보다는 다른 해양 세계를 연결하는 접점이었다. 예컨대 중국의 연해 해역 지대에 속하는 닝보(寧波)의 상인은 내륙과의 교역보다는 연해역이나 해역과의 교역으로 부를 축적했다. 특히 닝보의 상인 집단은 목포를 포함한 한반도의 서남해 지역과 일본의 나가사키와 히라도(平戶)와의 교역에서 중요한 역할을 담당했다. 셋째, 환해 항만도시의 상위 개념으로, 해역과 해역을 잇는 역할을 담당하기 위해 형성된 '항만도시'다. 여기에는 동중국해와 남중국해를 매개로 서로의 해역을 연동시켜 좀 더 다각적이고 광역적인 해양 세계를 만드는 데 큰 역할을 했던 류큐의 나하(那覇)와 광둥의 광저우(廣州), 마카오, 그리고 19세기에 들어와 이 도시들을 대신한 홍콩 등을 예로 들 수 있다. 한편 중국해와 인도양을 연결하는 항만도시로는 말레이시아의 말라카와 나중에 그 역할을 대신한 싱가포르, 인도네시아의 아체(Aceh) 등을 꼽을 수 있다. 이 '연해-환해-연해'로써 성립된 해양 세계는 육지와는 달리 다원성, 다양성, 포괄성을 지닌 개방적이고 다문화적인 세계였다고 할 수 있다.

33) 호이안은 동남아시아를 포함한 동아시아 무역의 중심으로서 기능과 역할을 담당했다. "호이안에는 중국이나 일본에서뿐 아니라 동남아시아의 여러 곳에서도 상인이 몰려들었다. 16세기부터 동남아시아로 들어온 포르투갈, 스페인, 네덜란드, 영국, 프랑스 상인은 물론, 이 국가들이 지배하고 있던 필리핀, 인도네시아, 말라카, 인도 사람들도 이곳으로 들어와 교역했으며, 태국이나 캄보디아에서도 상선이 왔다. 선교를 목적으로 보리 같은 이탈리아 사람도 들어와 있었다"(최병욱, 2003: 110).

34) 바다를 통해 본 해양의 역사 및 문화와 관련된 담론은 소수자의 권리를 찾고자 하는 움직임과도 밀접하게 연관된다. 이러한 담론에서 중요한 것은 '바다의 실크로드'와 이를 중심으로 열린 해양 세계였다. 과거 사람들은 이 해양 세계에 대해 구체적이고 토착적인 지식을 갖고 살았으며, 이를 바탕으로 점차 자신의 생활영역을 넓혀갔던 것이다. 그리고 바다와 육지를 매개하는 접점에서 다양한 항구도시가 발전했으며, 이 항구도시들은 해양 네트워크를 형성하는 데

핵심적인 역할을 담당하면서 동아시아 해양 세계의 중계자로서 기능을 담당해 왔다고 할 수 있다.

35) 여기서 네트워크란 그 기본적인 성격인 '관계' 또는 '관계성'에 기초해 다양한 연결 기능(신축, 확산, 팽창, 가변, 재편성, 상호 보완 등)을 분석하기 위한 기본 개념이다(하마시타, 2003, 2005; Hamashita, 1994). 따라서 이 글에서 해양 네트워크란 해양을 통해 해양과 육지, 해양과 해양을 연결하고 관련짓는 일련의 문화적 관계를 포괄하는 의미로 사용된다. 이 개념은 동아시아의 해양 세계를 분석한 하마시타 교수의 개념에서 빌려왔다.

36) 1471년 신숙주는 『해동제국기』를 편찬했는데 이것은 해도를 포함한 지리서이자 당시의 언어와 풍속을 조사한 중요한 사료이기도 하다. 여기서 해동은 한반도 남단에서 일본과 류큐 열도를 포함해 동북아시아의 발해나 동남아시아의 팔렘방(Palembang: 지금의 인도네시아 수마트라 섬의 팔렘방)을 포함한 지역을 가리킨다. 그 당시 후추가 동남아시아에서 조선으로 유입되었다는 기록으로 보아 '해동'은 한반도에서 동남아시아의 수마트라에 이르는 해역을 포괄하는 지역 단위였음을 알 수 있다. 이를 통해 조선시대 초기만 해도 바다를 통한 해상 네트워크가 매우 중요한 의미를 지니고 있었음을 추론할 수 있다. 물론 이후 조선의 해양 인식은 명의 해금 정책의 영향으로 점차 약화되어갔다(쇼텐함메르, 2005 참조).

37) 하지만 지금까지 섬 지역의 역사와 문화가 변경의 역사와 문화, 또는 주변의 역사와 문화로 취급받아온 것이 사실이다. 여기에는 두 가지 이유가 있다. 첫째, '국가' 영역에서 균일성과 균질성이 이념으로 강조될 때 주변 지역, 특히 섬 지역은 흔히 '낙도'라는 표현에서 알 수 있듯이 다른 지역, 특히 '본토'와의 차이로 '후진적인 곳', '낙후된 곳'이라는 이미지를 지닌 것으로 간주된다. 둘째, 국가의 중심성, 중앙중심주의, 구심성이 강조되고 목표가 된 결과, 주변 지역이 유지하고 있던 '독자성'이 균질화의 대상이 되기보다는 중앙에서의 원조나 보조의 대상이 되어버린 '주변' 정책사에서 기인된 문제라는 점이다. 그 배경에는 국가와 국민이라는 획일화된 표현과 양자의 관계가 그 이외의 민족이나 지방 사회, 종교, 지역성 등의 이질성을 '국민국가'라는 좀 더 균일화

된 이념 속으로 포섭하려는 의도가 담겨 있었다. 하지만 그것이 이질성 그 자체를 해소하려던 것은 아니었다. 주변 또는 변경의 역사와 문화를 '중심'에서가 아닌 주변 또는 변경의 관점에서 본다면 주변이나 변경은 다른 문화와 접촉하며 상호 교류의 장을 구성하고 있으며, 다른 문화와 교섭의 장을 형성한 개척자의 역사와 문화가 된다(정용화, 2005 참조). 기존의 다원문화의 영역, 즉 지역 간의 교류의 장이 한순간에 한 국가의 주권이 배타적으로 행사되는 장으로 변하면서 분쟁의 장이 되었다. 그러나 역사적으로 볼 때 현재 국가의 주권이 배타적으로 행사되는 이른바 분쟁 지역은 역설적으로 지역 간의 교류의 장이자 사람과 물자, 정보가 오갔던 교섭의 장이었다고 볼 수 있다.

38) 아시아 해역의 민간 해역 구조에서 폭넓게 발견되는 해신은 푸젠성 메이저우(眉州)에 기원을 둔 마쭈(馬祖)인데, 마카오도 이 마쭈를 모시는 사당인 마코(馬閣)에서 유래된 것이다. 마쭈는 10세기 중반 송대 초기 메이저우에서 출생한 여성으로, 마쭈 신앙은 그가 해난 구조에 휘말렸던 사건이 전설화된 것이다. 그는 부친과 오빠가 바다에서 조난당할 것을 미리 알렸으며, 그밖에도 많은 해난 사고를 막음으로써 항해의 신, 또는 바다의 신으로 추앙받았다. 민간의 해역 구조에서는 이러한 마쭈 신앙을 정점으로 교역과 이민 활동이 이루어졌다. 흥미로운 점은 해양 세계에 정치력이 개입되면서 이 마쭈에게 칭호를 부여해 천후(天后), 천비(天妃)로 격상시켰다는 점이다. 이렇게 해서 해신 신앙권인 해양 세계에서 황제의 이름 아래 위덕 통치가 실시되었고, 이를 통해 민과 관의 이해가 일치하게 되었다. 그 결과 해역은 하나의 해양 세계로서 관리되었으며, 바다 주민과 육지 주민이 교섭하는 생활을 융통성 있게 통합하게 되었다. 이곳에서는 육지와는 다른 교역권, 이민권, 신앙권이 형성된 것이다(도미야마, 2005 참조).

39) 14세기와 15세기 당시에 가장 안전하고 큰 배는 중국의 정크선이었다. 인도의 말라바 해안과 중국 사이를 오가는 인도양과 남중국해, 동중국해를 연결하는 해양 세계의 교역은 정크선으로 대표되는 중국의 선박을 통해 이루어졌다(멘지스, 2004: 93).

40) 동남아시아에서 대규모로 개종이 이루어진 배경에 대해서는 여러 가지 설이

있다. 이슬람 신비주의로 불리는 수피즘 지도자들의 선교 활동, 정치적 기회주의, 이슬람 술탄에 대한 복종, 이슬람을 신봉하는 무슬림 무역 상인들과의 잦은 접촉, 기독교 선교사들이 포르투갈인들과 함께 동남아시아 지역에 유입된 후 부활하게 된 이슬람교로의 개종 등 다양한 이유와 원인이 동남아시아 지역에서의 이슬람 개종의 배경으로 지적된다(스마트 엮음, 2004: 182~183).

41) 그 결과 9~10세기에는 인도양 해역의 주요 항구도시가 48개에 달했고, 12~13세기에는 더욱 증가해 67개가 되었다. 항구도시에는 각지에서 온 다양한 사람과 물자, 정보가 모여 조직적인 면에서 내륙의 영역 국가와는 다른 체제의 개방적인 항구도시가 형성되었다. 항구도시의 생활과 물질문화, 경제의 번영은 토착 지배자와 일반인들이 이슬람교로 개종하는 데 크게 공헌했다(야지마, 2003a: 120).

42) 여기서 항구도시 국가란 오로지 해상 중계무역을 주도하는 항구를 국가의 존립 기반으로 하며, 이러한 역할과 활동을 하는 항구를 중심으로 거대한 배후지가 있는 인구 집약 지역을 가리킨다. 17세기 후반의 동남아시아는 '상업의 시대'로 불렸는데, 그것은 항구도시 국가가 당시의 교역과 경제활동을 주도했기 때문이다(Reid, 1988, 1993). 당시 경제활동이 대부분 바다에서 이루어졌음을 상기해볼 때, 당시를 '바다의 시대'라고 할 수도 있을 것이다.

43) 이 항구도시들의 물리적 특징은 다음과 같다. ① 바다나 하천에 접해 바다를 매개로 한 교역에 적당한 입지 조건을 지니며, ② 부두에 상관이 자리하고, ③ 소규모 권력 중심과 방어를 위한 성벽이 있으며, ④ 상업을 담당하는 사람들의 주거 구역(차이나타운 등)과 ⑤ 물자 교환의 장으로서 시장이 존재한다.

44) 따라서 생산지에서 운반된 물건뿐만 아니라 그 대가로 어떠한 물건이 거래되었는지에 대해서도 주목할 필요가 있다. 이는 동아시아의 바다에서 전개되어 온 해상 교류의 실태를 파악하기 위해 매우 중요한 일이다. 어민과 농민 사이의 교류에는 어패류와 농산물·일용품의 교역이 주종을 이뤘는데, 상인과 유럽인의 개입으로 교역의 양상은 매우 복잡하게 되었다.

45) 이런 점에서 최근 한 역사학자의 저술에 반영된 세계사에 대한 인식은 시사하는 바가 크다. 역사학자 안드레 군더 프랑크(Andre Gunder Frank)는 그의 방대한

저서 『리오리엔트: 아시아 시대의 글로벌 경제』를 통해 유럽의 세계 진출로 비로소 세계경제가 일체화되었다는 임마누엘 월러스타인(Immanuel Wallerstein)의 주장에 반대해, 예전 세계경제의 중심을 차지했던 중국 중심의 아시아 경제가 약화된 것이 최근 200년에 걸쳐 일어난 일이므로, 그 200년간에만 유럽이 세계경제를 재편한 것에 불과하다고 역설한 바 있다. 책 제목이기도 한 '리오리엔트(reorient)'에는 현재 세계경제가 본래의 아시아 중심의 세계경제로 다시 돌아가고 있다는 상징적인 의미가 담겨 있다(프랑크, 2003). 이제 유럽은 더 이상 문명 중심부의 위치를 점할 수 없을뿐더러, 백인 기독교인의 개념 역시 더 이상 신이 부여한 최고의 선물로 받아들여질 수 없고, 신의 존재와 그 개념조차 의문시되는 새로운 세계관이 제기된 것이다(래비, 2002: 25 참조). 한편 아시아를 중심으로 세계경제를 되돌아보는 것이 의미 있는 것처럼, 육지 중심의 세계관에서 벗어나 바다 또는 해양을 중심으로 세계를 다시 보는 것 역시 매우 긴요한 일이라고 생각한다.

46) 바다를 통해 세계를 읽고 인간의 삶을 이해하는 것은 영토의 크기, 국가와 민족의 경계, 더 나아가 대륙의 구분이라는 사고방식에서 벗어나는 것을 의미한다. 바다는 국경이나 육지의 귀속 없이 서로 연결되어 있다. 바다를 통해 세계를 보는 것, 이것은 세계를 재인식하는 것을 뜻한다.

47) 서울특별시장은 2005년 1월 19일 열린 내외신 기자회견에서 서울의 중국어 지명을 漢城〔한청〕에서 首爾〔서우얼〕로 바꾼다고 선언했다(엄익상, 2005: 117).

48) 2005년 1월 어학연수단을 인솔해 갔을 때 만난 옌타이(煙臺)대학 관계자의 표현이다. 전직 외사처장인 이 관계자는 한국을 여러 차례 방문했고 한국에 대해 깊은 애정이 있는 사람이다.

49) 馬相武(마샹우), 「關於漢城改名在中國的反應和我們的文化判斷」, 『交流與互動: 上海·漢城(首爾)都市文化比較』(上海: 國際學術硏討會論文, 2005). 마 교수는 상해사범대학 연토회(2005. 10)에서 만난 인민대학 교수다. 그의 논리를 발전시킨다면 한국의 비약적 경제 발전을 가리키는 '한강(漢江)의 기적'의 '한강'도 의당 '한강(韓江)'으로 바꿔야 할 것이다. 그러나 한국 국민과 정부는 이를 고려하지 않고 있다. 참고로 마샹우 교수는 한국의 대학에서 1년간 교환교수로 지내면서

한국 사회를 참여 관찰한 경험이 있는 학자다.
50) 2006년 1월 汕頭大學 硏討會에서 만난 교수의 표현.
51) 2005년 1월 '淸華東亞文化講座' 관계자들과의 대화.
52) 2005년 2월 상하이 현지 조사 때 復旦大學 中文系 교수들과의 대화.
53) 해방 직후 미군정 시기 일반명사였던 '서울'이 고유명사로 고정되어버린 과정이 석연치는 않다.
54) 이에 관해서는 엄익상(2005)을 참고 엄익상은 새 중국어 지명의 이론적 근거를 검토하면서 바꾼 이유, 과정, 반대 논리와 선정 근거를 설명하고 있다.
55) 참고로 '문화 연구(cultural studies)'의 제도적 기원으로 일컬어지는 버밍엄대학의 'Center for Contemporary Cultural Studies'를 우리말로 번역할 때 '현대문화연구센터'라고 하는데, 이때 'contemporary'를 '최근'으로 번역하는 경우는 거의 없다. 부언할 것은 이 센터는 1964년 창립부터 지금까지 줄곧 'contemporary'를 다뤄왔다는 점이다. 다시 말해 그들에게는 최소한 1964년부터 지금까지가 'contemporary'인 셈이다. 라캉의 표현대로 기표는 이처럼 계속 '미끄러진다.'
56) 여기에서 '화자'의 위치가 문제로 대두된다. '한국의 중국 근현대문학 연구자' 또는 '중국 근현대문학을 연구하는 한국인'이라는 규정은 두 가지 사실을 가리킨다. 하나는 한국 내적으로 '중국 근현대문학' 이외의 연구자(중국 고전문학, 중국언어학, 중국사학, 중국철학, 중국 사회과학, 한국문학, 영미문학 등의 연구자)와 다르다는 것이고, 다른 하나는 중국과 외국의 '중국 근현대문학' 연구자와도 다르다는 점이다. 1980년대까지만 하더라도 한국에서 '중국 근현대문학'은 '여기(餘技)'로 취급받거나 '이데올로기적 금구(禁區)'였다. 당시 학위 논문을 준비하던 연구자들은 '이데올로기 지형'을 넓히려 애썼고, 그때 핵심어로 등장한 것 가운데 하나가 '한국적'이라는 말이었다. 즉, '중국 근현대문학 연구의 한국학파'를 지향했던 셈이다. 그러기에 중국의 연구 동향을 섭렵하면서도 그들과 변별되는 한국의 '민족문학 논쟁' 및 '사회구성체 논쟁' 등을 점검하면서 '동아시아 시좌' 등을 모색했던 것이다. 그러나 최근의 학문 경향(전지구화, 디아스포라, 하이브리드, 노마드 등)을 접할 때 '한국적'이라는 수식어는 연구의 지평을 제한하는 규정이 될 수도 있다. 예를 들어 레이 초우(Rey

Chow)와 같은 디아스포라 지식인의 영화 관련 글을 읽을 때 '한국'의 '중문학자'라는 자리매김은 연구 주체와 대상의 착위(錯位) 현상을 유발할 수 있다.
57) '근현대'의 용법에서 인용 부호의 의미에 대해 설명이 필요하다. 스튜어트 홀은 「'포스트식민'은 언제였나?: 그 경계를 생각하며(When was the "Post-colonial": Thinking at the Limits)」(1996)에서 '포스트식민'이라는 용어가 무엇을 의미해왔고 앞으로 무엇을 의미할 것인지의 문제를 탐색하면서 '명확히 하는' 방향을 취한다. 홀 연구자인 제임스 프록터는 '포스트식민'이라는 말에 달린 인용 부호가 두 가지를 의미한다고 주장한다. 그것은 학계에서 광범위한 의미로 사용되는 이 용어의 불확정성을 강조하는 한편, 이 용어를 '삭제 하의(under erasure)'의 개념으로 사용하고 있음을 의미한다는 것이다. 이처럼 해체주의적이고 데리다적인 태도를 취함으로써 홀은 이 개념과 관련된 경계, 침묵, 문제를 암시하면서, 동시에 그보다 더 나은 용어를 찾아내기 어렵다는 점도 시사한다(프록터, 2006: 246). 이 글에서 '근현대'와 '모던'의 인용 부호도 같은 맥락에서 사용했다.
58) 물론 그들의 개념을 습용하는 경우도 여전히 존재한다. 이는 '진다이(近代)'와 '당다이(當代)'의 개념을 강조할 때 특히 두드러진다. 리쩌허우, 『중국근대사상사론』, 임춘성 옮김(한길사, 2005); 김시준, 『중국당대문학사조사연구 1949~1993』(서울대학교출판부, 2001); 김시준, 『중국당대문학사』(소명출판, 2005) 등이 그 사례다. 리쩌허우의 책은 『중국고대사상사론』 및 『중국현대사상사론』과 시리즈이고, 김시준의 책(2005)은 김시준, 『중국현대문학사』(지식산업사, 1992)의 자매편이기에 달리 명명하기 어려웠을 것이다.
59) 전형준, 「신문학 시기의 리얼리즘 이론에 대한 연구」(서울대학교 박사학위논문, 1992); 조경희, 「신문학 초기의 공리주의문학관 연구」(고려대학교 박사학위논문, 1993); 김영문, 「중국 신문학에서 낭만주의 변용 연구」(서울대학교 박사학위논문, 1996) 등.
60) 2004년 1월 서울중국어표기개선추진위원회가 구성되어 2월 24일 소위원회에서 14개 안이 선정되었다. 그리고 4월 9일 소위원회에서 '首爾, 首沃, 首午爾, 中京'이 최종 후보로 압축되었다(엄익상, 2005: 120~121). 엄익상은 '이상적인 지명이 갖춰야 할 조건'으로 음(音), 형(形), 의(義), 용(用)의 네 가지 측면을

기준으로 삼아, 다시 10항목(엄익상, 2005: 129)으로 나누어 상세히 검토하고 있다. 그러나 이 열 가지 조건은 갖추면 좋을 사항이지 반드시 그래야 하는 필연적인 근거는 없다는 것이 소쉬르 이해에 기반을 둔 이 글의 입장이다.

61) '외연', '기의 변조', '내포' 등의 개념에 대한 이해는 스토리(2002) '4장 구조주의와 후기 구조주의'를 참고했다.

62) 동아시아라는 지역이 하나의 분석 단위로 성립할 수 있을지는 여전히 미지수다. '한자(또는 한문)문화권', '유교문화권(또는 불교문화권, 도교문화권)', '중화문화권', '유교자본주의', '동아시아학(East-Asian Studies)' 등의 명명(命名)이 시도되었고 통념적으로 사용되기는 하지만, 송(宋)나라 이후 엄격한 쇄국정책의 영향으로 접촉의 기회가 적었고, 일상생활 방식이 다르며, 공통어의 결어로 표면적인 통합 이상으로 상호 단절되어왔다는 고병익의 지적은 우리의 상념(常念)을 깨트리기에 족하다. 이를 바탕으로 보면 동아시아론은 '상상의 공동체(imagined 또는 imaginary community)'에 대한 환상으로 흐를 수도 있다(임춘성, 2002a: 46~47).

63) 다만 한·중·일 3국을 '좁은 범위의 동아시아'로 설정하는 방식을 경과적으로 수용해 사용(임춘성, 2002a: 48)할 수 있다. 최원식은 '좁은 범위의 동아시아'라는 개념이 양적인 협의의 개념이 아니라고 역설한다. "한·중·일에 투철하면 오히려 아시아와 소통할 가능성은 더욱 넓어지게 마련"이므로, "현 단계 한국의 동아시아론은 우리의 한계"로 겸허히 인정하되, 이 속에 "새 돌파구를 찾는 역전의 가능성"이 숨어 있다는 사실도 잊어서는 안 된다(최원식, 2000: 43).

64) 전형준(2004)은 중국 비교문학 연구와 동아시아적 시각의 관계를 검토하고, "탈식민주의적 비교문학으로서의 '동아시아 문학'"을 언급하면서, 그것을 "서구중심주의에 대한 대응이라는 문맥에서만이 아니라, '세계화'에 대한 대응이라는 문맥에서도 고찰해야겠다"(전형준, 2004: 129)라는 문제의식을 피력한 바 있다. 한 가지 덧붙일 것은 일부 지역, 예를 들어 홍콩·타이완 등은 '서유럽'과 '세계화'라는 중심 외에 '중국'이라는 또 하나의 중심을 가지고 있음도 간과할 수 없다.

65) '권역'과 관련된 부분은 모 학회지 논문 심사에서 필자가 심사 의견으로 제시

했던 내용이었다. 이에 대한 자세한 내용은 전형준(2004: 121, 각주 26) 참조.
66) 몇 년 전까지 중국학자들에게서 '동아시아'라는 문제의식을 찾아보기가 쉽지 않았다. 일례로 2003년 10월 21~26일 '한국중국현대문학학회'와 '난징(南京)대학 현대문학연구중심'이 공동으로 개최한 국제학술연토회에서는 주제를 '전지구화 체제하의 현대문학: 중국과 동아시아'로 잡았다. 이 주제는 한국 측에서 제기해 결정된 것이었는데, 중국 측 학자들의 발표문에서는 동아시아의 문제의식을 찾기 어려웠고 심지어 몇몇 학자는 주제에 대해 공공연하게 불편한 심기를 드러내기도 했다. 또 하나의 사례를 보자. 최근 한국에 교환교수로 다녀가는 중국학자들이 늘어나면서 한국에 대한 관심을 기울이는 학자가 늘어나고 있는데 그중 두드러진 분야가 한국의 한적(漢籍) 연구다. 하지만 중국학자들은 이를 '역외한적(域外漢籍)'으로 분류함으로써 중외(中外)의 구분을 지속시키고 있다. 중국 난징대학의 장보웨이(張伯偉) 교수는 한국중국어문학회 주최 학술대회(2007. 6. 14~15)에서「韓國漢籍與中國文學研究」라는 글을 발표해 '역외한적' 개념을 제시했는데, '중국중심주의를 벗어나고 학문의 보편성을 위해 동아한적(東亞漢籍)이라는 개념을 사용할 필요가 있다'는 필자의 지적에 미동도 하지 않는 모습을 보였다. 이와 대조적인 사례가 있다. 2004년 시작된 '淸華東亞文化講座'는 개방적이고 적극적인 자세로 "동아시아 지역을 대상으로 삼아 학술 경계를 타파하는 지식 논단'(王中忱, 2004: 1)임을 천명하면서 동아시아라는 주제에 대해 지속적으로 관심을 쏟아왔다. 한 가지 주목할 점은 '淸華東亞文化講座' 관계자 대부분이 일본에서 유학 또는 연수 경험이 있다는 것이다. 최근 중국과 한국에서 주목을 받고 있는 쑨거(孫歌)도 일본학 전공자다〔쑨거의 동아시아론에 대해서는 이정훈(2007)을 참고〕. 요컨대, 중국에서 동아시아론이 운위된 것은 최근의 일로, 주요하게는 일본발(發) 동아시아론의 영향에서 비롯된 것으로 보인다.
67) 흔히 '사론(史論)'에는 '역사에 관한 논설이나 주장'이라는 사전적 의미가 있는데, 이를 '역사에 관한 이론'으로 확대해 볼 수 있다. '사상사론'은 '사상사에 관한 논설이나 주장 또는 이론'으로 이해할 수 있다. 그러나 리쩌허우의 '사상사론'은 사상사의 진행 과정에서 핵심적인 역할을 했다고 보이는 인물이나 사건을 선별해 그것에 대해 논의하고 있다는 점에서 독특하다고 할 수 있다.

68) '20세기 중국문학'이라는 개념은 黃子平(황쯔핑)·陳平原(천핑위안)·錢理群(첸리췬)의 「論"二十世紀中國文學"」(≪文學評論≫, 1985-5)에서 처음으로 제시되었으며, 이후의 연구 성과로는 錢理群(첸리췬)·吳福輝(우푸후이)·溫儒敏(원루민)·王超氷(왕차오빙)의 『中國現代文學三十年』(上海文藝出版社, 1987) 등이 있다. 첸리췬 등의 '20세기 중국문학' 개념은 비교적 명확한 내용 규정을 보인다. '20세기 중국문학'은 '세계문학으로 나아가는 20세기의 중국문학'이라는 양적인 규정과 '민족 영혼의 개조'라는 사상·계몽적 주제를 지닌 '반제반봉건 민족문학'이라는 질적인 규정을 명확하게 제시하고 있다. 이들은 글 첫머리에서 '20세기 중국문학'의 기본 윤곽을 제시하고 있는데, 그 핵심어는 '진행 과정'이다. 사물의 발전·변화 또는 진행의 과정을 의미하는 이 개념은 '20세기 중국문학'의 성격을 결정한다. 그러나 21세기 들어 시간의 제한을 뛰어넘기 위해 '셴당다이(現當代)문학'이라는 용어를 더 선호하는 듯하다.

69) '마르크스·레닌주의의 보편적 원리와 중국의 특수한 상황을 창조적으로 결합'했다는 '마오쩌둥 사상'도 그러한 혐의에서 자유로울 수 없다.

70) 딜릭은 유럽중심주의를 '20세기의 역사 구성 원리'라고 하면서 다음과 같이 서술하고 있다. "구미 역사 기술에서만이 아니라 전 세계적으로 지배적인 역사 기술의 시간적·공간적 가정들에서도 마찬가지였다. 구미인들은 세계를 정복했고, 지역의 이름을 다시 지었고, 경제와 사회와 정치를 재조정했으며, 시공간과 다른 많은 것들을 인식하는 전근대적 방식을 지우거나 주변부로 몰아냈다"(딜릭, 2005: 118).

71) 앤더슨(Benedict Anderson)이 『상상의 공동체(The Imagined Community)』에서, 절대불변의 개념으로 인식되어온 국족('nation', 민족은 'ethnic'의 역어로 사용)이 실제로는 상상으로 구성된 것이라는 사실을 밝힌 후, 우리는 당연시해온 수많은 개념들에 대해 의심을 가졌고, 그 결과 많은 개념들이 역사적으로 구성되었음을 알게 되었다. 홉스봄(Eric Hobs-bawm)의 '전통의 발명(the invention of tradition)'이라는 개념도 문제의식 차원에서 비슷한 맥락으로 이해할 수 있다.

72) 아부-루고드의 책은 『유럽 패권 이전: 13세기 세계체제』라고 번역되었는데, 백승욱(2006: 17)은 '체제(regime)'와 '체계(system)'는 구별해서 써야 한다고 말한다.

73) "일신교가 발생적으로 이집트적이었다면, 역사적으로는 유대적이었다"(사이드, 2005: 48).
74) '서구(西歐)'는 '서구라파(西歐羅巴)'의 약칭이다. 이 '구라파'는 중국어에서 '유럽(Europe)'을 음역해 '歐羅巴(Ou-luo-ba, 어우뤄바)'로 표기한 것이다. '유럽'과 '어우뤄바'의 음가가 얼마나 근접한 것인지와 무관하게 중국인들은 그렇게 '자의적'으로 약속한 것이다. 그래서 의미 전달에 별 어려움이 없다. 그런데 우리는 그것을 한자만 들여와 우리 식 한자음으로 독음하고 있다. 우리는 자의적 약속이 아니라 '추수적'으로 사용하고 있는 것이다. 이런 사실을 알면 '서구'라는 용어를 더 이상 사용하고 싶지 않을 것이지만, 너도나도 '서구'라고 쓰는데 나 혼자 굳이 '서유럽'이라고 쓰는 것이 쉽지는 않은 것이 통념의 힘일 것이다. 서양 각국의 이름도 비슷한 경로로 우리에게 수입되었고 우리는 그것을 몰주체적으로 사용하고 있다.
75) 국내 번역서에서 모던(modern) 또는 모더니티(modernity)를 현대(성) 또는 근대(성)으로 번역하고 있는데, 이는 이 글의 논지(서유럽의 모던과 동아시아의 근현대)에 혼란을 줄 수 있어, 인용 시 원어에 해당하는 모던 또는 모더니티로 표기했음을 밝혀둔다.
76) 사실 '동아시아의 근현대'라는 개념은 이전부터 제기되었다. "이 책에서의 '근현대'는 서유럽의 '모던(modern)'에 해당하는 개념으로 사용했다. 사실 서유럽의 '모던'이라는 개념 자체가 모호한 만큼, 그것에 해당하는 동아시아적 의미를 정의하는 것도 간단하지 않다. 그동안 한국은 '근대'와 '현대'로, 중국은 '근대', '현대', '당대'로 나누는 것이 통례였지만, 이 글에서는 19세기 들어 세계사를 주도해온 서유럽의 문화가 동아시아의 문화와 본격적으로 충돌하기 시작한 19세기 중반을 그 기점으로 설정하고, 그때 제기된 과제가 아직 근본적으로 해결되지 않았다는 점에 주목해, 그때부터 지금까지의 역사를 하나의 '유기적 총체'로 설정하며, 그것을 동아시아의 '근현대'라고 명명하고자 한다. 아울러 서유럽의 '모더니티(modernity)'를 동아시아의 '근현대성'으로, 서유럽의 '모더니제이션(modernization)'을 동아시아의 '근현대화'로 바꾸었다"(임춘성 편역, 1997: 10).

77) 국내에는 『현대성과 현대문화(1, 2)』로 번역·출간되었다.
78) 그러한 학습의 과정을 근현대화라 할 수 있다. 투르비언은 전 지구적 맥락에서 모더니제이션 또는 근현대화의 유형화를 시도했는데, 이를 참조할 만하다. 모더니제이션은 서유럽에서 시작된 것이지만, 전 지구적으로 그 역사적 경로에는 '혁명 혹은 개혁의 유럽 모더니제이션', '아메리카 신세계의 모더니제이션', '외부에서 주어진 근현대화', '식민지 근현대화' 등의 여러 유형이 존재한다. 이 유형들은 물론 이념형으로 존재하며, 그것들의 다양한 조합과 변이가 개별 사회의 역사적 궤적으로 구체화된다. 이 국민국가들의 경로는 세계체제 내에서의 구조적 위치와 국내의 개인적·집합적 행위 간의 상호 복합적인 관계에 따라 더욱 다층화되어왔다(김수택 외, 2003: 32). '서유럽의 모더니제이션'이 전 지구화되는 과정에서 '동아시아 근현대화'는 외부에 의해 강제된 측면도 있었지만, 다른 한편으로는 그것을 자기화·내면화하는 과정을 겪기도 했다. '반봉건 계몽'이라는 구호는 후자의 측면을 잘 나타내고 있다. 아울러 그 과정은 국정(國情)에 따라 다양하게 전개되었다. 이해를 돕기 위해 투르비언의 유형화를 한국과 중국에 적용해보면, 양국 모두 외부에서 주어진 근현대화와 식민지 근현대화가 공통적으로 존재하며, 1945년 이후 분기되어 한국은 자본주의 근현대화가, 중국은 사회주의 근현대화가 '역사적으로' 조합되고 변이된 유형으로 나타났다고 볼 수 있다.
79) 이른바 '안행(雁行) 구조'로 묘사되는 '일본 중심의 다층적 하청체계 구도'(백승욱, 2006: 407 참조).
80) 이 또한 한류를 분석할 때 심층적으로 고려해야 할 측면이다.
81) 이에 대한 구체적 분석은 임춘성(2000a: 223~225) 참조.
82) 1987년 <붉은 수수밭> 베를린영화제 황금곰상, 1990년 <쥐더우> 베니스 입성 및 아카데미 출품, 1991년 <홍등> 베니스 은사자상 및 아카데미 출품, 1992년 <추쥐 이야기> 베니스 금사자상 및 여우주연상(궁리), 1994년 <인생> 칸 심사위원상 및 남우주연상(거유) 등.
83) 장이머우의 이중적 정체성은 우선 '이중적 문화적 시야'를 토대로 삼는다. "장이머우는 중국에 대한 서방의 문화와 은막의 동일시를 성공적으로 이뤄냈

다. 그러나 우리가 분명하게 볼 수 있는 것은 장이머우의 영화가 서방으로 향하는 중국 대륙의 창이라기보다는 시야를 가리는 거울이라는 사실이다. 이는 정체성-오독에 대한 동일시다. 서양문화와 유럽영화제 심사위원의 취향이 장이머우 영화의 선결 과제였다. 동방에 대한 서방의 문화적 예단은 장이머우의 비행이 성공하기 위한 정확한 목적지이자 착륙지였던 것이다. …… 그러나 사실은 이처럼 단순하고 천박하지 않았다. 장이머우의 전 방위적 성공이 가능했던 것은 그가 주체의 위치를 고착시키지 않고 끊임없이 이동하는 방법을 취했기 때문이었고, 아울러 이를 빌어 이중의 문화적 정체성 속의 역사적 경관을 성취했기 때문이었다. 장이머우의 영화는 '종횡으로 교착하는 시선'이 모이는 곳이다"〔戴錦華(2006: 221). 이 부분은 다이진화(2007: 291)를 참조해 다시 번역했다〕.

84) 중국식 블록버스터를 '다폔(大片)'이라 한다. 다이진화는 1995년 중국방송영화텔리비전부가 다폔 10편을 수입하면서 중국 영화 시장이 피폐해졌고, 이 때문에 시장과 초국적 자본이 승리자가 되었으며, 그 틈을 타서 수입업자인 중국영화공사(中國電影公司)가 대기업으로 성장했다고 밝히고 있다(다이진화, 2007, 「카니발의 꽃종이」 참조). 그런데 '중국전영망(中國電影網)'의 통계를 보면 중국의 '다폔'이 제작되면서 할리우드 블록버스터가 수입되기 시작한 뒤 10년도 되지 않아 2004년 <十面埋伏(연인)>, 2005년 <無極(무극)>, 2006년 <黃金甲(황후화)> 등이 중국 시장에서 각각 <반지의 제왕 3>, <해리포터와 불의 잔>, <다빈치코드> 등 할리우드 블록버스터의 두 배 가까운 성적으로 흥행 1위를 차지했다고 한다(이후남, 2007 참고).

85) Laroui, Abdallah, *The Crisis of the Arab Intellectuals: Traditionalism and Historicism*(University of California Press, Berkeley, 1976). 딜릭(2000: 81)에서 재인용.

86) Laroui, 같은 책. 딜릭(2000: 82)에서 재인용.

87) 정판룡 외, 『세계문학사 下』(세계사, 1989), 304~306쪽 참조.

88) 국제 프로문학운동을 올바로 연구하기 위해서는 당의 요소와 국제적 요소를 아울러 고찰해야 한다. 국제적 요소의 경우 국제 혁명작가연맹의 상황이나 각국 프로문예운동의 상황, 각국 간의 관계를 연구해야 한다. 이 중 국제 프로

문학운동의 지도적 역할을 한 '국제 혁명작가연맹'(1926~1935)은 이전까지 국제 프로문학운동을 주도해왔던 '프롤레타리아 문화파'를 대체해 '라프'가 주도했고, 1932년 4월 이후에는 '소련작가협회'가 지도한 것으로 알려졌다(陳 氷夷, 1984: 210~211 참조).

89) 이강은, 「1920년대 문학이념의 발전과정에 대한 비판적 고찰」, 한국러시아문학회 엮음, 『러시아 소비에트문학』(제3문학사, 1990) 참조.

90) "부르주아 전통을 거부하고 문화 영역에서의 프롤레타리아의 지배적 지위를 조직적으로 확보하려는 목적으로 보그다노프 등이 1917년 9월에 결성했으나, 당의 문화정책에 대해서 '자율적인' 문화정책을 주장해 1921년 이후 레닌은 이를 '위험한 일탈'로 규정한다"(김영룡, 1992: 15, 각주 3).

91) "경험비판론의 아류인 보그다노프의 이론(경험일원론 - 인용자)"은 "사회적 존재의 문제를 의식성(Bewußtsein)의 문제로 대체시키고, 그 의식성을 담보하는 것은 오로지 경험뿐이라고 본다. 이 때문에 그는 문학의 교육적 기능이 사회주의 건설의 필수적 전제이고, 문학과 예술은 '계급심리'의 표현이라고 본다('심리적 현실주의'). 이런 맥락에서 '생동하는 인간', '유물변증법적 창작 방법' 등을 내세우는 여러 사회학주의와 '심리적 현실주의'가 도출되고, '유산과 동반자 문학'에 대한 적대감 역시 설명될 수 있을 것이다"(김영룡, 1992: 17).

92) "문학 이론이나 문학 비평에 관한 마르크스와 엥겔스 및 레닌의 견해들이 30년대 말에 이르기까지 출판됨으로써 마르크스-레닌주의 문예학의 토대가 되는 자료들이 대대적으로 확보되었다. 그와 병행해 소련에서는 미학적 사유의 새로운 방향 정립 과정이 진행되는데, 이 과정이 오늘날의 이론적 논의들에 대해서까지 구속력을 지니고 있다는 점은 논란의 여지가 없다. 이 말은 곧 현대 마르크스-레닌주의 문예학의 방법론적인 출발점과 연관점은 …… 30년대에 보이게 된다는 말이다"(지이겔, 1988: 181).

93) 이는 프롤레타리아 문학의 헤게모니 문제를 둘러싼 논쟁이라 할 수 있는데, 레닌의 볼셰비키당과 소비에트 권력이 추진했던 사회주의 건설의 도정에서 문학예술 영역만의 예외적인 독자성을 주장하는 프롤레트쿨트 운동과, 당과 레닌의 문화정책 이념의 지도 및 그 관철 사이의 투쟁의 과정이다(김영룡,

1992: 15 참조).
94) Erwin Pracht dhl, *Einführung in den sozialistischen Realismus*(Berlin, 1975), p. 106. 김경식 외(1990: 110)에서 재인용.
95) 일본의 목적의식 논쟁에 관해서는 서은혜, 「1920년대 일본에서의 목적의식논쟁과 박영희의 경우」, 한국문학연구회 엮음, 『현대문학의 이해 1』(바른글방, 1989) 참조.
96) 일본의 문예대중화 논쟁에 관해서는 서은혜, 「일본의 예술대중화론에 관한 고찰」, 이선영 엮음, 『1930년대 민족문학의 인식』(한길사, 1990) 참조.
97) 조선의 방향전환 논쟁의 주요 문건은 김재용 엮음, 『카프비평의 이해』(풀빛, 1989)를 참조하고, 그 전개 과정과 쟁점에 대해서는 역사문제연구소 문학사연구모임, 『카프문학운동연구』(역사비평사, 1989) 참조.
98) 조선의 문예대중화 논쟁에 관해서는 김영민, 「문학대중화론 연구」, 이선영 엮음, 『1930년대 민족문학의 인식』(한길사, 1990) 참조.
99) 中國社會科學院 文學研究所 現代文學研究室 編, 『"革命文學"論爭資料選編(上, 下)』(人民文學出版社, 1981)의 부록 「"革命文學"論爭資料篇目」에 실린 문건만 351편에 달한다. 그 주요 내용은 『1920년대 혁명문학 논쟁』(제1회 중국현대문학연합심포지엄 자료집, 1989. 10)에 실린 6편의 발표문을 참조.
100) 文振庭 編, 『文藝大衆化問題討論資料』(上海文藝出版社, 1987)의 부록 「1930~1932 年關於文藝大衆化問題討論文章目錄索引」에 36편의 목록이 실려 있다. 최근 국내에서는 ≪中國現代文學≫, 第五號(1991. 4)의 '中國現代文學에서의 文藝大衆化論 特輯'에 5편의 연구논문이 게재되어 있다.
101) 文振庭 編, 『文藝大衆化問題討論資料』(上海文藝出版社, 1987)의 부록 「1934年大衆語問題討論文章篇目索引」에 431편의 목록이 수록되어 있다.
102) 지이겔(1988), '2, 30년대 소비에트 미학논의에서 루카치 문학이론의 위치와 의미' 부분 참조.
103) 이에 관한 구라하라 고레히토의 글은 다음과 같다. 「생활조직으로서의 예술과 무산계급」, ≪前衛≫(1927. 4); 「프롤레타리아 리얼리즘으로의 길」, ≪戰旗≫(1927. 5); 「프롤레타리아 리얼리즘론 재론」, ≪朝日新聞≫(1929. 8. 11~14) 등.

104) 코민테른 집행위원회 일본문제 특별위원회, 「일본문제에 관한 결의」(27년 테제 또는 7월 테제), 1927. 7. 15.
105) 周起應(周揚), 「關於"社會主義的現實主義與革命的浪漫主義"-"唯物辨證法的創作方法之否定"」, ≪現代≫, 4-1(1933. 11. 1).
106) 김기진, "변증적 사실주의", ≪동아일보≫, 1929. 2. 25~3. 7.
107) 한설야, "사실주의 비판", ≪동아일보≫, 1931. 5. 17~7. 19.
108) 대표적인 역서로 다음의 것들이 있다. 루나찰스키, 『藝術論』, 魯迅 譯(大江書鋪, 1929); 루나찰스키, 『文藝與批評』, 魯迅 譯(水沫書店, 1929); 플레하노프, 『藝術與社會生活』, 馮雪峰 譯(水沫書店, 1929); 루나찰스키, 『藝術之社會的基礎』, 馮雪峰 譯(水沫書店, 1929); 플레하노프, 『藝術論』, 魯迅 譯(光華書局, 1930); 藏原惟人·外村史郎 輯, 『文藝政策』, 魯迅 譯(水沫書店, 1930); 小林澄見 外, 『藝術敎育論』, 唐開斌 譯(水沫書店, 1930) 등.
109) 藏原惟人(구라하라 고레히토), 「到新寫實主義的路」, 林伯修(린보슈) 譯, ≪太陽月刊≫, 停刊號(1928. 7. 1); 李初梨, 「對於所謂"小資産階級革命文學"底擡頭, 普羅列塔利亞文學應該 樣防衛自己?」, ≪創造月刊≫, 2-6(1929. 1) 등.
110) 林和, 「獄裏病死的火計」, 白斌 譯, ≪大衆文學≫, 2-4(1930. 5. 1).
111) 참고로 그 제목은 다음과 같다. 고은·백낙청, 「대담: 미래를 여는 우리의 시각을 찾아: 다시 생각하는 민족문학, 동아시아, 세계 질서」, 최원식, 「탈냉전 시대와 동아시아적 시각의 모색」, 이삼성, 「동아시아에서 미국의 역할과 한국 민족주의」, 이종원, 「일본의 대외전략과 구도와 아시아정책」, 고병익, 「동아시아 나라들의 상호 疎遠과 통합」, 아리프 딜릭, 「아시아-태평양권이라는 개념」. 이 중 최원식, 고병익, 아리프 딜릭의 글은 백영서 외 엮음, 『동아시아, 문제와 시각』(문학과지성사, 1995)에 재수록되었다.
112) 백영서는 그 배경을 다음과 같이 개괄하고 있다. 먼저 사회·경제적 배경으로 ① 사회주의권 몰락과 냉전 종식, ② 한국의 정치·경제적 발전, ③ 북방정책의 결과, 주변 지역에 대한 관심, ④ 글로벌리즘의 확장으로 국민국가 역할 약화를 들 수 있고, 지적·사상적 배경으로 ① 동아시아의 경제성장을 중시하는 발전국가론(유교자본주의론), ② 마르크스주의 약화로 진보 진영의 전망 상

실, ③ 서유럽 포스트모더니즘, ④ 1990년대의 민족주의에 대한 비판론을 들 수 있다(백영서, 2000b).
113) 그중 김광억(1999), 조병한(1999), 진형준(1999), 김은실(2000), 홍석준(2000) 등의 논의가 볼 만하다.
114) 유교자본주의에 대한 다음의 평가를 참조할 것. "유교 부활의 시기는 1970년대말과 1980년대 자본주의 세계 경제가 위기에 처하는 순간과 일치"하지만 "위기에 빠진 아시아 경제는 세계화의 기획 전체를 의문시하기 시작했고" "유교자본주의는 …… '정실자본주의'로 바뀌었다"(딜릭, 2000: 92).
115) 중국만 하더라도 "56개의 서로 다른 민족으로 이루어진 하나의 '상상의 공동체'다"(김광억, 1999: 170). 그렇다면 동아시아는 '상상의 공동체'의 상위에 존재하는 '상상의 공동체'가 아닌가?
116) 임우경(2007)은 한국의 동아시아론을 유교자본주의론, 정치경제적 지역통합론, 탈근대적 문명론, 비판적 지역주의로 분류하고, 그 가운데 ≪창작과 비평≫에 의해 한반도의 변혁 이론으로 제기되기 시작한 비판적 지역주의로서의 동아시아론에 초점을 맞춰 자기갱신 과정을 고찰했다. 나아가 비판적 지역주의로서의 동아시아론이 숙고해야 할 당면 현실로서 동아시아 지역 민간연대활동과 대중의 동아시아 상상에 관한 문제를 제기했다. "동아시아 여성연대운동과의 성실한 대면이 동아시아 담론의 남성중심주의를 극복할 수 있게 해준다면 대중의 동아시아 상상과의 치열한 대면은 동아시아 담론의 엘리트중심주의를 비추어줄 수 있는 계기가 될 것이다. '주변의 시각을 갖는다는 것은 곧 지배 관계에 대한 영원한 도전이고 투쟁'이기 때문이다"(임우경, 2007: 48).
117) 타이완 근현대문학에 대한 국내 연구 성과는 ≪중국현대문학≫, 제7호(1993)에 실린 '臺灣現代文學 特輯' 참조.
118) 조동일은 『중문대사전』의 '市中居民'이라는 정의를 원용해 '저자에서 장사하는 사람'(조동일, 1993a: 394)이라는 뜻으로 쓰고 있지만, 시(市)의 의미가 '시장'에서 '도시'로 바뀌었음을 간과하고 있다. 더구나 '시민'이 오늘날 시티즌 또는 부르주아지라는 의미와 연결된 사회과학적 개념임을 홀시하고 있다. '저자에서 장사하는 사람'이라는 정의보다는 오히려 시정민(市井民)이라는

용어를 새로 만들어 사용하는 것이 타당할 듯싶다.
119) 그는 이른바 '당다이문학'의 원류로 "5·4신문학의 계몽문화 전통과 항전 이래의 전쟁문화 전통"을 들고, 1단계(1949~1978)에는 후자가 주류로, 전자가 은형(隱形)구조로 존재했다고 서술하고 있다(陳思和, 1999). 다시 말해 5·4신문학의 계몽문화는 「옌안 문예 연설」 이후 전쟁문화에 의해 억압되었지만 소수의 작가로 구성된 민간 은형 구조로 존재하다가 신시기에 다시 회복되었다는 것이다. 이런 논리가 성립하기 위해서는 무엇보다도 5·4와 신시기의 연속성이 입증되어야 한다. 물론 신시기 초기에 '5·4로 돌아가자'라는 구호가 제기된 것은 사실이지만, 신시기 전체를 조감해보면, 특히 1990년대의 문화 전형(轉型)을 감안하면 천쓰허의 주장은 설득력이 미흡하다.
120) "이는 일본의 특수성과 우월성에 대한 낡은 의식과 관련된다고 할 수 있다"(조동일, 1993a: 407).
121) 조동일의 작업을 '같은 것 찾기-다른 것 지워 나가기'로 규정하고 그 과정에서 일어나는 동일시의 오류의 가능성을 제시한 전형준(1997: 289~292)의 언급을 참조하기 바란다.
122) 무술정변은 무술변법의 착오일 것이다. 모두 알다시피, 무술변법(또는 변법유신, 무술유신)은 캉유웨이(康有爲) 등이 주도한 개혁운동이지만, 무술정변은 바로 변법파(유신파)를 탄압한 역(逆)쿠데타였다.
123) "'동아시아', 문학사의 새로운 지평"이라는 거창한 타이틀을 걸고 2000년 12월 15, 16 양일에 걸쳐 개최된 '한국중국현대문학학회 제6차 국제학술대회'는 그 학술적 성과는 논외로 하더라도 흥미를 유발할 수 있는 기획이었다. 국내 학자 9명(한국문학 전공 3명, 프랑스문학 전공 1명, 중문학 전공 5명)과 외국 학자 6명(대륙 4명, 타이완 1명, 일본 1명)이 기조강연 2편 포함 15편의 글을 발표했다. 외국 학자 비율이 40%에 이른 것도 그렇지만, 한국문학 전공자를 3명이나 참여시킨 것 또한 쉽지 않은 기획이었을 것이다.
124) '탈영역화'로 번역되기도 하는 '탈영토화'라는 용어는 초국가적 기업이나 자본시장뿐만 아니라 민족 집단, 당파적인 운동, 정치적 형성물에도 적용된다. 이들은 점차 특정한 영토적 경계와 정체성을 초월하는 방식으로 작동하고

있다. 탈영토화는 집단의 충성과 현금 및 또 다른 종류의 부와 투자를 집행하는 초국가적 방식과 국가의 전략에 영향을 미친다. 사람들과 부, 영토들 사이를 묶고 있던 끈이 느슨해짐에 따라 문화적 재생산의 토대가 근본적으로 변화하는 것이다. 동시에 탈영토화는 영화사나 흥행주, 여행사를 위한 새로운 시장을 만들어내는데, 이들이 번창하는 이유는 삶의 장소를 바꾼 이들이 자신의 고향과 접촉하려 하기 때문이다. 탈영토화라는 생각은 돈과 재정에도 적용될 수 있다. 왜냐하면 돈의 관리자들은 국가적인 경계와는 상관없이 투자를 위한 가장 좋은 시장을 찾기 때문이다(아파두라이, 1996: 90~91 참조).

125) "'한류 열풍'이란 1990년대 후반부터 중국을 위시해 대만, 홍콩, 베트남 등의 주민, 특히 청소년 사이에서 번지고 있는 가요, 드라마, 패션, 관광, 영화 등 한국 대중문화를 향유·소비하는 경향을 말한다. 이는 초국적 자본의 이동을 포함한 다층적 이동 현상과 맞물려 일어나는 사건으로, 압축적 근대화 과정을 통해 나름대로 경제력을 확보하게 된 동아시아의 주민들이 서양의 대중문화를 향유하는 것이 아니라, 동아시아 지역의 대중문화를 향유함으로써 스스로 인식의 주체가 되려는 강한 욕망을 내보이고 있는 가운데 일고 있는 의미심장한 움직임이다"(조한혜정, 2005: 2~3). 조(한)혜정은 다른 글에서 한류를 21세기 '팬아시아니즘의 한국적 현상'으로 보면서 대중문화에서 발견되는 '글로벌화 내의 국지적 소통'의 가능성에 주목한다. 조혜정, 「6일간의 시간여행, 아시아, 글로벌, 그리고 …」, ≪당대비평≫, 19호(2000), 17쪽. 이동연(2006: 79)에서 재인용.

126) "한류는 '신자유주의 시대 문화 변동의 일환'이지만 신자유주의의 단순한 반영이 아니라 그에 대한 저항, 나아가 극복의 측면도 발견할 수 있다. 이는 한국의 1980년대 민주화운동과 맥락이 닿아 있는 것으로, 그것이 비록 1987년 체제 이후 자유화-신자유주의화로 귀결되었지만, 한국, 나아가 동아시아 지역에서 신자유주의를 극복할 수 있는 동력(민주주의)으로 삼을 수도 있다"(강내희, 2007). 강내희의 이 글은 대중문화 분석을 통해 민주주의의 동력을 찾으려는 시도가 참신하고 그 추론 과정이 설득력 있게 전개되었다.

127) 이와부치(2004) 저서의 원제는 『트랜스내셔널 재팬』(岩波書店, 2001)이지만,

이는 저자의 호주 시드니(Sydney)대학의 박사학위논문(영어본)을 일본어로 수정·번역한 것이고, 영어본은 2002년 *Recentering Globalization: Popular Culture and Japanese Transnationalism*(Duke University Press, 2002)이라는 제목으로 출간되었다. 일본어 제목 '초국가적 일본'과 영문 제목 '전 지구화의 재중심화: 대중문화와 일본의 초국가주의'에서 알 수 있다시피, 일본을 중심으로 하면서 아시아 내의 소통을 함께 고찰했다. 한편 이동연은 이전 저서에서는 주로 '문화 연구' 이론과 한국의 '현장'을 결합하기 위한 실천에 매진했다. 이동연, 『대중문화연구와 문화비평』(문화과학사, 2002) 등이 대표적이다.

128) Funabashi, Yoichi(1993), "The Asianization of Asia," *Foreign Affairs*, 72(5), p. 77. 이와부치(2004: 88)에서 재인용.

129) 小倉和夫(1993), 「『アジアの復權』のために」, ≪中央公論≫, 7月號. 이와부치(2004: 89)에서 재인용.

130) "일본 대중문화라고 해도 그 기원이 미국 대중문화인 것은 누구나 알고 있는 사실이다. 일본은 미국 대중문화의 영향을 받아 그것을 일본인 정서에 맞는 대중문화로 변화시켰다. 일본인의 시점을 통해 '여과'되었기 때문에 아시아 사람들도 친근함을 느낄 수 있는 것이다. 다시 말해 일본이라는 변전소가 문화의 전압을 아시아에 맞게 변화시킴으로써 동아시아 젊은이들도 한층 받아들이기 쉬운 보편적인 대중문화가 된 것이다. …… 미국의 대중문화가 일본인을 통해 무국적화되었기 때문에 보편성을 가지고 널리 퍼진 것이다." 角山榮, 『アジアルネッサンス』(PHP硏究所, 1995), p. 191. 이와부치(2004: 93)에서 재인용.

131) "한류의 강력한, 혹은 과장된 의미 작용은 '산업으로서의 한류'와 '담론으로서의 한류'의 간극에서 비롯된 것이라 할 수 있다. 이 의미 작용을 가동시키는 담론이 바로 국가주의적 혹은 문화민족주의적인 담론이다"(이동연, 2006: 187).

132) 이동연은 한국의 일상생활 속에 미국화가 훨씬 내면화될 수 있었던 이유를 두 가지 들고 있는데, 하나는 내면적 미국화가 역설적이게도 반미운동과 민주화의 궤적을 통해 강화되었다는 점이고, 다른 하나는 한국 대중문화의 자생적 성장과 축적이다. 전자의 경우, 한국 사회에서 반미운동과 민주화는

부분합의 관계로서 상호작용을 해왔다. 미국을 몰아내자는 반미운동은 오히려 미국의 필요성을 역설하는 합리적 근거를 마련해주었고 미국의 내재화에 구성적 요소로 작용했다. 이 때문에 1987년 민주화 이후 경제 성장은 한국에 본격 소비자본주의를 탄생시켰고, 한국적 경제 마피아와 관료들의 비호 아래 성장한 신흥 부르주아지들과 그 자녀들은 미국적 라이프스타일의 재생산에 기여했다. 민주화는 세계화를 가속시키기 위해 각종 규제 정책을 철폐했고, 이른바 글로벌 스탠더드를 지향하는 일상 문화를 다원화시켰다. 후자의 경우, 한국과 같은 국지적인 지역에서 미국화가 강화된다는 것은 그만큼 자생적인 대중문화의 성장을 의미하는 것이다. 그러므로 한류가 한국 대중문화의 자생력과 국제 경쟁력을 확인시켜주는 사례이지만, 한류 콘텐츠의 형식과 스타일의 근원에는 미국화의 영향으로부터 자유로운 것이 거의 없다. 한국의 대중문화 자본과 시장이 미국적 라이프스타일을 적극적으로 원재료로 삼아 재가공하는 과정을 통해 내면화된다(이동연, 2006: 20~21 참조). 미국을 반대하면서도 민주화를 위해 미국을 필요로 한다는 분석은 '반제·반봉건의 이중과제'를 연상시킨다.

133) 딜릭은 '로컬'이 글로벌 자본주의의 전망의 관점에서 보면 해방의 장소가 아니라 '조작의 장소'라고 설파한다. 그 안에 살고 있는 사람들이 스스로 자신의 정체성을 벗어던지고 글로벌 자본에 동질화되어야만 해방될 수 있는 장소라는 것이다. 이는 '로컬의 곤경'을 초래한다. 그리고 로컬한 장소에 대한 이해관계와 힘의 차이는 비전통적이고 민주적인 노선에 따라 로컬을 재구성하는 것이 본질적인데, 자본이 이러한 '차이'를 이용해 로컬을 손쉽게 조작하게 만든다고 한다. Arif Dirlik, "The Global in the Local," in Rob Wilson and Wimal Dissanayake(eds.), *Global Local: Cultural Production and the Transnational Imaginary*(Duke University Press, 1966), p. 35. 이동연(2006: 33~34)에서 재인용.
134) 한류를 글로벌 시대의 국지적 문화 다양성의 사례로 온전하게 평가하기에는 미국적 동질화에서 완전히 자유로울 수 없고, 콘텐츠도 다양하게 소개되었다고 볼 수 없다. 한류의 글로벌 특성에는 모방과 응용, 흉내 내기와 자기 변용으로 간주할 것이 많아 창작, 제작, 배급, 소비의 과정에서 독자적인 국지성을

지닌다는 것은 사실상 불가능하다. 다만 한류 역시 미국의 라이프스타일이나 일본의 문화 유행을 토착화하는 방식을 통한 권역으로의 재진출이기 때문에, 문화적 복제라기보다는 '문화적 혼종화'라는 말이 어울릴 듯하다. 그러나 한류의 문화적 혼종화가 재생산되는 메커니즘을 살펴보면, 결국 한류를 문화 다양성의 관점으로만 한정해서 볼 수 없다는 점을 알게 된다(이동연, 2006: 45~46).

135) 첫째, 문화적 번역에 대한 연구로서 서로 다른 문화적 유산과 경험이 축적되는 역사적 과정에 대한 검토가 있어야 한다. 둘째, 문화적 일상의 차이에 대한 연구로서 대중의 일상 라이프스타일에 대한 교차분석을 통해 당대 동아시아의 일상 문화가 어떻게 재조직화되고 있는지 검토할 필요가 있다. 셋째, 문화적 리터러시(cultural literacy)에 대한 연구로서 동아시아 내 문화적 리터러시의 형성 과정과 그것이 시장에서 수용되는 방식에 대한 검토가 요구된다. 문화적 리터러시는 문화적 해독 능력, 문화적 행위의 기질, 문화적 생산의 자원이 된다. 넷째, 문화 자본의 형성에 대한 연구로서 동아시아 내 문화산업의 지형이 글로벌화 과정에서 어떠한 체계를 지니고 있는지 검토할 필요가 있다(이동연, 2006: 87~88).

136) 학술논문에서 일인칭을 사용하는 것이 금기되던 시절이 있었고, 지금도 학회지에 논문을 투고할 때 이 부분이 심사위원의 수정 요구 사항으로 지적되는 경우가 있다. 이는 객관성을 지향하자는 차원에서 이해할 수 있다. 다만 인문학적 글쓰기가 주체의 해석(interpretation)이자 재현(representation)이라는 사실을 인정한다면 굳이 일인칭 사용을 회피할 필요는 없다는 것이 필자의 입장이다. 중요한 것은 글의 논리성과 설득력이 아닌가? 이 부분에서 일인칭을 사용한 것은 홍콩영화의 한국적 수용 과정을 개인적 경험이라는 미시 서사와 결합하려는 의도에서 비롯되었음을 밝혀둔다.

137) 이 글에서는 고유명사 표기를 원음에 가깝게, 그리고 가능한 한 당사자가 원하는 발음(알파벳 표기 발음)으로 표기했다. 특히 이 글에서 다루고 있는 이른바 '홍콩인'은 광둥어(Cantonese) 발음으로 표기했고, 그 외의 중국인은 푸퉁화(普通話)로 표기했다. '홍콩인'의 인명을 광둥어 또는 광둥어와 영어의

혼합식으로 표기한 것은 '정체성' 문제와 관련되어 있다. 광둥어 표기는 박영복·최인화(2005)를 참조했고, 푸퉁화 표기는 「외래어 표기법」(문화체육부고시 제1995-8호, 1995. 3. 16)을 따랐음을 밝혀둔다.

138) 이 부분은 임춘성(2005), 160쪽 3행부터 7행까지의 부분을 수정·보완한 것이다. 바로 뒷부분은 다음과 같다. "여기에 창처(Cheh Chang, 張徹), 킹 후(King Hu, 胡金銓), 추이 학(Hark Tsui, 徐克)의 무협영화, 그리고 진융(金庸), 량위성(梁羽生), 구룽(古龍) 등 '무협소설의 영화화'를 더하면 홍콩의 궁푸(gong-fu, 工夫) 및 무협영화의 주요 흐름이 요약되는 셈이다."

139) 멜로물은 한동안 잠잠하다가 메이벨 청(Maybelle Cheung, 張婉婷)의 <秋天的童話(가을날의 동화)>(1987)와 피터 찬(Peter Chan, 陳可辛)의 <甛蜜蜜(첨밀밀)>(1996)로 이어져 한국 팬들의 호응을 받았다. 전자는 홍콩 느와르가 주름잡던 당시 한국 극장가에 산뜻한 청량제 역할을 했고, 후자는 주제가로 삽입된 덩리쥔(鄧麗君)의 노래가 국내에서「아임 스틸 러빙 유(I'm still loving you)」라는 곡으로 리메이크되기까지 했다.

140) 최근 한국 무협소설의 역사를 책으로 펴낸 이진원은 세밀한 조사를 통해 김광주가 번역한 작품, 워룽성, 쓰마링(司馬翎), 천칭윈(陳靑雲), 조약빙 등과 진융의 무협소설 번역 현황을 세밀하게 점검해 목록을 만들었다. 이진원(2008: 120, 128~129, 186~187, 190~191, 194, 268~271)의 표 참조.

141) 신현준은 "한국인들 사이에서의 소통을 보장"하기 위해 한자음 발음을 고의적으로 고집했고, 그 이론적 배경으로 '홍콩 팝 스타의 이름의 정치학'을 들었으며, 그것은 "로마자 이름이 '서양적 세련스러움'을 수반하면서 문화적 원격성(cultural distance)를 표상했다면, 한자 이름은 '아시아적(동양적) 친숙함'을 수반하면서 문화적 근접성(cultural proximity)을 표상했다"(신현준, 2006: 146)고 설명한다. 이 글은 신현준의 현상 분석에 동의한다. 다만 신현준의 글에는 '소통의 정치학'의 또 다른 측면, 즉 최소한 (동)아시아에서는 어떻게 소통되어야 하는지에 대한 고민이 부재한 것으로 보인다. 이 글에서는 궁극적인 소통은 세계에서 오직 하나만 존재한다는 고유명사의 속성을 고려하되, 인명 표기는 본인의 의사를 존중해야 한다는 것을 기본 입장으로 삼는다.

중국에는 '북경'이 없고 한국에는 '한청'이 없으며, '샹강' 또는 '향항'은 존재하지 않고 '홍콩'만이 존재한다.

142) 신현준(2006)의 글은 홍콩 칸토팝의 형성 과정과 그 배경, 나아가 아시아화의 전파 과정 및 각 지역의 수용 양상에 대해 구체적이면서도 보편성을 담지한 것으로 평가할 수 있다. 더불어 한류의 아시아화와도 연계할 수 있는 근거를 확보했고, 1997년 이후 홍콩 팝문화의 재국민화(renationalization) 과정에 대한 분석도 탁월하다.

143) 월간 ≪스크린≫, 1994년 7월호에 실린 설문조사 '홍콩영화를 어떻게 보는가'. 김지석·강인형(1999: 9)에서 재인용. 추징메이(丘靜美)도 상대적으로 적은 자본과 벌집 같은 무술 동작 삽입을 홍콩영화의 레테르로 간주했다(鄭樹森, 2003: 124).

144) 브루스 리(李小龍)에 이어 재키 찬(成龍)이 등장했고, "여기에 코믹 쿵푸에 일조한 홍금보와 원표가 가세하며 1980년대 추석이나 구정에 전국의 극장가는 코믹 쿵푸가 싹쓸이를 했다"(선성원, 2005: 274). 이 중 재키 찬은 지금까지도 명절 단골 프로그램의 주인공으로 등장하고 있음은 모두 아는 사실이다.

145) 여기서 '어설프다'고 함은 수준이 낮다는 뜻이 아니라 자신의 취향을 당당하게 내세우는 교육을 받지 못했다는 의미다. 예컨대 초등학교 시절 만화방이 불온한 곳으로 인식되어 만화에 관해 친한 친구 외에는 함부로 이야기하지 못하는 억압 기제가 내면화된 것과 같은 의미다. 이는 긍정적 의미의 마니아의 수준에 도달하기 어렵게 만든다. 자신의 취향을 '차별화(distinction)'의 수준으로 끌어올리는 것은 마니아의 한 지표이기도 하다.

146) 우리와는 다른 맥락으로 홍콩을 현대적이고 멋지게 강조하면서 소비자에게 무언가 새로운 것의 가치를 느끼게 하는 1990년대 일본의 홍콩문화 수용 사례(이와부치, 2004: 249)는 참고할 가치가 있다.

147) 1970년대 말 홍콩 뉴웨이브 영화는 량수이(梁淑怡)라는 탁월한 기획·제작자가 뒷받침하고 있었다. 그는 '후이브라더스쇼'와 '73시리즈', '수퍼스타' 시리즈, TV 영화(연출자의 재량권을 최대한 존중) 등을 통해, 앤 후이(許鞍華), 임 호(嚴浩), 추이 학(徐克)과 같은 감독을 길러냈고, 이들 중 상당수가 영화계에 입문했

다(김지석·강인형, 1995: 42).
148) 박영창, 「중국 무협지 번역의 역사」(http://joongmoo.com/trans.htm); 이진원 (2008: 103~105) 참조.
149) 김광주는 중국문학을 전공하지는 않았지만 1933년 상하이에서 유학한 경험과 문인으로서의 솜씨가 결합되어 유려한 필치가 돋보인다. 김광주에 대한 간략한 소개는 이치수(2001: 74) 참고.
150) 중국 무협소설 번역을 반드시 중국문학 전공자가 담당해야 하는 것은 아니지만, 번역이 언어 번역의 기능적 측면에만 국한되는 것이 아니며, 언어 배후에 존재하는 문화에 대한 폭넓은 이해가 번역가에게 요구되는 것은 너무도 당연할 것이다. 중국의 영화와 무협소설은 번역의 사각지대라 할 수 있다. 대중문화 분야에서 '번역 실명제'는 반드시 시행되어야 할 제도다.
151) "신문 연재 없이 직접 단행본으로 출판된 무협소설 번역물은 김일평이 번역한 『군협지』가 최초"(전형준 2003: 55)다.
152) 1961년에 중학교 1학년이라면 1948년생이고, 김훈의 『칼의 노래』 재판년도인 2000년 기준으로 52세다.
153) '두터움'은 기어츠(Clifford Geertz)의 글에서 힌트를 얻은 개념이다. 기어츠는 『문화의 해석』에서 인류학의 민족지(ethnography) 작업의 방법론으로 '중층 기술 또는 두터운 기술(thick description)'을 제시했다. 이것은 기어츠가 길버트 라일에게서 빌려온 개념이다. 라일은 눈의 경련과 윙크에 대한 '현상적' 관찰은 동일한 해석(현상 기술, thin description)에 이를 수 있지만, 그 현상의 이면에 위계적으로 연결된 여러 층위의 의미 구조가 존재하는 것을 인지하고 그것을 파악하려 할 때 '두터운 기술'을 사용하게 된다고 했다. 기어츠는 이 개념을 민족지 작업에 적용했다. 인류학자가 현지 조사에서 당면하게 되는 상황이란 "여러 겹의 복합적인 의미 구조이며, 이 개개의 의미 구조들은 서로 중복되면서 복잡하게 얽혀 있다"(기어츠, 1996: 20). 그러므로 인류학자는 그 상황을 사후에 설명하기 위해 조사 당시 상황을 파악하기 위한 다양한 조사 작업을 해야 한다는 것이다. 이 글에서는 다양하게 해석될 수 있는 복합적인 의미 구조를 지닌 텍스트를 '두터운 텍스트'로 상정하고, 그런 텍스트가 내포하는

문화적 함의를 '문화적 두터움'으로 표기했다.
154) 전형준(2003)과 이진원(2008)이 대표적이다. 전자는 좌백 이후 한국의 무협소설을 '신무협'으로 파악하고, 그것을 워룽성·진융·구룽(古龍)에 대한 전복으로 규정하면서 전복의 문화적 의미를 탐색하고 있다. 후속 작업(전형준, 2007)에서 무협소설이라는 장르문학을 '문학'으로 승격시켜 진지하게 '평론'하고 있다. 후자는 한국에서 창작·번역된 무협소설과 그에 관한 평론과 연구를 총망라하면서, 한국 무협소설이 중국 무협소설의 단순한 번역 또는 번안에서 유래한 것이 아님을 밝히기 위해서 그 기원을 조선 시대 또는 그 이전까지 소급해 영웅소설이나 군담소설에서 무협소설의 맹아를 발견하려 한다. 그리고 중국 무협소설의 영향과 무관한 일제강점기의 역사무예소설을 그 후예로 삼고, 1980년대의 창작 무협소설과 1990년대의 신무협을 그 '창조적 계승'으로 설정하며, 그 흐름을 '한국적 무협소설'로 명명한다. 한국 무협소설은 바로 이 '한국적 무협소설'과 중국 무협소설을 모방해 창작한 '중국식 창작 무협소설'로 구성된다는 것이다. 그러나 무협소설에서 '한국적' 정체성을 모색하는 이진원의 시도는 그가 이론적 근거의 한 축으로 기대고 있는 전형준이 보기에 "자신을 서구라는 타자와 동일시하는 서구지향적 무의식과 자신을 중국이라는 타자와 구별하고자 하는 민족주의적 무의식, 얼핏 상반되는 것으로 보이는 두 가지 무의식의 공모"(전형준, 2008)일 뿐이다. 그런데 전형준이 '전복'이라 명명한 내용이 명실상부한 '전복'인지는 대조가 필요하다. 그는 "한국의 신무협은 현실 도피와 대리 만족이라는 기존 무협소설의 틀을 초월하거나 전복하고 생에 대한 진지한 성찰과 실존적 탐구를 나름대로 의미 있게 수행했다"(전형준, 2008)고 밝힌다. 그뿐만 아니라 신무협은 문학 수준의 향상, 내용과 형식면에서의 독자성, 근현대성과 포스트근현대성, 문화적 동시대성을 구비하고 있다는 것이다. 그러나 신무협이 전복했다고 하는 대상으로 한국의 무협소설 외에 중국 무협소설 작가들까지 포함하는 것은 섣부르다. 특히 한국 신무협이 진융의 작품을 전복한 내용이 무엇인지에 대해 구체적 분석이 뒤따라야 할 것이다.
155) 진융의 작품은 1980년대 중국 대륙의 캠퍼스를 점령하고 1990년대 경전화되

었다(吳曉黎, 2000 참조).

156) '金學'은 '金庸에 관한 연구'라는 의미다. 2,000년이 넘는 문학사에서 작가 또는 작품에 '學'이라는 말을 붙인 것은 『홍루몽(紅樓夢)』 연구를 '홍학(紅學)' 으로, 루쉰 연구를 '루쉰학'이라 명명한 정도였다.

157) 다른 한편으로 이것의 정치적 의미도 들여다볼 필요가 있다. 중국의 최고 학부인 베이징대학에서 명예교수직을 수여하고 중국 공산당 중앙위원회 선전부 산하의 싼롄 서점에서 그의 '작품집'을 출판했다는 것은 그것이 '선전' 가치가 있음을 반증하는 것이기도 하다.

158) 왕겅우(王賡武)는 1911년 이후 동남아 화인 사회에서 형성되었던 중국민족적 정체성(Chinese nationalist identity)이 1950년 이후 현지국민적 정체성(local national identity)으로 발전되었다고 말한다(조흥국, 2004: 16 참조).

159) 1976년 문화대혁명이 종결되고 2년여의 과도기를 거쳐 1978년 12월 '사회주의 현대화'를 구호로 내세운 덩샤오핑의 개혁·개방이 시작되었다. 이후 30년 전후의 시간을 개괄하는 데 '포스트사회주의'는 유용한 개념이다.

160) 장이머우의 역작인 <秋菊他官司(추쥐의 재판)>은 농촌 여성 추쥐가 하급 기관에서부터 재판을 해나가는 과정을 그린 명작이다. 그런데 중국 영화가 국내에 소개되던 초기에는 번역에 영어 대본과 제목을 참고했던 듯하다. 이 작품의 영어 제목은 'Story of Qiuju'로서, 그대로 번역하면 '추쥐 이야기'가 되어야겠지만, 한어병음(漢語拼音)을 모르는 이가 '귀주 이야기'로 명명했다. 필자도 이 영화를 처음 접했을 때 '귀주(貴州)'에서 일어난 이야기로 예단했던 기억이 있다. 이미 통용되고 있는 제목이 잘못된 것임을 매번 이야기하다 느끼게 되는 궁색함은 필자 혼자만의 느낌은 아닐 것이다.

161) 다이진화(2007), 「카니발의 꽃종이」 참조.

162) 오래전부터 중국시장을 주시해온 할리우드 제작사들이 중국영화에 직접 투자하는 쪽으로 방향을 돌리고 있다. <영웅>과 <연인>, 그리고 펑샤오강(馮小剛)의 <거장의 장례식(大腕)> 도 컬럼비아사가 투자해 흥행에 성공한 작품이다(임대근, 2008: 313).

163) 물론 <영웅>의 역사적 맥락에 대한 비판이 필요하다. 사실 전국(戰國)시대

(B.C. 386~B.C. 256)의 칠웅(七雄)은 독립적인 체제를 갖춘 정치 단위였고, 소진(蘇秦)과 장의(張儀)는 단순한 궤변가가 아니라 당시의 국제 문제 전문가였다. 광활한 중국 대륙이 유럽 대륙처럼 여러 국가들로 나뉠 수 있었는데, 그 가능성을 일소한 것이 진시황의 통일이었다. 진섭(陳涉)이 수창(首唱)하고 항우(項羽)와 유방(劉邦)이 완성한 진의 멸망은 '각국의 사직을 잇자'라는 구호로 진행되었기에 각 제후국 후손들의 지원을 얻을 수 있었고, 그럼으로써 과제를 완수할 수 있었던 것이다. 장이머우는 이런 맥락을 거두절미(去頭截尾)한 채, 전쟁으로 어지러운 천하(天下)를 바로잡고 백성(百姓)을 안정시킬 수 있는 '영웅'은 오직 진시황뿐이라는 사실을 잔검(殘劍)이 깨닫고 그 깨달음을 무명(無名)에게 감염시키는 내용으로만 그린다. 잔검의 깨달음에는 천하가 어지러워진 원인에 대한 성찰이 부재하다. 그러나 중국의 관객은 진시황에 대한 새로운 해석을 즐기고 있는 듯하다. 위대한 정치 '영웅'을 통해 중국은 혼란의 역사 시기를 종식시키고 강고한 하나의 중국으로 역사 속에 힘 있게 등장한다는 논리다. 중국의 역사적 사실에 무관심한 외국 관객은 흥미롭게 짜인 같은 사건의 다른 시점과 서사 구조, 화려하고 웅장한 미장센, 진시황을 중심에 둔 거대한 사각의 구중궁궐과 화면의 영상 구도, 마치 우주의 중심에 진시황이 있기라도 한 듯한 구도에 시선을 빼앗긴다.

164) 그 외에도 타이완의 신랑차오(新浪潮)와 홍콩의 뉴웨이브(new wave)에 대한 연구, 그리고 영화로 읽는 도시문화 연구도 진행되었다. 이 부분은 '중국어 영화'라는 주제의 연구 동향에서 다시 다뤄야 할 것이다.

165) 이 개념은 아파두라이에게서 가져왔다. 아파두라이는 뭄바이에서 유통되는 상품들이 밀수되어 거리의 암거래 시장에서 소비되는 현상을 분석하면서, 이런 밀거래가 이루어지는 곳을 '회색 시장'이라 일컫고, 그것이 지니는 '유사-합법적 특성'에 주목했다(아파두라이, 2004: 92). 중국 디브이디 시장의 '유사-합법성'은 <頤和園(여름 궁전, Summer Palace)>의 판금 사례에서 역으로 살펴볼 수 있다. 감독 러우예(婁燁)는 당국의 허가를 받지 않은 채 국제영화제에 출품했다가 5년간 제작 금지 조치를 당했는데, 이 작품은 중국에서도 구하기가 어려웠다. 이 사례는 중국 당국이 불법 디브이디 유통을 통제할

능력이 있음을 암시한다. 물론 2008년 베이징 올림픽을 전후해 국제 사회의 지적 재산권 요구도 디브이디 '회색 시장'을 위축시키는 요인이다.

166) 허젠쥔(何建軍) 감독의 <蔓延(만연)>은 요즘 젊은이들의 성 풍속도를 다루었는데, 'Pirated Copy(해적판)'이라는 영문 제목이 가리키듯이 불법 영상 자료를 정면으로 다루고 있다는 점에서 주목할 만하다. 이 영화에서 디브이디 영상 자료는 '오락 수단'이고 '문화 수단'이며 '생계 수단'이면서 심지어 '교환 수단'이기도 하다. 예술대학에서 영화 관련 강의를 하고 있는 메이샤오징(梅小靜)은 학생들에게 보여줄 영상 자료를 구하는 과정에서 선밍(申明)을 알게 된다. 선밍은 해적판 디브이디 소매업에 종사한 지 5년이 되었고, 사업을 위해 영화를 본다. 샤오징은 영상 자료를 교육용으로 이용한다. 영화 속의 수많은 사람들은 가게(商)나 길거리(買)에서 디브이디를 판다. 그리고 수많은 사람들은 그것들을 본다. 재미있는 것은 판매상들이 공안에게 붙잡히기도 하지만, 공안들은 디브이디가 포르노인지 여부에 초점을 맞추거나 다른 범죄가 있는지 여부에 관심을 가질 뿐 불법 복제품 판매에 대해서는 그 죄를 묻지 않고 몰수할 뿐이다. 선밍이 술집에서 만난 한 여성은 선밍과 하룻밤을 보낸 뒤 화대 대신 디브이디 50장을 요구하기도 한다.

167) 이에 관한 구체적인 논의에 대해서는 기어츠(1998)의 제10장을 참조할 것.
168) 이러한 입장은 한경구(1997)에 잘 드러나 있다.
169) 문화를 제대로 이해하는 데 문화 번역이 갖는 중요성이나 그 의미에 관해서는 Clifford and Fisher(1986)와 Clifford(1997)를 참조할 것.
170) 이 개념은 Appadurai(1990, 1996)와 Beynon and Dunkeley et al.(2000), Short(2001)에서도 사용된 것이다.
171) Abdallah Laroui, *The Crisis of the Arab Intellectuals: Traditionalism and Historicism*(Berkeley: University of California Press, 1976), 121쪽. 딜릭(2000: 82)에서 재인용.
172) 여기에서 래디컬(radical)은 '근원적인' 또는 '근본적인'이라고 번역하는 것이 더 타당할 것이다.
173) 이는 아편전쟁부터 5·4 이전까지의 문학을 지칭하는 중국의 특수한 개념으로서 우리의 근대문학과는 다른 개념이다. 이에 관해서는 임춘성(1997) 참조.

참고자료

1. 참고문헌

가라타니 고진(柄谷行人). 2007. 『세계공화국으로』. 조영일 옮김. 도서출판b.
강내희. 2007. 「신자유주의와 한류: 동아시아에서의 한국 대중문화의 문화횡단」. 한국 중국현대문학학회. 《중국현대문학》, 41.
강진아. 2005. 「16~19세기 동아시아무역권의 세계사적 변용」. 백영서 외 지음. 『동아시아의 지역질서』. 창비.
강창구 외. 2006. 『영화로 이해하는 중국 근현대』. 르네상스.
고병익. 1993. 「동아시아 나라들의 상호 소원(疏遠)과 통합」. 《창작과비평》, 21(1).
국립국어원. 1995. 「외래어 표기법」(문화체육부고시 제1995-8호, 1995.3.16).
郭沫若(궈모뤄) 외. 1989. 『문학과 정치: 현대중국의 문학이론』. 김의진·심혜영·성민엽 옮김. 중앙일보사.
기든스, 앤서니(Anthony Giddens). 1991. 『포스트모더니티』. 이윤희·이현희 옮김. 민영사.
기어츠, 클리퍼드(Clifford Geertz). 1998. 『문화의 해석』. 문옥표 옮김. 까치.
김광억. 1998a. 『문화의 다학문적 접근』. 서울대학교출판부.
____. 1998b. 「동아시아 담론의 문화적 의미」. 《정신문화연구》, 21(1).
____. 1999. 「동아시아 담론의 실체: 그 분석과 해석」, 『동아시아 연구: 글쓰기에서 담론까지』. 도서출판 살림.
김경식 외. 1990. 「반파시즘 투쟁과 독일 사회주의 문학론」. 1930년대 통일전선과 리얼리즘의 제 문제. 연세대학교 대학원 제1회 공동학술심포지엄 자료집.
김명섭. 2000. "두 개의 헤게모니 세력, 미국과 중국". 《교수신문》, 189.
김수택 외. 2003. 『21세기 지식 키워드 100』. 한국출판마케팅연구소.

김영룡. 1990. 「사회주의 현실주의 논의의 역사적 전개에 관한 일 고찰」. 『현실주의 연구 1』. 제3문학사.
김은실. 2000. 「'동아시아 담론'의 문화 정체성에 대한 문제 제기」. 정문길 외 엮음. 『발견으로서의 동아시아』(서남 이양구 회장 10주기 추모 국제학술대회 논문집). 문학과지성사.
김지석. 1996. 『아시아 영화를 다시 읽는다』. 도서출판 한울.
_____. 2000. 「동아시아 영화의 위상과 그 장래」. ≪황해문화≫, 27.
김지석·강인형. 1995. 『香港電影 1997년: 홍콩영화의 이해』. 도서출판 한울.
김채수. 1995. 『동아시아문학 기본구도 Ⅰ』. 박이정.
김현미. 2005. 『글로벌 시대의 문화번역: 젠더, 인종, 계층의 경계를 넘어』. 또 하나의 문화.
나승만 외. 2003. 『다도해 사람들: 사회와 민속』. 경인문화사.
난단, 사텐드라(Satendra Nandan). 2003. 『상처 입은 바다』. 민음사.
다이진화(戴錦華). 2007 『무중풍경: 중국영화문화 1978~1998』. 이현복·성옥례 옮김. 산지니.
다카야 요시카즈(高谷好一). 2003. 『바다의 아시아1: 바다의 패러다임』. 김정환 옮김. 다리미디어.
다케우치 요시미(竹内好). 1997. 「방법으로서의 아시아」. 최원식 외 지음. 『동아시아인의 '동양' 인식: 19~20세기』. 문학과지성사.
대중문학연구회. 2001. 『무협소설이란 무엇인가』. 예림기획.
도미야마 가즈유키. 2005. 「바다의 신앙」. 오모토 케이이치 외 엮음. 『바다의 아시아5: 국경을 넘는 네트워크』. 김정환 옮김. 다리미디어.
딜릭, 아리프(Arif Dirlik). 1993. 「아시아-태평양권이라는 개념」. ≪창작과비평≫. 21(1).
_____. 2000. 「역사와 대립되는 문화인가?: 동아시아 정체성의 정치학」. 정문길 외 엮음. 『발견으로서의 동아시아』(서남 이양구 회장 10주기 추모 국제학술대회 논문집). 문학과지성사.
_____. 2005. 『포스트모더니티의 역사들: 유산과 프로젝트로서의 과거』. 황동연 옮김. 창비.
래비, 피터(Peter Levy). 2002. 『파라다이스의 사냥꾼들: 인류 최후의 파라다이스를 찾아 헤맸던 19세기 과학자들의 고독한 탐험 이야기』. 이나경 옮김. 홍익출판사.
레닌(Lenin). 1998. 「당조직과 당문학」. 『레닌의 문학예술론』. 이길주 옮김. 논장.
리쩌허우(李澤厚). 2005a. 『중국근대사상사론』. 임춘성 옮김. 한길사.
_____. 2005b. 『중국현대사상사론』. 김형종 옮김. 한길사.
멘지스, 개빈(Gavin Menzies). 2004. 『1421 중국, 세계를 발견하다』. 조행복 옮김. 사계절.

박영복·최인화. 1999. 『제목으로 영화 읽기』. 현암사.

루쉰(魯迅). 1988. 『로신선집』(1~4). 朴正一(박정일) 옮김. 北京: 민족출판사.

백낙청. 1993. 「문학과 예술에서의 근대성 문제」. ≪창작과비평≫. 1993년 가을.

백승욱. 2006. 『자본주의 역사 강의』. 그린비.

백영서 외 엮음. 1995. 『동아시아, 문제와 시각』. 문학과지성사.

백영서. 2000a. 『동아시아의 귀환: 중국의 근대성을 묻는다』. 창비.

____. 2000b. 「21세기에도 동아시아론이 필요할까」. 목포대학교 아시아문화연구소 포럼 발제문(2000. 12. 7.).

백원담. 2005. 『동아시아의 문화선택 한류』. 펜타그램.

사이드, 에드워드(Edward W. Said). 1991. 『오리엔탈리즘』. 박홍규 옮김. 교보문고.

____. 2005. 『프로이트와 비유럽인』. 주은우 옮김. 창비.

사회와철학연구회. 2001. 『세계화와 자아정체성』. 이학사.

서병국 편저. 2005. 『아시아의 역사』. 한국학술정보.

선성원. 2005. 『가십으로 읽는 한국대중문화 101장면: 1960년대~1980년대』. 미디어집.

손민호. 2008. 2. 28. "손민호 기자의 문학터치 129: 무협지와 무협소설 사이에서". ≪중앙일보≫.

쇼텐함메르, 안젤라(Angela Schottenhammer). 2005. 「중국의 상업에 대한 역사적 고찰: 명(1368~1644)초의 해금정책과 그 해제(1567)」. 고혜련 옮김. ≪도서문화≫, 25.

스마트, 니니안(Ninian Smart) 엮음. 2004. 『종교: 지도로 본 세계 종교의 역사』. 김한영 옮김. 갑인공방.

스윈지우드, 앨런(Allan Swingewood). 2004 『문화사회학이론을 향하여: 문화이론과 근대성의 문제』. 박형신·김민규 옮김. 도서출판 한울.

스턴스, 피터 N(Peter N. Stearns). 2003. 『문화는 흐른다: 지도로 읽는 문화 교류의 세계사』. 문명식 옮김. 도서출판 궁리.

스토리, 존(John Storey). 2002 『대중문화와 문화연구』. 박민준 옮김. 경문사.

신윤환·이한우 외. 2006. 『동아시아의 한류』. 전예원.

신현준. 2004. 「중국 대중문화의 세 가지 역사적 형세들에 관한 하나의 시선」. 한국중국현대문학학회. ≪중국현대문학≫, 30.

____. 2005. 「1970~80년대 홍콩 대중문화의 형성과 국제적 전파: '칸토팝 스타'를 중심으로」. 한국중국현대문학학회. ≪중국현대문학≫, 36.

아라이 가즈히로. 2003. 「하드라미 네트워크」. 오모토 케이이치 외 엮음. 『바다의 아시아2: 몬순문화권』. 김현영 옮김. 다리미디어.
아부-루고드, 재닛(Janet Abu-Lughod). 2006. 『유럽 패권 이전: 13세기 세계체제』. 박홍식·이은정 옮김. 까치.
아키미치 토모야. 2005. 『해양인류학: 해양의 박물학자들』. 이선애 옮김. 민속원.
아파두라이, 아르준(Arjun Appadurai). 2004. 『고삐풀린 현대성』. 차원현·채호석·배개화 옮김. 현실문화연구.
앤더슨, 베네딕트(Benedict Anderson). 2002. 『상상의 공동체: 민족주의의 기원과 전파』. 윤형숙 옮김. 나남.
야지마 히코이치. 2003a. 「서양에서 본 바다의 아시아사」. 오모토 케이이치 외 엮음. 『바다의 아시아1: 바다의 패러다임』. 김정환 옮김. 다리미디어.
_____. 2003b. 「몬순문화권」. 오모토 케이이치 외 엮음. 『바다의 아시아2: 몬순문화권』. 김현영 옮김. 다리미디어.
단코나, 야콥(Jacob D'Ancona). 2000. 『빛의 도시』. 오성환·이민아 옮김. 까치.
양승윤. 2003. 「말라카 왕국, 해양 실크로드의 동아시아 무역 거점」. 양승윤 외. 『바다의 실크로드: 21세기 문명의 새로운 패러다임, 바다를 찾아서』. 청아출판사.
양승윤 외. 2003. 『바다의 실크로드: 21세기 문명의 새로운 패러다임, 바다를 찾아서』. 청아출판사.
엄익상. 2005. 「首爾: 서울 새 중국어 지명의 이론적 근거」. 한국중어중문학회. ≪중어중문학≫, 36.
오모토 케이이치 외 엮음. 2003a. 『바다의 아시아1: 바다의 패러다임』. 김정환 옮김. 다리미디어.
_____. 2003b. 『바다의 아시아2: 몬순문화권』. 김현영 옮김. 다리미디어.
_____. 2003c. 『바다의 아시아3: 섬과 사람들의 활력』. 김숙이 옮김. 다리미디어.
오창은. 2008. "김훈 역사소설이 다다른 곳". ≪교수신문≫, 467.
오현리. 2001. 『중국무협영화』(Ⅰ, Ⅱ), 한숲.
원종민. 2004. 「동남아 화인언어 연구의 현황과 전망」. 중국학연구회. 『화교의 역사와 문화』 (제77차 정기 학술발표회 발표논문집).
유경철. 2005. 『金庸 武俠小說의 '中國 想像' 硏究』. 서울대학교 박사학위논문.
유준필. 2000. 「중국과 일본 자국문학 서술의 발생과 특성, 그 역사적 맥락의 비교」. 『한국중국현대문학학회 제6차 국제학술대회 자료집』.

유중하. 1990. 「대중화운동을 위한 제언」. ≪한길문학≫, 1990-7.

_____. 1997. 「중간물로 찍은 동아시아의 두 점: 魯迅, 橫步의 경우」. 중국어문학회. ≪중국어문학지≫, 4.

_____. 2000. 「만담, 서해 바다 위에 일엽편주, 음양괴담: 동아시아, 문학사의 회통처」. 『한국중국현대문학학회 제6차 국제학술대회 자료집』.

윤형숙. 2005. 「지구화, 이주여성, 가족재생산과 홍콩인의 정체성」. 한국중국현대문학학회. ≪중국현대문학≫, 제33호.

이강은. 1990. 「1920년대 문학이념의 발전과정에 대한 비판적 고찰」. 한국러시아문학회 엮음. 『러시아 소비에트문학』. 제3문학사.

이동연. 2002. 『대중문화연구와 문화비평』. 문화과학사.

_____. 2006. 『아시아 문화연구를 상상하기: 문화민족주의와 문화 자본의 논리를 넘어서』. 그린비.

이선영·김병민·김재용 엮음. 1993~1994. 『현대문학 비평 자료집 1~8』. 태학사.

이성환. 1994. 「근대와 탈근대」. 『모더니티란 무엇인가』. 민음사.

이와부치 고이치. 2004. 『아시아를 잇는 대중문화: 일본, 그 초국가적 욕망』. 히라타 유키에·전오경 옮김. 도서출판 또하나의문화.

이정훈. 2007. 「비판적 지식담론의 자기비판과 동아시아론」. 한국중국현대문학학회. ≪중국현대문학≫, 41.

이진원. 2008. 『한국 무협 소설사』. 채륜.

이치수. 2001. 「중국무협소설의 번역 현황과 그 영향」. 『무협소설이란 무엇인가』. 예림기획.

이후남. 2007. 12. 7. "21세기 중국문화지도 6: 영화 1. '다피엔' 영화로 대륙 평정". ≪중앙일보≫.

임규찬·한기형 엮음. 1989~1990. 『카프비평자료총서』(Ⅰ~Ⅷ). 태학사.

임대근. 2005. 「중국영화교육 추의(芻議)」. 한국중어중문학회. ≪중어중문학≫, 37.

임대근 외. 2008. 『중국영화의 이해』. 동녘.

임우경. 2007. 「비판적 지역주의로서 한국 동아시아론의 전개」. 한국중국현대문학학회. ≪중국현대문학≫, 40.

임춘성. 1995. 「중국 근현대문학 발전의 윤곽과 동력」. 『소설로 보는 현대중국』. 종로서적 (≪실천문학≫, 1994년 가을호에 게재).

_____. 1997. 「중국 근현대문학사론의 검토와 과제」. 한국중국현대문학학회. ≪중국현대

문학》, 12.
_____. 2000a. 「중국문학의 근현대성 단상」. 한국중국현대문학학회. 《중국현대문학》, 18.
_____. 2000b. 「20세기 중국문학의 '근현대화'·'민족화'·'대중화'의 관계」. 한국중국현대문학학회. 《중국현대문학》, 19.
_____. 2002a. 「동아시아문학론의 비판적 검토」. 영남중어중문학회. 《중국어문학》, 39.
_____. 2002b. 「중국 근현대문학의 대중화와 무협소설」. 《중국인문과학》, 24.
_____. 2002c. 「金庸 소설을 통해본 '위군자'와 '진소인'의 실용이성」. 한국중국현대문학학회. 《중국현대문학》, 22.
_____. 2004. 「중국 근현대 무협소설의 근현대성」. 한국중국현대문학학회. 《중국현대문학》, 29.
_____. 2005. 「홍콩영화에 재현된 홍콩인의 정체성과 동남아인의 타자성」. 한국 중국현대문학학회. 《중국현대문학》, 33.
_____. 2008. 「이주와 디아스포라: 중국영화에 재현된 뉴욕의 중국인」. 한국중국현대문학학회. 《중국현대문학》, 44.
임춘성 편역. 1997. 『중국근현대문학운동사』. 한길사.
임춘성·홍석준 외. 2006. 『홍콩과 홍콩인의 정체성』. 학연문화사.
임형택·최원식 엮음. 1985. 『전환기의 동아시아문학』. 창작과비평사.
임형택·최원식·서은혜·성민엽. 1993. 「한국문학 연구와 동아시아문학」(좌담). 민족문학사연구소. 《민족문학사연구》, 4.
장기철 기획. 2002. 『지아장커, 중국 영화의 미래』. 현실문화연구.
장동천. 2008. 『영화와 현대 중국: 한 세기를 가로지른 창조와 열광의 여정을 따라』. 고려대학교출판부.
장수현 외. 2004. 『중국은 왜 한류를 수용하나』. 학고방.
장정아. 2003. 「'홍콩인' 정체성의 정치: 반환 후 본토자녀의 거류권 분쟁을 중심으로」. 서울대학교 대학원 인류학과 박사학위논문.
전형준. 1997. 「같은 것과 다른 것: 방법으로서의 아시아」. 『동아시아인의 '동양' 인식: 19~20세기』. 문학과지성사.
_____. 2000. 「한·중 문학과 동아시아문학: 정체성과 전통/근대의 문제를 중심으로」. 정문길 외 엮음. 『발견으로서의 동아시아』(서남 이양구 회장 10주기 추모 국제학술대회 논문

집). 문학과지성사.
_____. 2003. 『무협소설의 문화적 의미』. 서울대학교출판부.
_____. 2004. 「중국의 비교문학 연구와 동아시아적 시각」. 『동아시아적 시각으로 보는 중국문학』. 서울대학교출판부.
_____. 2007. 『한국무협소설의 작가와 작품』. 서울대학교출판부.
_____. 2008. 「생의 진지한 성찰 보여준 신무협: 한국무협소설이란 무엇인가를 생각하며」. ≪중앙 SUNDAY-MAGAZINE≫, 2008. 3. 16.
정문길·최원식·백영서·전형준 엮음. 1995. 『동아시아, 문제와 시각』. 문학과지성사.
_____. 2000. 『발견으로서의 동아시아』(서남 이양구 회장 10주기 추모 국제학술대회 논문집). 문학과지성사.
정용화. 2005. 「주변에서 본 조공체계」. 백영서 외. 『동아시아의 지역질서』. 창비.
정재서. 1996. 『동양적인 것의 슬픔: 넘어섬, 그 힘의 예증까지』. 도서출판 살림.
정재서 편저. 1999. 『동아시아 연구: 글쓰기에서 담론까지』. 도서출판 살림.
조경만. 1997. 「일본 도서지역의 지역정체성과 발전에 관한 역사 담론: 오도열도를 중심으로」. ≪아시아문화연구≫, 1.
조동일. 1993a. 『동아시아문학사비교론』. 서울대학교출판부.
_____. 1993b. 「연구의 심화와 확대」, ≪민족문학사연구≫, 제3호. 창작과비평사.
_____. 1999. 『하나이면서 여럿인 동아시아문학』. 지식산업사.
조병한. 1999. 「90년대 동아시아 담론의 개관」. 『동아시아 연구: 글쓰기에서 담론까지』. 도서출판 살림.
조영정. 2004. 「황금기에서 암흑기까지, 한국합작영화약사」. 허문영 외. 『아시아 영화 네트워크의 뿌리를 찾아서: 한-홍 합작시대』. 부산국제영화제 조직위원회.
조진기 편역. 1994. 『일본 프롤레타리아 문학론』. 태학사.
조한혜정 외. 2005. 『'한류'와 아시아의 대중문화』. 연세대학교 출판부.
조흥국. 2000. 「동남아 화인의 역사와 정체성」. 『동남아의 화인사회: 형성과 변화』. 전통과현대.
지이겔, 홀거(Holger Siegel). 1988. 『소비에트 문학이론』. 정재경 옮김. 연구사.
진덕규. 1999. 「동아시아의 전통문화와 근대성의 조우에 대한 하나의 서설」. 제12차 한일·일한합동학술회의. 『세계 속의 동아시아문화』. 재단법인 한일문화교류기금.
진형준. 1999. 「동아시아 담론들 사이를 가로지르며」. 『동아시아 연구: 글쓰기에서 담론까지』.

　　　　도서출판 살림.
초우, 레이(Rey Chow). 2004. 『원시적 열정: 시각, 섹슈얼리티, 민족지, 현대중국영화』. 정재서 옮김. 이산.
_____. 2005. 『디아스포라의 지식인: 현대 문화연구에 있어서 개입의 전술』. 장수현·김우영 옮김. 이산.
최병욱. 2003. 「16~17세기 호이 안과 베트남의 대외무역」. 양승윤 외. 『바다의 실크로드』. 청아출판사.
최원식. 1993. 「탈냉전 시대와 동아시아적 시각의 모색」. ≪창작과비평≫, 21(1).
_____. 2000. 「한국발(發) 또는 동아시아발(發) 대안?: 한국과 동아시아」. 『발견으로서의 동아시아』(서남 이양구 회장 10주기 추모 국제학술대회 논문집). 문학과지성사.
_____. 2007. 「포스트한류시대의 입구에서」. 인천문화재단. ≪플랫폼≫, 7.
최원식·백영서 엮음. 1997. 『동아시아인의 '동양' 인식: 19~20세기』. 문학과지성사.
크라머, 슈테판(Stefan Kramer). 2000. 『중국영화사』. 황진자 옮김. 이산.
클라크, J. J(J. J, Clark). 2004 『동양은 어떻게 서양을 계몽했는가』. 장세룡 옮김. 우물이 있는 집.
프랑크, 안드레 군더(Andre Gunder Frank). 2003. 『리오리엔트: 아시아 시대의 글로벌 경제』. 이희재 옮김. 이산.
프록터, 제임스(James Procter). 2006. 『지금 스튜어트 홀』. 손유경 옮김. 앨피.
차일즈·윌리엄스(Peter Childs and R. J. Patrick Williams). 2004. 『탈식민주의 이론』. 김문환 옮김. 문예출판사.
핀투, 페르낭 멘데스(Ferno Mendes Pinto). 2005. 『핀투여행기 上』. 이명 옮김. 노마드북스.
_____. 2006. 『핀투여행기 下』. 김미정·정윤희 옮김. 노마드북스.
하마시타 다케시. 2003. 「동양에서 본 바다의 아시아사」. 오모토 케이이치 외 엮음. 『바다의 아시아1: 바다의 패러다임』. 김정환 옮김. 다리미디어.
_____. 2004. 『홍콩: 아시아의 네트워크 도시』. 하세봉, 정지호, 정혜중 옮김. 도서출판 신서원.
_____. 2005. 「'바다'를 통해 본 아시아론(론)에 대해」. 오모토 케이이치 외 엮음. 『바다의 아시아5: 국경을 넘는 네트워크』. 김정환 옮김. 다리미디어.
하버마스, 위르겐(Jurgen Habermas). 1994. 『현대성의 철학적 담론』. 이진우 옮김. 문예출판사.
하비, 데이비드(David Harvey). 2003. 『포스트모더니티의 조건』. 구동회·박영민 옮김. 도서출판 한울.

하정일. 1994. 「근대성과 민족문학」. ≪실천문학≫, 1994년 여름.

한경구. 1997. 「문화상대주의」. ≪신인문≫, 창간호. 한길사.

한국중국현대문학학회. 2006. 『영화로 읽는 중국』. 동녘.

_____. 2008. 『중국 영화의 의해』, 동녘.

한상복·전경수. 1992. 『한국의 낙도민속지』. 집문당.

허문영 외. 2004. 『아시아 영화 네트워크의 뿌리를 찾아서: 한-홍 합작시대』. 부산국제영화제조직위원회.

헌팅턴, 새무엘(Samuel Huntington). 1997. 『문명의 충돌』. 이희재 옮김. 고려원.

홀, 스튜어트(Stuart Hall) 외. 1996a. 『현대성과 현대문화 1』. 전효관·김수진 외 옮김. 현실문화연구.

_____. 1996b. 『현대성과 현대문화 2』. 전효관·김수진 외 옮김. 현실문화연구.

_____. 2000. 『모더니티의 미래』. 전효관·김수진 외 옮김. 현실문화연구.

홉스봄, 에릭(Eric Hobs-bawm). 2000. 『전통의 창조와 날조』. 최석영 옮김. 교보문고.

홍석준. 1998. 「문화 이해의 새로운 지평을 위하여: 지역연구와 문화연구에 대한 방법론적 시론」. ≪아시아문화연구≫, 3.

_____. 2000. 「한국에서의 '동아시아' 담론의 역사적 형성과 문화적 의미: '동아시아' 문화론에 대한 비판적 고찰」. 목포대학교 아시아문화연구소 포럼 발표문(2000. 4. 27).

_____. 2002. 「홍콩 중국인의 문화적 정체성의 지속과 변화: 전통 사회조직의 기능과 의미를 중심으로」. 한국중국현대문학학회. ≪중국현대문학≫, 23.

_____. 2004. 「'사라진 것'과 '살아남은 것' 사이에서: 1997년 이후 홍콩의 소비문화와 홍콩인의 문화적 정체성」. 목포대학교 아시아문화연구소. 『1997년 이후 홍콩인 정체성의 지속과 변화』(제4차 홍콩 콜로키엄 발표자료집).

후지이 쇼조(藤井省三). 2002. 『현대 중국 문화 탐험: 네 도시 이야기』. 백영길 옮김. 소화.

후쿠야마, 프랜시스(Francis Fukuyama). 1996. 『역사의 종말』. 이상훈 옮김. 한마음사.

≪조선일보≫. 2002. 4. 10. "지식인 사회: 이것이 이슈다, '우리 학문'의 정립."

柄谷行人(가라타니 고진). 2006. 『世界共和國へ——資本=ネーション=國家を超えて』. 東京: 岩波書店.

秋道智彌(아키미치 도모야). 1988. 『海人の民族學』. 東京: 日本放送出版協會.

伊藤亞人(이토 아비토). 1983. 『海民集團と その活動, 山民と海人: 非平地民の生活と傳承』. 東京: 小學館.

平川祐弘(히라카와 스케히로). 1999. 「世界와 東아시아 文化」. 제12차 한일·일한합동학술회의. 재단법인 한일문화교류기금.

弘末雅士(히로스에 마사시). 2004. 『東南アジアの港市世界: 地域社會の形成と世界秩序』. 岩波書店.

『胡風評論集』(上, 中, 下). 北京: 人民文學出版社. 1984~1985.

『創造社資料』(上, 下). 福州: 福建人民出版社. 1985.

『茅盾專集』(1-2). 福州: 福建人民出版社. 1983~1985.

『瞿秋白文集』(文學編 1-6). 北京: 人民文學出版社. 1985~1989.

『延安文藝叢書』(1-10). 長沙: 湖南人民出版社. 1984~1985.

『周揚文集』(1-2). 北京: 人民文學出版社. 1984.

『魯迅全集』(1~10). 北京: 人民文學出版社. 1958.

『毛澤東選集』(1~4). 北京: 人民出版社. 1968.

『中國新文學大系』(1~10). 上海: 上海良友復興圖書印刷公司. 1935.

『中國新文學大系續編』(1~10). 香港: 香港文學研究社. 1968.

北京大學 北京師範大學 北京師範學院 中文系 中國現代文學敎硏室(북경대학 북경사범대학 북경사범학원 중문계 중국현대문학교연실) 主編. 1979. 『文學運動史料選』(1~5). 上海: 上海敎育出版社.

陳莉(천리). 2004. 「香港電影中的排泄物情結」. ≪當代電影≫, 122.

陳水夷(천빙이). 1984. 「關於國際革命文藝運動」. 馬良春(마량춘) 外 主編. 『中國現代文學思潮流派討論集』. 北京: 人民文學出版社.

陳淸僑(천칭차오) 編. 1997. 『文化想像與意識形態: 當代香港文化政治論評』. Hong Kong: Oxford University Press.

陳儒修(천루슈). 2003. 「『秋菊打官司』的中國圖象: 東方主義與<中國>的符號意義」. 鄭樹森 編. 『文化批評與華語電影』. 桂林: 廣西師範大學出版社.

陳思和(천쓰허). 1999. 『中國當代文學史敎程』. 上海: 復旦大學出版社.

_____. 1997. 『黑水齋漫筆』. 成都: 四川人民出版社.

戴錦華(다이진화). 1999. 『隱形書寫: 90年代中國文化硏究』. 南京: 江蘇人民出版社.
_____. 2006. 『霧中風景: 中國電影文化1978~1998』. 北京: 北京大學出版社.
戴錦華(다이진화) 主編. 2004. 『書寫文化英雄: 世紀之交的文化硏究』. 南京: 江蘇人民出版社.
龔湘凌(궁샹링). 2004. 「城市與人: 陳果電影香港城市形象與人物形象硏究」. ≪北京電影學院學報≫, 2004年 第4期.
胡采(후차이) 主編. 1992. 『中國解放區文學書系』(1~2). 重慶: 重慶出版社.
胡曉玲·趙小琪(후샤오링·자오샤오치). 2004. 「當代香港電影的後現代主義顯徵」. ≪南陽師範學院學報≫(社會科學版), 第3卷 第4期.
賈植芳(자즈팡) 外 編. 1985. 『文學硏究會資料』(上, 中, 下). 鄭州: 河南人民出版社.
金庸(진융). 1994. 『金庸作品集』(1~36). 北京: 三聯書店.
列孚(례푸). 2002. 「90年代香港电影槪述」. ≪影視艺術≫, 2002年 第3期.
李歐梵(리어우판). 2002. 『尋回香港文化』. Hong Kong: Oxford University Press.
陸紹陽(루사오양). 2004. 『1977年以來中國當代電影史』. 北京: 北京大學出版社.
李澤厚(리쩌허우). 1994a. 『中國近代思想史論』. 合肥: 安徽文藝出版社.
_____. 1994b. 『中國現代思想史論』. 合肥: 安徽文藝出版社.
樓適夷(러우스이) 主編. 1989. 『中國抗日戰爭時期大後方文學書系』(1~3). 重慶: 重慶出版社.
馬良春·張大明(마량춘·장다밍) 編. 1981. 『茅盾文藝雜論集』(上, 下). 上海: 上海文藝出版社.
_____. 1983. 『三十年代左翼文藝選編』. 成都: 四川人民出版社.
潘國靈·李照興(판궈링·리자오싱) 主編. 2004. 『王家衛的映畫世界』. 香港: 三聯書店(香港)有限公司.
丘靜美(추징메이). 2003. 「跨越邊界: 香港電影中的大陸顯影」. 鄭樹森 編. 『文化批評與華語電影』. 桂林: 廣西師範大學出版社.
饒鴻競(랴오훙징) 外 編. 1985. 『成仿吾文集』. 濟南: 山東大學出版社.
司若(쓰뤄). 2004. 「現代城市的第二歷史: 略論香港陳果的"游民"電影」. ≪當代作家硏究≫, 2004年 第1期.
王賡武(왕겅우) 主編. 1997. 『香港史新編 上下冊』. 香港: 三聯書店(香港)有限公司.
王中忱(왕중천). 2004. 「講座緣起」. 『淸華東亞文化講座簡報』.
王海洲(왕하이저우) 主編. 2002. 『鏡像與文化: 港臺電影硏究』. 北京: 中國電影出版社.
文振庭(원전팅) 編. 1987. 『文藝大衆化問題討論資料』. 上海: 上海文藝出版社.
文天行·王大明·廖全京(원톈싱·왕다밍·랴오취안징) 編. 1983. 『中華全國文藝界抗敵協會史料選

編』. 成都: 四川省社會科學院出版社.

也斯(예쓰). 1995. 『香港文化 Hong Kong Culture』. 香港: 靑文書屋.

林春城(임춘성). 1996.「韓中日普羅文學運動的生成和發展」. 南京大學中韓文化研究中心. ≪中韓文化研究≫, 第1輯. 桂林: 廣西師範大學出版社.

_____. 2005.「作为近现代传统之复活的金庸武侠小说」. 한국중어중문학회. ≪중어중문학≫, 36.

張美君·朱耀偉(장메이쥔·주야오웨이) 編. 2002. 『香港文學@文化硏究』. Hong Kong: Oxford University Press.

中國社會科學院 文學硏究所 現代文學硏究室(중국사회과학원 문학연구소 현대문학연구실) 編. 1981. 『"革命文學"論爭資料選編』(上, 下). 北京: 人民文學出版社.

_____. 1981. 『馮雪峰論文集』(上, 中, 下). 北京: 人民文學出版社.

周蕾(저우레이). 1995. 『寫在家國以外』. 米家路 等 譯. Hong Kong: Oxford University Press.

Acheson, J. M. 1981. "Anthropology of Fishing." *Annual Review of Anthropology*, 10.

Abbas, Ackbar. 1997. *Hong Kong: Culture and Politics of Disappearance*. Hong Kong: Hong Kong University Press.

Appadurai, Arjun. 1990 "Disjuncture and Difference in the Global Cultural Economy." *Public Culture*, 2(2).

_____. 1996. *Modernity At Large: Cultural Dimensions of Globalization*. Minnesota Press.

_____. 2000. "Grassroots Globalization and the Research Imagination." *Public Culture*, 12(1).

Beynon, John and David Dunkerley(eds.). 2000. *Globalization: The Reader*. London: Routledge.

Brown, C. C. 1970. *Sejarah Melayu or Malay Annals*. Kuala Lumpur, London, New York and Melbourne.

Cartier, C. 1999. "Cosmopolitics and the Maritime World City." *Geographical Review*, 89.

Clammer, John R. 1980. *Straits Chinese Society*. Singapore University Press.

_____. 1986. "Ethnic Processes in Urban Melaka." in Raymond L. M. Lee(ed.). *Ethnicity and Ethnic Relations in Malaysia*. Northern Illinois University, Center for Southeast Asian Studies, Monograph Series, Occasional Paper, No. 12, pp. 47~72.

Clifford, James. 1997. *Travel and Translation in the Late Twentieth Century*. Cambridge and London: Harvard University Press.

Clifford, James and George E. Marcus(eds.). 1986. *Writing Culture*, Berkeley: University of California Press.

de Eredia, Emanuel Godinho. 1930. "Eredia's Description of Malacca, Meridional India and Cathy." translated by J. V. Mills. *Journal of Malayan Branch of Royal Asiatic Society*, 8(1).

Dodds, Klaus and A. Stephen Royle. 2003. "The Historical Geography of Islands Introduction: Rethinking Islands." *Journal of Historical Geography*, 29(4).

Driessen, Henk. 2005. "Mediterranean Port Cities: Cosmopolitanism Reconsidered." *History and Anthropology*, 16(1).

Cheung, Esther M. K. 2004. "The City that Haunts: The Uncanny in Fruit Chans's Made in Hong Kong." Esther M. K. Cheung(張美君)·Chu Yiu-wai(朱耀偉)(eds.). *Between Home and World: a Reader in Hong Kong Cinema*. Hong Kong: Oxford University Press.

Fosberg, F. R. 1970. "The Island Ecosystem." in F. R. Fosberg(ed.). *Man's Place in the Island Ecosystem: A Symposium*. Honolulu: Bishop Museum Press.

Fosberg, F. R(ed.). 1970. *Man's Place in the Island Ecosystem: A Symposium*. Honolulu: Bishop Museum Press.

Mathews, Gorden. 2001. "Cultural Identity and Consumption in Post-Colonial Hong Kong." Gorden Mathews and Tai-lok Lui(eds.). *Consuming Hong Kong*. Hong Kong: Hong Kong University Press.

Gunda. 1984. *The Fishing Culture of the World*. vol. 2. Budapest: Akademiai Kiado.

Hamashita, Takeshi. 1994. "The Tribute System and Modern Asia." in A. J. H. Latham and Heita Kawakatsu(eds.). *Japanese Industrialization and the Asian Economy*. London and New York: Routledge.

Hamza Ahmad(ed.). 1997. *The Straits of Malacca: International Co-operation in Trade, Funding and Navigational Safety*. Petaling Jaya: Pelanduk Publications.

Hoyt, Sarnia Hayes. 1997. *Old Malacca*. Kuala Lumpur and New York: Oxford University Press.

Ismail, Abdul Rahman Haji. 1998a. "Teks/Text of Raffles MS. No. 18." Cheah Boon Kheng(ed.). *Sejarah Melayu The Malay Annals*. Kuala Lumpur.

_____. 1998b. *Sejarah Melayu(The Malay Annals)*. Reprint No. 17. The Malaysian Branch of the Royal Asiatic Society.

Kessler, Clive S. 1992. "Archaism and Modernity: Contemporary Malay Political Culture." in Joel

S. Kahn and Francis Loh Kok Wah(eds.). *Fragmented Vision: Culture and Politics in Contemporary Malaysia.* Sydney: University of Sydney Press.

Kratoska, Paul H. 2006. "Singapore, Hong Kong and the End of Empire." *International Journal of Asian Studies*, 3(1).

Kuhn, W. Phillip. 2006 "Migration, Emigration, and Chinese Society." Lecture in Seminar for Visiting Scholars in KARC(Korean Academic Research Council, Seoul, Korea. 2006. 7. 28).

Miller, John H. 2008. *Modern East Asia: An Introductory History, An East Gate Book.* London and New York: M.E. Sharpe.

Nagata, Judith A. 1979. *Malaysian Mosaic: Perspectives from a Poly-Ethnic Society.* Vancouver: University of British Columbia Press.

Ooi Kee Beng and Ding Choo Ming(eds.). 2007. *Continent, Coast, Ocean: Dynamics of Regionalism in Eastern Asia.* Singapore: Institute of Southeast Asian Studies(ISEAS).

Pires, Tomé. 1942~1944. *Suma Oriental.* London: Hakluyit Society.

Reid, Anthony. 1988. *Southeast Asia in the Age of Commerce 1450~1680, Volume One The Lands below the Winds.* New Haven and London: Yale University Press.

_____. 1993. *Southeast Asia in the Age of Commerce 1450~1680, Volume Two.* New Haven and London: Yale University Press.

Ribeiro, G. 2001. "Cosmopolitanism." *International Encyclopedia of the Social and Behavioral Sciences.* Oxford: Pergamon Press.

Sadayandy, Batumalai. 2003. *A History of Christ Church Melaka of the Diocese of West Malaysia in the Province of South East Asia.* Melaka, Malaysia: Syarikat Percetakan Muncul Sistem Sdn. Bhd.

Short, John Rennie. 2001. *Global Dimensions: Space, Place and The Contemporary World.* Reakyion Books.

Tagliacozzo, Eric. 2004. "A Necklace of Fins: Marine Goods Trading in Maritime Southeast Asia." *International Journal of Asian Studies*, 1(1).

Vayda, A. P. and R. A. Rappaport. 1970. "Island Cultures." in F. R. Fosberg (ed.). *Man's Place in the Island Ecosystem.* Honolulu: Bishop Museum Press.

Wang, Gungwu and John Wong(eds.). 1999. *Hong Kong in China: The Challenges of Transition.* Singapore: Times Academic Press.

Wink, André. 2002. "From the Mediterranean to the Indian Ocean: Medieval History in Geographic Perspective." *Comparative Studies in Society and History*, 44.

Yen, Ching Hwang. 1993 "Early Fukienese Migration and Settlements in Singapore and Malaya before 1850." in Chang Pin-Tsun and Liu Shih-Chi(eds.). *Essays in Chinese Maritime History*, Vol. 5. Nankang, Taipei: Sun Yatsen Institute for Social Sciences and Philosophy, Academia Sinica.

2. 영화 텍스트

王家衛(웡카와이). 1990. <阿飛正傳(아비정전, Days of Being Wild)>.

_____. 1994a. <東邪西毒(동사서독, Ashes of Times)>.

_____. 1994b. <重慶森林(중경삼림, Chung King Express)>.

_____. 1995. <墮落天使(타락천사, Fallen Angel)>.

_____. 1997. <春光乍洩(해피투게더, Happy Together)>.

_____. 2000. <花樣年華(화양연화, In the Mood for Love)>.

_____. 2004. <2046>.

陳果(프루트 찬). 1993. <大鬧廣昌隆(마지막 혈투, Finale in Blood)>.

_____. 1997. <香港製造(메이드 인 홍콩, Made in Hong Kong)>.

_____. 1998. <去年煙花特別多(유난히 불꽃이 많았던 작년, The Longest Summer)>.

_____. 1999. <細路祥(리틀 청, a Little Cheng)>.

_____. 2000. <榴蓮飄飄(두리안 두리안, Durian Durian)>.

_____. 2001. <人民共廁(공중화장실, Public Toilet W.C.)>.

_____. 2002. <香港有個荷里活(홍콩의 헐리웃, Hollywood Hong Kong)>.

_____. 2004. <三更2之一: 餃子(쓰리, 몬스터: 만두, Three…Extremes: Dumplings)>.

許鞍華(앤 후이). 1981. <胡越的故事(우 비엣 이야기, The Story of Woo Viet)>.

徐克(추이 학). 1989. <英雄本色Ⅲ: 夕陽之歌(영웅본색 3: 석양의 노래)>.

劉偉强(류웨이창)·麥兆輝(마이자오후이). 2003. <無間道 Ⅱ(무간도 2)>.

Wayne Wang. 1997. <Chinese Box>.

찾아보기

ㄱ
강타이인웨(港臺音樂) 176
개혁·개방 22, 154, 155, 174, 180, 223
경전화(經典化) 167
과학적 문학론 118
구라하라 고레히토(藏原惟人) 122, 123, 125, 127, 211
구자라트(Gujarat) 57, 60, 61, 62, 71
국가주의적 욕망 152
국민국가 7, 87, 105, 149, 153, 198, 212
국제 프로문학운동 116, 119, 121, 122, 124, 137, 209
국제 혁명문학사무국(IBRL) 122
국제 혁명작가연맹(IVRS) 210
국제적(international) 150
국족 서사(national narrative) 167, 179
그룹 시월 116, 118, 119
근대 4, 17, 96, 104, 114, 140, 207
근대화 27, 28, 31
근본주의적 소외 18, 113
근현대 99, 100, 103, 106, 207
기의 97
기표 17, 18, 97, 202
김기진 123, 125

ㄴ
나카노 시게하루(中野重治) 125

나프(NAPP) 120, 121, 137
내면화(internalization) 19, 107, 110, 112, 175, 208
내재적 유배(internal exile) 18, 112
냉전 29, 152
노농통신원운동 128
노스텔지어 157
뉴웨이브(New Wave, 新浪潮) 161

ㄷ
다문화 사회 15, 43
다문화(multi culture) 7, 15, 17, 75, 76
다문화적 횡단(multicultural border-crossing) 23
다민족(multi-ethnic) 36, 41, 49, 55, 75, 76
다시 상상되고 발명된 중국의 이미지(re-imagined and re-invented image of China) 114
다이진화(戴錦華) 110, 174, 179
다인과론적 접근(multi-causal approach) 106
다종교성(multi-religious) 49, 57
당다이(當代, dangdai) 96
당파성 117, 124
대륙 대중문화 173
대장간(쿠즈니차) 119
대중문학론 120
대중어 논쟁 121, 125, 137
대혁명 세대 101, 102
도서성(insularity) 68

도시영화　162
독일 프롤레타리아 혁명작가동맹(BPRS)　119
동남아시아　44, 70, 73
동방적 경관(Oriental spectacle)　111
동아시아　11, 12, 14, 33, 70, 73, 76, 79
동아시아 공동체　11, 132, 186
동아시아 근현대　17, 103, 114
동아시아 대중문화　149, 151
동아시아 정체성　11, 27, 39, 40, 167
동아시아 정체성 담론　27, 32, 33, 37, 38
동아시아(담)론　21, 131, 133, 147, 187
동아시아문학(론)　21, 147
동아시아의 문화적 전통　12
동아시아의 비애　108, 112
동아시아학(East-Asian Studies)　132, 204
뒤집어놓은 오리엔탈리즘(orientalism in reverse)　113, 187
딜릭(Arif Dirlik)　106, 109, 113, 153, 187, 206

ㄹ

라틴화 방안　127
라프(RAPP)　118, 119, 210
로컬에 대한 곤경　153
루쉰(魯迅)　101, 123, 134, 144, 145, 223
루카치　122
리쩌허우(李澤厚)　100, 101
린보슈(林伯修)　123

ㅁ

마오둔(茅盾)　127
말라카 왕국(the kingdom of Malacca)　50, 55
말라카 해협(the Straits of Malacca)　43, 44, 48, 194
말라카(Malacca, Melaka)　43, 46, 48, 49, 52, 54, 56, 57, 59, 60, 194
말레이 반도　16, 47, 58
말레이시아　41, 48, 50, 51, 63, 194
말루쿠(Maluku)　72, 83
모더니티(modernity)　105, 109, 207
목적의식 논쟁　120
몬순(monsoon)　43, 55, 71
무슬림　47
무역항　70, 77, 81
무협소설　155, 156, 157, 162, 163, 165, 219
무협영화　162, 176, 180
무협적 요소　167
문예대중화　124
문예대중화 논쟁　120, 121, 125, 137
문화 번역　150, 153, 185
문화 자본　152, 154, 218
문화 흐름　149, 154
문화 심리 구조(文化心理結構)　101, 102, 103
문화결정론　185
문화대혁명　101, 223
문화민족주의　152, 176
문화변용　41
문화의(문화적) 다양성　32, 39
문화의 혼종화(cultural hybridization)　53
문화적 동질성　11, 14, 36, 132, 184
문화적 두터움(cultural thickness)　165, 166, 222
문화적 리터러시　153, 218
문화적 정체성　3
문화적 코드(cultural code)　98
문화적 혼종성(cultural hybridity)　23, 53
문화제국주의　185
문화패권주의　150, 151
미국화(americanization)　152
민족지(ethnography)　221

민족형식 논쟁 121, 125, 137
민중성 118, 124
민중연대성 124

ㅂ
바다 41, 43, 44, 65, 66, 75, 195, 197
바닷길 47, 71
바바논야(Baba Nyonya) 52, 53
반제반봉건 민족해방 민중민주혁명(NLPDR)
　　　22, 108, 154
방향전환 논쟁 120
베이징 필름 아카데미(Beijing Film Academy,
　　　北京電影學院) 22, 154
변전소 151, 152
변증법적 리얼리즘론 123
변증법적 유물론 118
보그다노프의 경험일원론 117
비유럽 103
비판적 리얼리즘 122
뻬라나깐(Peranakan) 53

ㅅ
사회구성체 104, 115
사회주의 리얼리즘 118, 121, 122, 137
사회주의 현대화 98, 174, 223
사회학주의적 문학관 118, 124, 129
삼팔식 세대 101
상상의 공동체(imagined community) 36, 132,
　　　204, 206, 213
상인 44, 48, 50, 57, 71, 79, 80
首爾(Shǒu'ěr) 95, 97, 98
서울(Seoul) 95
서유럽 모던 19, 106, 108, 114
서유럽 보편주의 108, 112

(서)유럽중심주의 104
서유럽적 헤게모니 113
서유럽지향적 소외 113
세계주의(cosmopolitanism) 149
세계체계(world system) 104, 105
셀프오리엔탈리즘(self-orientalism) 111, 112
셀프오리엔탈리즘화 18, 114
셴다이(現代) 17, 96, 98, 100, 114
소비에트 작가동맹 116
소통 17, 114, 142, 151
술탄제(Sultanate) 54, 55
스자라 믈라유(sejarah Melayu, Malay annals)
　　　50, 86
시베이펑(西北風) 176
시암(Siam) 58, 74
10월혁명 19, 115, 116
신경향파 120
신자유주의 세계화 150, 152
신해 세대 101, 102

ㅇ
아시아 문화 교류 151
아시아화 158, 220
아파두라이(Arjun Appadurai) 149, 224
아편전쟁 세대 101
양무 세대 101
양한성 127, 128
역사와 문화 판매 55
역사적 구성물 104
열린 공간 73, 76
영웅문 키드 164, 165
영웅문 현상 165, 167, 179
오리엔탈리즘(Orientalism) 35, 104, 107, 111,
　　　113, 114, 175, 180, 187, 191

5·4 세대　101, 102
5세대　22, 110, 114, 155, 173, 179, 180, 181
외래문화의 수용　55, 67, 188
워룽성(臥龍生)　156, 162, 178
웡카와이(Wong Kar Wai, 王家衛)　159, 161, 162, 172
유교문화권　33, 132, 133, 204
유교자본주의　132, 204, 213
유기적 총체(整體)　102, 207
유럽중심주의　32, 104
유물변증법적 창작 방법　122, 210
유사 삼류작　161, 178
유신 세대　101
6세대　174, 176
이동연　151, 152, 153, 216
이북만　123
이슬람　49, 50, 52, 82
20세기 중국문학　102, 103, 140
이와부치 고이치　108, 111, 151
이주　53, 58, 60, 188
이중적 정체성(dual identity)　111, 208
인도양　43, 45, 72, 84
인샹뎬(音像店)　177
일류(日流)　149, 151
일본화　153
임화　123, 125, 143

ㅈ

자민족중심적(ethnocentric)　32
자유주의적 소외　113
장광츠(蔣光慈)　123
장이머우(張藝謀)　110, 114, 174, 180
재중심화　151
재현 전략　107

저우양(周揚)　123, 143
전 지구(적)　149, 150
전통 만들기　165
전통지향적 소외　18, 113
제3세계 특수주의　108
제3전선파　123, 125
조중곤　123
조화의 거리(harmony street)　51
좌익작가연맹(좌련)　120, 137
주선율　110
중국 근현대문학　202
중국 상상　158, 165, 167, 179
중국식 블록버스터　175, 176, 180, 209
중국영화　174
중국영화문화　110
중산층문화　151
중화문화권　132
중화사상　183
중화중심주의(Sinocentrism)　78
진다이(近代)　96, 100, 147
진셴다이(近現代)　100, 114
진융(金庸)　164

ㅊ

창조사　123
천쓰허(陳思和)　102, 139
천카이거(陳凱歌)　110, 112, 174, 177
첸리췬(錢理群)　102, 139
초국가(적)　149, 150, 181
취추바이(瞿秋白)　123, 127, 128
치티문화　48, 52

ㅋ

카프(KAPP)　120, 121, 123, 137, 143

찾아보기　245

칸토팝(Canto-pop)　149, 158, 220
캄풍(Kampung)　52
코스모폴리터니즘(cosmopolitanism)　57, 69, 80

ㅌ
타자들(others)　106
타자화(othernization)　19, 107, 114, 170
탈근대(脫近代)　109
탈냉전　152
탈식민(脫植民)　18, 109
탈식민문화　110, 112
탈영토화(deterritorialization)　149, 214
탈중심화　151
탈한류　151
토착화　151, 152, 178, 218
통일전선문학　118, 121, 137
통쑤인웨(通俗音樂)　176
트라이쇼(trishaw)　55
트랜스내셔널리즘(transnationalism)　8

ㅍ
포스트근현대　18, 109, 110
포스트모더니즘　37, 109
포스트모던　18, 109
포스트사회주의(post-socialism)　174, 223
포스트주의(postism)　109
포스트학(postology)　109
포스트한류　150
푸젠성(福建省)　50, 77, 81, 199
프로문학운동　20, 119, 123, 130
프롤레타리아 리얼리즘론　122, 123
프롤레트쿨트(Proletkult)　116, 117, 119
프루트 찬(Fruit Chan, 陳果)　161

ㅎ
하위문화　157
한류(韓流)　105, 149, 150, 153, 167, 215, 217
한설야　123
한자문화권　33, 133, 135
漢城(Hánchéng)　95, 97
합작영화　161, 178
항구도시　41, 45, 49, 53, 62, 68, 72, 73, 74, 80, 85, 86, 88, 197, 200
항전 세대　102
향료　72, 80, 83, 84
해방 세대　101, 102
해상 네트워크(maritime network)　16, 41, 48, 58, 59, 69, 91, 198
해양 네트워크　69, 72
해양 세계　69, 70, 76, 84, 86, 196, 199
해양 실크로드(maritime Silk Road)　71, 81
해역 세계　16, 59
허우셴다이(後現代)　18, 109
허우즈민(後植民)　18, 109, 110
혁명문학 논쟁　120, 123
현대　96
현지국민적 정체성　170, 223
혼종화(hybridization)　153, 173, 176, 180, 218
홍위병 세대　101, 102
홍콩·타이완 대중문화　154, 158
홍콩영화　158, 159, 160, 162, 167, 180, 220
화교(華僑)　171
화류(華流)　151
화인(華人, 중국인)　47, 48, 49, 167, 173
회색 시장(gray market)　177
후기한류　151
후추　74
후학(後學)　109

■ 홍석준 洪錫俊 Hong, Seok-joon

서울대학교 인류학과를 졸업하고, 같은 대학교 대학원 인류학과에서 「말레이시아 농촌의 이슬람화와 문화변동: 끌란딴의 한 말레이 마을에 대한 사례연구」로 인류학 박사학위를 취득했다. 현재 목포대학교 문화인류학과 교수로 재직하면서 말레이시아의 사회와 문화를 포함한 동남아시아와 동북아시아의 문화변동 및 동아시아 해양문화 연구에 관심을 갖고 있다. 한국동남아학회의 연구이사를 역임했고, 현재 한국문화인류학회의 이사 및 기획위원장을 맡고 있다.

주요 논저로는 『동남아의 사회와 문화』(공저), 『동남아의 종교와 문화』(공저), 『홍콩과 홍콩인의 정체성』(공저), 『동아시아의 선거와 정치사회적 변화』(공저), 『처음 만나는 문화인류학』(공저), 『The Promise of ICTs in Asia: Key Trends and Issues』(공저), 『東亞文化交流: 空間·疆界·遷移』(공저) 등이 있으며, 옮긴 책으로는 『낯선 곳에서 나를 만나다』(공편역), 『샤먼』(공역), 『현대 동남아의 이해』(공역), 『동남아의 정부와 정치』(공역) 등이 있다. 주요 논문으로 「동아시아 해양세계와 항구도시문화의 특징과 의미: 멀라까(Melaka)의 사례」, 「전남 서남권 지방에서의 영상미디어교육 프로그램의 개발 및 활용」, 「말레이시아 불교문화의 특징과 그 의미: 멀라까(Melaka)의 사례」, 「Urban Culture and Identity in an Era of Globalization: The Comparison with Cultural Strategies in Shanghai and Seoul as Global City」, 「Some Features of Islamic Fundamentalism in contemporary Malaysia」 등이 있다.

■ 임춘성 林春城 Yim, Choon-sung

한국외국어대학교 중국어과를 졸업하고 같은 대학교 대학원에서 문학석사학위(「『史記』議論文의 내용과 형식 분석」)와 문학박사학위(「중국 현대문학 전기의 대중화론 연구」)를 받았다. 현재 목포대학교 중어중문학과 교수로 재직하면서 중국 근현대문학과 문화연구(cultural studies)를 중심축으로 삼아 문학이론과 소설과 영화 등의 텍스트 분석, 도시문화 연구 등에 관심을 기울이고 있다. 한국중국현대문학학회 부회장과 회장을 역임했고, 현재 고문을 맡고 있다.

주요 논저로는 『소설로 보는 현대중국』, 『중문학 어떻게 공부할까』(공저), 『중국 현대문학과의 아름다운 만남』(공저), 『영화로 읽는 중국』(공저), 『홍콩과 홍콩인의 정체성』(공저), 『위대한 아시아』(공저), 『포스트사회주의 중국의 문화연구』(공편저) 등이 있으며, 옮긴 책으로는 『중국 근대사상사론』, 『문학이론학습』, 『중국통사강요』(공역), 『7인의 문예사상』(공역), 『중국근현대문학운동사』(편역) 등이 있다. 중국 근현대문학 이론과 소설, 중국 무협소설과 중국영화, 상하이와 홍콩 등 중국 도시문화 등에 관한 다수의 논문이 있다. 주요 논문으로 「移民·他者化與身份認同: 電影裏的上海人」(中文), 「中國文學の近現代性の斷想」(日文) 등이 있고, 최근 논문으로 「이민과 타자화: 상하이 영화를 통해 본 상하이인의 정체성」, 「도시 폭력의 우연성과 익명성: 에드워드 양의 『위험한 사람들』 읽기」, 「'서유럽 모던'과 '동아시아 근현대'에 대한 포스트식민적 고찰」, 「이주와 디아스포라: 중국영화에 재현된 뉴욕의 중국인」, 「중국 문화민족주의의 최근 흐름들과 재현의 정치학」, 「중국 대중문화의 한국적 수용에 관한 초국가적 연구」 등이 있다.

한울아카데미 1104
동아시아의 문화와 문화적 정체성

ⓒ 홍석준·임춘성, 2009

지은이 홍석준·임춘성
펴낸이 김종수
펴낸곳 도서출판 한울
편집책임 이교혜
편집 최규선
초판 1쇄 인쇄 2009년 1월 20일
초판 1쇄 발행 2009년 2월 1일
주소 413-832 파주시 교하읍 문발리 507-2(본사)
　　　121-801 서울시 마포구 공덕동 105-90 서울빌딩 3층(서울 사무소)
전화 영업 02-326-0095, 편집 02-336-6183
팩스 02-333-7543
홈페이지 www.hanulbooks.co.kr
등록 1980년 3월 13일, 제406-2003-051호

Printed in Korea.
ISBN 978-89-460-5104-1 93300

* 책값은 겉표지에 있습니다.